MARKETING H2H

PHILIP
KOTLER

WALDEMAR
PFOERTSCH

UWE
SPONHOLZ

MARCOS
BEDENDO

MARKETING H2H

A JORNADA PARA O MARKETING HUMAN TO HUMAN

Benvirá

- Os autores e a editora se empenharam para citar adequadamente e dar o devido crédito a todos os detentores de direitos autorais de qualquer material utilizado neste livro, dispondo-se a possíveis acertos posteriores caso, inadvertida e involuntariamente, a identificação de algum deles tenha sido omitida.

- First published in English under the title *H2H Marketing; The Genesis of Human-to-Human Marketing* by Philip Kotler, Waldemar Pfoertsch and Uwe Sponholz, edition: 1
  Copyright © Philip Kotler, Waldemar Pfoertsch, Uwe Sponholz, Marcos Bedendo, under exclusive license to Springer Nature Switzerland AG, 2021
  This edition has been translated and published under licence from Springer Nature Switzerland AG. Springer Nature Switzerland AG takes no responsibility and shall not be made liable for the accuracy of the translation.
  ISBN: 9783030595302

- Direitos exclusivos para o Brasil para a língua portuguesa
  Copyright da edição brasileira ©2024 by
  Benvirá, um selo da SRV Editora Ltda.
  Uma editora integrante do GEN | Grupo Editorial Nacional
  Travessa do Ouvidor, 11
  Rio de Janeiro – RJ – 20040-040

- Atendimento ao cliente: https://www.editoradodireito.com.br/contato

- Reservados todos os direitos. É proibida a duplicação ou reprodução deste volume, no todo ou em parte, em quaisquer formas ou por quaisquer meios (eletrônico, mecânico, gravação, fotocópia, distribuição pela Internet ou outros), sem permissão, por escrito, da **SRV Editora Ltda**.

- Capa: Tiago Dela Rosa
  Diagramação: Negrito Produção Editorial

- **DADOS INTERNACIONAIS DE CATALOGAÇÃO NA PUBLICAÇÃO (CIP)
  VAGNER RODOLFO DA SILVA – CRB-8/9410**

  K87m   Kotler, Philip
       Marketing H2H: a jornada para o marketing human to human / Philip
         Kotler, Waldemar Pfoertsch, Uwe Sponholz. – 1. ed. [2. Reimp.] –
         São Paulo: Benvirá, 2025.

       368 p.

       Tradução de: *H2H Marketing: The Genesis of Human-to-Human
       Marketing* / Kotler, Philip
       ISBN: 978-65-5810-421-6 (Impresso)

       1. Marketing. 2. Marketing H2H. 3. Gestão. 4. Consumo. 5. Inovação.
       I. Pfoertsch, Waldemar. II. Sponholz, Uwe. III. Título.

                       CDD 658.8
    2024-825   CDU 658.8

  Índices para catálogo sistemático:
  1. Marketing   658.8
  2. Marketing   658.8

Sumário

Sobre os autores 11

Prefácio 13

Apresentação 21

1 | O estado atual do marketing 27
    1.1. Marketing: para onde vais? 30
    1.2. Empresas humanizadas: as pioneiras da filosofia H2H 37
    1.3. Desafio da gestão sustentável 40
    1.4. A evolução para o marketing H2H 46
        Avançando na trajetória do livro 62
        Perguntas 63
    Referências 64

2 | O novo paradigma: marketing H2H 67
    2.1. O modelo de marketing H2H: os três fatores influenciadores 77
    2.2. Design thinking 80
        2.2.1. Design thinking como forma de pensar 86
        2.2.2. Design thinking como método e "caixa de ferramentas" ... 89
            Compreender 90
            Observar 91

Definir o ponto de vista 91
Idear 92
Prototipar 92
Testar 92
    2.2.3. Estabelecimento dos pré-requisitos organizacionais 94
    2.2.4. Design thinking para o novo marketing 95
  2.3. A lógica dominante de serviços (S-DL) 99
    2.3.1. Princípios fundamentais da S-DL 102
        PF1: O serviço é a base fundamental da troca 104
        PF2: A troca indireta disfarça a base fundamental da troca 105
        PF3: Bens são mecanismos de distribuição para a prestação de serviços 105
        PF4: Os recursos operativos são a fonte fundamental do benefício estratégico 106
        PF5: Todas as economias são economias de serviços 106
        PF6: O valor é cocriado por múltiplos atores, sempre incluindo o beneficiário 107
        PF7: Os atores não podem entregar valor, mas podem participar da criação e oferta da proposta de valor 107
        PF8: Uma visão centrada no serviço é inerentemente orientada para o beneficiário e baseada em relacionamento 108
        PF9: Todos os atores sociais e econômicos são integradores de recursos 108
        PF10: O valor é sempre determinado somente e conscientemente pelo beneficiário 109
        PF11: A cocriação de valor é coordenada por meio de instituições geradas por atores e arranjos institucionais 109
    2.3.2. Criação de valor na lógica dominante de serviços 109
    2.3.3. Ecossistemas de serviços 112
    2.3.4. A transição prática de G-DL para S-DL 115
  2.4. Digitalização 117
    2.4.1. A digitalização mudando o *modus operandi* 118

2.4.2. A digitalização impactando o marketing: desmaterialização e a individualização da proposta de valor 126
2.4.3. A digitalização afeta o marketing: um novo comportamento do cliente 129
2.4.4. A digitalização afeta o marketing: nova relação entre fornecedor e cliente 133
2.4.5. Digitalização para um marketing melhor 136
Avançando na trajetória do livro 137
Perguntas 138
Referências 139

3 | Os fundamentos do pensamento H2H 145
3.1. Orientação para o mercado: uma forma de pensar do marketing tradicional 149
3.2. O pensamento H2H desvendado 157
3.2.1. A centralidade no ser humano 157
3.2.2. Orientação para serviço 159
3.2.3. Agilidade e experimentação 161
3.2.4. Interesse empático em diferentes perspectivas 164
3.3. Pensamento H2H dentro do modelo de marketing H2H 165
Avançando na trajetória do livro 170
Perguntas 170
Referências 171

4 | Gestão H2H: colocando a confiança e a marca em foco 173
4.1. Gestão de confiança H2H 177
4.1.1. A grande crise de confiança: uma oportunidade para as empresas prosperarem 177
4.1.2. Gestão de confiança H2H na prática 178
4.1.3. Ativismo de marca: repensando a CSR 181
4.1.4. Otimização de resultados com a gestão da experiência do cliente 185
4.1.5. Construção de uma reputação forte 189

4.2. Gestão da marca H2H 195
    4.2.1. Gestão holística da marca 197
    4.2.2. O fator S-DL: desenvolvimento de uma nova lógica de marca 202
    4.2.3. O fator digitalização: um novo caminho para o cliente na era da conectividade 210
    4.2.4. O fator design thinking: o design formador de marca ... 218
4.3. Branding no marketing H2H 222
    Avançando na trajetória do livro 226
    Perguntas 227
Referências 228

5 | Repensando a operação de marketing: o processo H2H 233
5.1. O surgimento do mix de marketing H2H 235
    5.1.1. A evolução do mix de marketing 237
        A estrutura dos 4Cs de Lauterborn 239
        O mix de marketing SIVA de Dev e Schultz 240
        A abordagem SAVE de Ettenson, Conrado e Knowles 240
        Os 5Cs de Hall 241
        O modelo de 5Es de Pfoertsch 242
    5.1.2. O processo H2H 245
    5.1.3. O marketing H2H no *fuzzy front end* da inovação 248
    5.1.4. Elementos da cocriação e proposta de valor 253
    5.1.5. Marketing operativo como processo iterativo através do canvas H2H 256
5.2. O processo H2H: uma visão aprofundada 257
    5.2.1. O problema H2H 258
        Netnografia 260
        Trend scouting 260
        Análise de Big Data 261
    5.2.2. Percepções humanas 262
        Entender a tarefa H2H e explorar o espaço do problema 263

Etnografia/netnografia 265
Big Data 265
Estruturação e compilação de achados 266
(Pré-)Desenvolva uma proposta de valor 269
5.2.3. Nivelamento e potencialização dos conhecimentos e competências da rede 270
5.2.4. Produtos e serviços como serviço para o cliente 272
Design da experiência humana 272
Preço como quantificação do valor para o cliente 275
Análise sob a perspectiva do cliente 278
Análise de valor da perspectiva da empresa (provedora do serviço) 279
5.2.5. Conteúdo que entrega valor: informar, aconselhar ou entreter como objetivos de comunicação 281
Marketing de conteúdo: a ideia é ajudar, não vender 281
Marketing de conteúdo H2H 283
Marketing de conteúdo H2H na prática 286
5.2.6. Definição de metas, mapeamento de público e planejamento 286
Auditoria de conteúdo, ideação e criação do CMV 287
Distribuição de conteúdo 289
Avaliação de marketing de conteúdo e ciclo de melhoria 291
5.2.7. Acesso: disponibilização da proposta de valor aos clientes 293
Integração omnichannel 293
A ascensão do social commerce 297
5.2.8. Socialização do e-commerce 298
Comercialização em mídias sociais 298
O comércio social em sua forma pura 298
5.3. O processo H2H como o processo prático do marketing H2H 299
Avançando na trajetória do livro 302
Perguntas 303

Referências 304
6 | Encontrando sentido em um mundo complexo 311
    6.1. O mundo acordou 318
        Reconceber produtos e mercados 325
        Redefinir a produtividade na cadeia de valor 326
        Qualificar o desenvolvimento de grupos locais 327
    6.2. O futuro em ressonância 329
    6.3. Final da história 332
        Perguntas 334
    Referências 335
Notas 337

Para eventuais atualizações e outros materiais,
visite a página do livro no Saraiva Conecta:

https://somos.in/MHJPMHH1

Sobre os autores

Philip Kotler

Escola de Pós-Graduação em Administração Kellogg, Universidade Northwestern. Evanston, Illinois, Estados Unidos.
Reconhecido globalmente como um dos principais especialistas em marketing, escreveu mais de 90 livros e mais de 150 artigos, abordando uma ampla gama de tópicos em marketing, desde princípios fundamentais até estratégias avançadas. É também um consultor requisitado por empresas de renome internacional e já ministrou palestras em diversos países ao redor do mundo.
E-mail: pkotler@aol.com

Waldemar Pfoertsch

Escola de Negócios de Pforzheim, Universidade de Ciências Aplicadas de Pforzheim, Pforzheim, Alemanha.
Professor sênior de marketing, tem experiência em consultoria de gestão na Europa, Estados Unidos e China. É reconhecido por suas contribuições acadêmicas em marketing H2H e gerenciamento de marcas

B2B. Seus interesses de pesquisa concentram-se na globalização de empresas de alta tecnologia e em estratégias de marketing e branding.
E-mail: waldemar@pfoertsch.com

Uwe Sponholz

Faculdade de Administração e Engenharia, Universidade de Ciências Aplicadas Würzburg-Schweinfurt, Schweinfurt, Alemanha.
Renomado professor nas áreas de engenharia de serviços, gestão da inovação, design thinking, marketing B2B, vendas e gestão estratégica, ministra aulas aulas na Faculdade de Administração e Engenharia, Universidade de Ciências Aplicadas Würzburg-Schweinfurt e em instituições estrangeiras. Além de sua experiência acadêmica, tem uma sólida carreira no setor privado e já liderou consultoria estratégica em grandes empresas.
E-mail: usponholz@in-cito.de

Marcos Bedendo

Escola Superior de Propaganda e Marketing (ESPM). São Paulo, SP, Brasil.
Com mais de vinte anos de experiência em marketing, ocupou cargos de gerência de produto e marcas em empresas como Bauducco, Unilever, Whirlpool e Parmalat. É professor de marketing, escritor e palestrante, além de sócio-consultor da Brandwagon, que atende a empresas de diversos segmentos, como Santander, Itaú BBA, MSD Saúde Animal e Delta Air Lines.
E-mail: marcos@brandwagon.com.br

Prefácio

Para qualquer tipo de negócio ou organização, estes são tempos emocionantes de se viver. Existem muitas oportunidades e desafios, e mudanças profundas são necessárias para acompanhar as evoluções de mercado. Não é o momento para empresas e instituições de ensino ficarem paradas, sob pena de se tornarem obsoletas. A pandemia de covid-19, o colapso das cadeias de suprimentos internacionais, o movimento de desglobalização e o uso da violência por líderes políticos chocam o mundo. Neste momento, é imperativo que tanto os estudiosos quanto os líderes empresariais façam suas vozes serem ouvidas. O Brasil e outras nações enfrentam inúmeros obstáculos em diversos campos, e alguns devem ser destacados.

- Desigualdade econômica – Em termos de desigualdade de renda, a do Brasil está entre as mais altas do mundo. As disparidades na distribuição de renda impedem o progresso econômico geral e alimentam a agitação social.
- Instabilidade política – Escândalos de corrupção, problemas de governança e períodos de instabilidade política impactam o Brasil. Essas situações acabam por minar a confiança do público nas instituições e impedir a elaboração de políticas eficientes.

- Pobreza e exclusão social – Embora as taxas de pobreza tenham diminuído recentemente, uma parte considerável da população ainda enfrenta a pobreza. A exclusão social ainda é um grande problema, especialmente para grupos desfavorecidos, como povos indígenas e a população negra.
- Crime e violência – Em muitas regiões do país, há altos índices de criminalidade e violência, incluindo tráfico de drogas, crime organizado e violência urbana, que impõem sérios obstáculos à segurança pública.
- Degradação ambiental – A extração ilegal de madeira, a mineração, o garimpo e o desmatamento representam ameaças aos abundantes recursos naturais do Brasil. A preservação da floresta amazônica, um dos ecossistemas mais vitais da Terra, é essencial para manter a biodiversidade global e controlar as mudanças climáticas.
- Infraestrutura – O Brasil sofre com uma série de problemas de infraestrutura, como serviços públicos precários, redes de transporte insuficientes e acesso restrito a saneamento básico e até mesmo água potável em algumas regiões. O desenvolvimento das infraestruturas é essencial para promover o crescimento econômico e aumentar o bem-estar da população.
- Educação e saúde – Desigualdades no acesso e na qualidade existem em ambos os setores, apesar dos esforços para melhorar os sistemas. De acordo com a agenda de desenvolvimento do Brasil, garantir o acesso justo a serviços de educação e saúde de qualidade continua sendo um dos principais objetivos.
- Governança e corrupção – No Brasil, a corrupção ainda é um grande problema que afeta muitos setores diferentes e corrói a confiança do público nas instituições governamentais. A luta contra a corrupção e a promoção da boa governança demandam um aumento da responsabilização dos governantes, a transparência

sobre as decisões e o correto funcionamento do Estado Democrático de Direito.

Para enfrentar essas questões, as agências governamentais, a comunidade empresarial e a sociedade civil devem trabalhar juntas para executar planos abrangentes que apoiem a justiça social, o desenvolvimento sustentável e o crescimento inclusivo no Brasil.

O conceito do marketing de humano para humano foi desenvolvido em resposta a esses acontecimentos. Em particular, a atual explosão de megatendências exige uma reavaliação do papel do marketing. O cenário do marketing foi alterado para sempre, e essa nova estratégia – passando do tradicional para o digital e do digital para o humano – é o que se apresenta como um novo paradigma. A sociedade está depositando sua esperança em ações de corporações e organizações sociais, mas a confiança nessas organizações está sendo corroída em muitas partes do mundo em razão de técnicas de marketing desumanizantes que incomodam e irritam muitos de nós.

Os autores de *Marketing H2H: a jornada para o marketing human to human* apresentam uma nova forma de se pensar o marketing. Essa nova mentalidade destaca a necessidade de uma perspectiva diferente para a área e demanda um novo método para ajudar todos aqueles envolvidos na tomada de decisões de marketing a mudarem sua forma de pensar.

Os clientes de hoje têm menos tempo e atenção para pensar nas marcas, estão procurando orientações sobre como escolher produtos e serviços, e são inundados por opções a cada esquina. É imprescindível que as marcas se posicionem, chamem sua atenção, os orientem e forneçam o valor que eles precisam para seu bem-estar.

Este livro procura investigar essa nova dinâmica do mercado, os paradoxos que a digitalização traz para os clientes e a necessidade de utilizar as mais recentes técnicas de design thinking para cocriar valor na forma de serviços. O uso do marketing de humano para humano está se tornando essencial para a percepção de valor e o aumento da produtividade. Neste momento crucial, os autores apresentam ao profissional de marketing maneiras de implementar essas mudanças imediatamente para suas marcas.

O marketing H2H é uma estratégia de vanguarda para a era digital. Ele considera as mudanças fundamentais trazidas pelo contexto contemporâneo na gestão de negócios e coloca o ser humano de volta no centro do pensamento e da ação empreendedora.

Embora haja mudanças significativas no futuro, uma economia que combine eficácia e generosidade pode ser alcançada usando as ideias e abordagens discutidas aqui. Assim, o marketing pode reconquistar respeito e voltar a ser valorizado através da aplicação de conhecimentos e habilidades. O marketing pode passar a desempenhar um papel significativo na inovação, abordando a questão do "porquê" – ou seja, a relevância para as pessoas – antes que a engenharia aborde a questão do "como". A comunicação que orienta e melhora as experiências dos consumidores, antes vista como "desnecessária" por alguns profissionais por não ser focada em vendas, deve voltar à tona. Espero sinceramente que possamos conseguir, junto com vocês leitores, fazer essa mudança acontecer.

Embora este livro não entre em grandes detalhes sobre as empresas brasileiras, muitas empresas americanas e europeias estão começando a adotar a ideia do marketing H2H. Mesmo que eles ainda não usem o termo "marketing H2H" para se referir às suas estratégias de marketing, já estão usando os princípios.

Uma das empresas que aplica e mostra a eficácia desse novo paradigma de marketing é a varejista norte-americana Whole Foods. Os leitores terão a oportunidade de aprender sobre a mentalidade H2H que está presente no atual ambiente de mercado. Outro excelente exemplo é a The Good Kitchen, uma pequena empresa dinamarquesa de food service que atende idosos no município de Holstebro. Sua missão é melhorar a qualidade de vida dos idosos na comunidade, utilizando o design thinking e a lógica dominante de serviços como forma de atender as necessidades dessa população.

A Elobau, uma empresa de B2B industrial, fabricante de controles eletromecânicos originária do Sul da Baviera, é outro excelente exemplo. Mesmo sendo uma empresa de médio porte, com 850 funcionários, eles usam um método de fabricação que tem impacto neutro no meio ambiente e demonstram aderir a alguns princípios fundamentais do marketing H2H. Eles valorizam muito a proteção do meio ambiente e colocam as pessoas no centro de suas decisões, apesar de serem uma empresa B2B. O case oferece informações perspicazes sobre a situação da empresa, bem como métodos de ponta para marketing estratégico. Como percebemos, empresas grandes e pequenas e de todos os segmentos podem usar de forma efetiva os princípios do marketing H2H.

Outra questão importante no mundo do marketing de hoje é a confiança. É imperativo que os profissionais de marketing reconheçam que relacionamentos confiáveis são cada vez mais cruciais em todas as interações humanas, particularmente dada a crescente prevalência de mídias sociais e compras on-line. Isso é essencial para qualquer empreendimento que vise o desenvolvimento de uma marca. Um exemplo disso é o caso de a marca de roupas de viscose chamada Liva, que faz uso de estratégias de marketing multicamadas. A Liva quer ser uma marca sinônimo de tecidos de alta qualidade feitos de fibras celulósicas nativas originárias da Índia pelo Aditya Birla Group. Os casos expostos no livro mostram aos leitores ilustrações de problemas atuais e possíveis soluções a partir da forma de pensar H2H.

Ainda outro exemplo é a gigante de produtos médicos Medtronic, cuja estratégia de marketing nos ensina como a experiência do consumidor evoluiu. O plano de tratamento do paciente diabético e a clientela da empresa foram os principais temas do caso. Com vendas de quase 30 bilhões de dólares, a empresa é a principal fornecedora de tecnologia médica para diabetes em todo o mundo. A Medtronic criou um caminho único de humanização para superar vários obstáculos e melhorar a qualidade de vida de quem tem diabetes tipo 1.

A Siemens, conglomerado alemão de produtos tecnológicos, em sua divisão de soluções para eletricidade, também é um exemplo do uso do marketing H2H. A liderança da empresa usa um processo de cocriação de valor para combinar know-how tecnológico e expertise industrial a fim de desenvolver colaborativamente novas oportunidades de negócios com os clientes. Além de digitalizar seus próprios processos e procedimentos, eles também fornecem transformação digital para a indústria, infraestrutura e soluções de mobilidade. Seu único objetivo comum é estabelecer confiança mútua com os stakeholders, desde fornecedores e parceiros até usuários finais.

A marca americana de roupas esportivas Patagonia sempre adotou uma abordagem centrada no ser humano para o marketing. Essa marca exemplifica a mentalidade e o processo da empresa enquanto expande a abordagem do modelo de marketing H2H. O fundador da Patagonia, Yvon Chouinard, anunciou que o planeta se tornaria "o único acionista" e que sua empresa de capital fechado seria colocada sob gestão de um fundo de gestão que reverte os resultados da empresa para a sociedade.

Espero que este livro possa esclarecer ao leitor brasileiro sobre a nova estratégia de marketing H2H e como usá-la para pequenas e grandes empresas. E que também seja claro em mostrar as vantagens de colocar a ideia em prática. Este livro fornece insights sobre o pensamento mais recente quanto aos problemas relacionados à teoria e à prática de marketing, bem como sugere soluções e caminhos potenciais a seguir, junto com uma análise abrangente do papel do marketing diante das necessidades de transformação social.

Além deste livro sobre a fundamentação da origem do marketing H2H e dos processos para sua implantação, nessa coleção há também um livro de casos de empresas H2H e um manual do professor já desenvolvidos, os quais esperamos que possam ser traduzidos para o português do Brasil num futuro próximo.

WALDEMAR PFOERTSCH,
Professor Sênior de Marketing, CIIM Business School,
Universidade de Limassol, Chipre

Apresentação

Não há dúvidas de que vivemos tempos de mudança. E as mudanças acontecem não apenas porque podem ser feitas, mas porque são necessárias. O marketing não está alheio a isso. Profissionais da área precisam estar cada vez mais preparados para ser agentes dessas mudanças nas suas organizações.

A tecnologia sofreu uma revolução com a conectividade e está sofrendo mais uma com a popularização da inteligência artificial. As empresas que até aqui não conseguiram mudar para se conectar melhor com seus consumidores, criar relacionamento e vender em novos canais estão sucumbindo para concorrentes mais ágeis. E aquelas que não souberem usar a inteligência artificial nos seus negócios irão sofrer o mesmo destino.

O planeta cada vez mais demonstra que precisamos de uma mudança. O aquecimento global, previsto pelos cientistas climáticos desde a década de 1970, agora chegou, e os resultados dele já estão impactando a vida de centenas de milhares de pessoas ao redor do globo. E isso só irá se intensificar. Permanecer alheio ou imaginar que isso é problema da política e dos governos é se furtar da responsabilidade de cada indivíduo e de cada organização.

Hoje, as pessoas têm expectativas diferentes com relação às empresas. De uma mera relação de produtor-consumidor, a humanização das marcas e a perspectiva de serviços fazem com que as relações entre empresas e pessoas sejam mais intensas; com isso, a necessidade de confiança e credibilidade aumenta. Para se relacionar é preciso, antes de mais nada, confiar. Isso demanda uma nova postura das empresas – mais transparente, mais próxima. Mais humana.

Num momento de polarização política, que leva a conflitos ideológicos e até mesmo armados, e em uma época em que é preciso mudar a forma de se tratar o planeta para evitar um colapso, as pessoas voltam a atenção para as empresas – em especial aquelas que se tornaram próximas e ganharam a sua confiança. Com isso, essas empresas são potencializadas e, ao mesmo tempo, adquirem novas responsabilidades. Já não podem apenas se preocupar em vender e remunerar seus acionistas. Precisam ser mais. Mais envolvidas, mais preocupadas, mais comunitárias. Novamente, mais... humanas.

No Brasil, isso é especialmente importante. Afinal, trata-se de um dos principais casos globais de grande democracia em crise política. A forte polarização, a descrença na justiça e nas cortes superiores, os escândalos constantes de corrupção governamental e a percepção de impunidade dos agentes corruptos levam a uma falta de confiança nos políticos e na política. Estudos mostram que, ao deixar de se confiar nos políticos e na política, parte dessa confiança é depositada nas empresas.

O que isso tem a ver com marketing? Na verdade, tudo. Mas, em muitos casos, quase nada. Depois de um ganho de responsabilidade dentro das empresas no século passado, o marketing tem se demonstrado cada vez menos estratégico. Se, em algumas empresas, ele tinha assegurado a sua cadeira no "C-Level" com o CMO participando do board executivo, discutindo estratégias e negócios, atualmente é comum que as tarefas do chamado CMO sejam restritas ao "growth marketing" ou ao "customer experience", com funções absolutamente táticas. O marketing tem se afastado da estratégia de negócios e se tornado um gerador de leads para equipes de vendas, ou um gestor de comunicação direcionada aos consumidores e prospects. Caso permaneça assim, tem chances de ser substituído pela inteligência artificial.

É preciso reentender a função do marketing, como já foi feito no passado. Em parceria com Sidney Levy, em 1969, Phillip Kotler elaborou o clássico artigo *Broadening the Concept of Marketing*.[1] Esse artigo, publicado no *Journal of Marketing*, impulsionou uma nova forma de entender o papel do marketing nas empresas naquela época; ademais, ajudou os gestores de marketing a se preparar para agir de forma mais estratégica e os CEOs das empresas a perceber o marketing como parceiro na construção da estratégia. O marketing H2H, novamente com coautoria de Phillip Kotler, faz o mesmo tipo de chamamento para os dias atuais, mostrando uma nova maneira de pensar, gerenciar e estruturar processos de marketing para que a área possa voltar a conduzir as organizações de forma ética e responsável, envolvida e humana, ao longo dos anos que virão.

Para que isso aconteça, a visão da empresa sobre o marketing precisa mudar, e o profissional de marketing também. O marketing deve deixar de ser visto como a área dos "espertos", dos "hackers" que criam artimanhas para convencer o consumidor de forma, muitas vezes, antiética ou pouco transparente. É preciso mudar a visão de que o marketing é aquilo que faz a empresa "levar vantagem" ou a área que vai "extrair valor" da sua relação com consumidores ou que não vai "deixar dinheiro na mesa". Essa é uma visão de curto prazo que confere uma percepção negativa à profissão. É preciso mudar também a percepção do que a área é, do que nós somos. E isso começa com os profissionais da área.

O profissional de marketing deve ser capaz de entender modelos de negócios, identificar as relações estabelecidas entre a empresa e seus múltiplos stakeholders – toda a comunidade ao redor da empresa – e propor soluções que impactem o longo prazo e toda a estratégia da organização. O profissional de marketing precisa entender de estratégias diversas, de alavancas de crescimento e rentabilidade, e ser, também, mais estratégico. Além disso, deve ter na sua visão de mundo e forma de pensar a perspectiva de propor soluções que sejam positivas para toda a comunidade conectada à empresa. Soluções em que não apenas a empresa ganha, mas também todos aqueles que estão ao redor dela, sejam eles colaboradores, consumidores, clientes, distribuidores, fornecedores, parceiros, acionistas ou investidores.

Em muitos momentos neste livro é chamada a atenção para essa visão mais ampla e holística do marketing. É uma visão mais estratégica e comunitária, mais de longo prazo, focada na cocriação de valor. Uma visão que pode evoluir tecnologicamente ao mesmo tempo que mantém o contato humano, que consegue ser flexível sem perder o senso de direção. A nova organização focada no marketing H2H tem tamanha clareza na sua essência e papel na comunidade que ela pode continuamente se adaptar às necessidades do seu ecossistema mantendo a coerência estratégica e de decisões. Essa é a nova forma de se fazer estratégia e a nova forma de se trabalhar o marketing.

Este livro não apenas provoca esse modo de pensar como também propõe caminhos para a implementação. Ele se apoia em teorias e práticas testadas e comprovadas para indicar como gerenciar e criar novos processos de marketing. O livro é uma provocação, mas também é um guia, um mapa de como transformar a sua empresa em uma organização humanizada. No centro do pensamento do marketing H2H estão três teorias bem-sucedidas individualmente: **a lógica dominante de serviços**, que indica que todo valor é cocriado entre a empresa, seus consumidores e outros stakeholders, transformando o consumidor num participante do processo de valor; **a digitalização**, que engloba o uso das novas tecnologias de conectividade e IA para individualizar demandas e contatos, e humanizar o atendimento; e o **design thinking**, com sua perspectiva de flexibilidade, inovações constantes e iteração.

Com esse tripé de fundamentação, o livro explora todo um processo de visão e ação do marketing que o transforma, novamente, numa área de estratégia, e não operacional. É um renascer para a área de marketing e para as empresas que passam a se enxergar e agir de forma mais humana.

Para mim, é um privilégio participar dessa nova revolução do marketing ao lado de autores como Kotler, Pfoertsch e Sponholz, que há tanto tempo e de tantas formas têm ajudado a evoluir o pensamento de marketing. Esse é um marco na carreira de qualquer estudioso ou praticante de marketing como eu. Mas pode também ser um marco no marketing de cada empresa. Por isso, para além do livro, pretendemos trabalhar lado a lado com estudantes e profissionais, empresários e executivos, universidades e empresas, para que a filosofia H2H possa ser disseminada no ambiente empresarial brasileiro. Acreditamos que ela criará não apenas profissionais melhores, mas empresas melhores e um ecossistema de negócios melhor. Um ambiente mais justo, mais transparente, mais verdadeiro, mais comunitário, mais humano. Porque é disso que as pessoas precisam.

Junte-se a nós nessa jornada de transformação do marketing atual para o marketing H2H. Garanto que você não vai se arrepender.

MARCOS BEDENDO
Professor de Marketing e Branding da ESPM,
Ibmec, FIA, FDC e PUC-RS
Sócio-consultor da Brandwagon,
consultoria de Branding, Marketing e Pesquisa

1

O estado atual do marketing

RESUMO

Os departamentos de marketing das empresas sofrem com uma percepção negativa sobre sua imagem. A área sofre com má reputação dentro das empresas e também entre o público em geral. A razão para isso é que o marketing tradicional muitas vezes abraça práticas que podem ser chamadas de marketing esbanjador, marketing insano e até marketing antiético. Há um número crescente de empresas percebendo que precisa construir uma outra abordagem para o marketing, mais humana e mais voltada para um conjunto amplo de stakeholders, com menos enfoque apenas nos acionistas. As chamadas "empresas humanizadas" (*firms of endearment*) provam que tal abordagem pode andar de mãos dadas com a lucratividade. Além disso, o marketing, em algumas empresas, parece reduzir-se à função de comunicação, tendo pouco papel ativo na inovação, prática de enorme importância no sucesso empresarial.

No entanto, não é só a prática de marketing que precisa de mudança – a teoria de marketing também precisa de uma renovação significativa.

> Estamos transitando de uma lógica dominante de produtos (bem físico) dominante para uma lógica dominante de serviços, e esse é um marco na evolução da teoria do marketing. O marketing H2H (*human to human*, ou o marketing feito de seres humanos para seres humanos) é um conceito teórico inovador, que integra várias abordagens da visão mais ampla de uma "nova teoria de mercado" e a utiliza como base teórica para um novo marketing. O marketing H2H responde às principais tendências e consolida ferramentas e métodos que afetam a prática de marketing, bem como o desenvolvimento de uma teoria mais contemporânea de marketing.

Acreditamos que o marketing pode mudar o mundo para melhor. Nas últimas décadas, a área passou por mudanças revolucionárias e ajudou a melhorar a qualidade de vida de muitas pessoas. No entanto, nem todas as mudanças foram para melhor. Em decorrência de algumas práticas antiéticas de profissionais excessivamente preocupados com o lucro, a imagem atual do marketing, tal como percebida por colaboradores e clientes, deteriorou-se a um ponto em que "a maioria das pessoas associa palavras negativas, como 'mentirosas', 'enganosas', 'falsas', 'irritantes' e 'manipulativas', com a palavra marketing".[1] Escândalos públicos, como resultados adulterados de pesquisas de mercado, agravam ainda mais essa má imagem.[2]

Prevalece uma falta de confiança geral, que resulta exatamente no oposto do que o marketing está tentando alcançar. Marcas como Amazon, Airbnb, FlixBus, Mercedes-Benz, Salesforce, Tesla, Whole Foods e Uber não sobreviveriam se os clientes não depositassem sua confiança nelas. A Amazon exibe digitalmente mais de 350 milhões de produtos diferentes, que promete entregar depois que um cliente aperta o botão de compra sem nunca ter visto o produto fisicamente. Tal ato de confiança teve de ser conquistado com muito esforço por parte da Amazon. Sem confiança, torna-se quase impossível para uma empresa construir um relacionamento significativo com o cliente em um nível humano.

A crença de muitos é que o marketing raramente cumpre o que promete e, em vez disso, tende a se aproveitar e enganar os clientes em vez de convencê-los de maneira honesta.[3]

Levando isso em conta, não é surpresa que a diminuição da importância e da credibilidade dos departamentos de marketing tenha sido comprovada empiricamente.[4] Um dos principais professores e disseminadores do marketing na Alemanha, o prof. Heribert Meffert,[5] destaca que o marketing pretende ser um "conceito duplo de gestão" – de um lado, uma função corporativa e, de outro, uma liderança de um "conceito de governança corporativa" que integra uma "coordenação da orientação para o mercado de todas as áreas funcionais". Embora essa dupla compreensão seja dominante nas discussões acadêmicas, o marketing na prática profissional está cada vez mais limitado somente à função corporativa, sendo a função de liderança continuamente negada.[6]

Esse problema não é novo: o marketing vem sofrendo com a diminuição da sua importância há algum tempo. Em 2005, Sheth e Sisodia postularam que "o marketing passou a se ver de forma muito restrita e, em muitos casos, meramente como suporte de vendas".[7] Meffert alertou: "Restringir o marketing a um instrumento de apoio a vendas não faz justiça à dupla reivindicação de liderança do marketing e traz o perigo de que a orientação de marketing esteja apenas ancorada operacionalmente, mas não estrategicamente, na empresa e em sua cultura corporativa".[8]

Muitos pesquisadores veem a orientação de valor para o acionista[9] como a principal razão para o marketing estar nessa situação. Segundo eles, é possível realizar uma gestão corporativa bem-sucedida e orientada para o mercado mantendo o valor para o acionista, pois não se trata de atividades mutuamente excludentes. Os principais problemas acontecem quando as empresas, em busca de ganhos de rentabilidade imediata, tentam reduzir os orçamentos de marketing. No curto prazo, isso pode ter um impacto pequeno nas vendas ou na lealdade do cliente. No longo prazo, porém, a imagem da marca, a percepção do posicionamento e a lealdade do cliente são consideravelmente afetadas.

1.1. Marketing: para onde vais?

A gestão corporativa de uma empresa orientada para o mercado é frequentemente alvo de críticas porque ela supostamente apenas reage à evolução do mercado, em vez de tentar moldar proativamente a evolução dele através de um melhor uso dos seus recursos tecnológicos. Contudo, para que o marketing produza resultados eficazes, as empresas devem procurar uma combinação saudável entre orientação para o mercado (*market pull*) e orientação para melhor uso de recursos tecnológicos (*technology push*) em vez de se apegar a apenas uma perspectiva. O marketing precisa ser orientado para o mercado e para os recursos. Ambos os aspectos devem fazem parte de uma mentalidade que deve ser impregnada por toda a empresa, não somente no departamento de marketing.

Algumas empresas, como a Whole Foods e a Patagonia, têm essa mentalidade. Na sua proposta de valor, a experiência correta e positiva para o cliente é o principal objetivo. O acesso contínuo a produtos, serviços, software, conteúdo e soluções faz parte de todas as ofertas, e a execução perfeita garante a satisfação dos clientes. Abordagens semelhantes podem ser encontradas em empresas B2B, como na SKF, da Suécia, ou no Grupo Schaeffler, da Alemanha, que fabricam peças e equipamentos para indústrias. Outros exemplos também vêm de empresas bastante conhecidas, como a Microsoft. Sob a liderança de Satya Nadella, a empresa mudou a sua orientação estratégica, de uma empresa que chegava a causar desconforto nos seus usuários e era famosa pela "tela azul" nos computadores, para se tornar uma empresa bastante orientada para o cliente. Nesse grupo também se encaixam a Salesforce, que, na figura de seu fundador e co-CEO Marc Benioff, demonstra uma visão contemporânea dos efeitos que pretende causar no mundo. O próprio Benioff é um investidor anjo em dezenas de startups de tecnologia e frequentemente usa parte da sua fortuna para fazer filantropia. Ele demonstra ter a perspectiva de um novo tipo de marketing, em que as empresas e executivos valorizam o propósito conjuntamente com o lucro e a missão de mudar o mundo é responsabilidade de todos.

Além da já mencionada falta de orientação para o mercado, o marketing em sua função corporativa vem sendo cada vez mais questionado.[10] Em parte, isso se deve ao comportamento e às capacidades (ou incapacidades!) dos próprios especialistas em marketing. Enquanto pedem e consomem grandes orçamentos, os profissionais de marketing muitas vezes entregam ações de baixa eficiência e eficácia. Além disso, aproveitando-se da dificuldade de quantificar imediatamente os resultados de certas ações de marketing, demonstram em muitos casos uma falta de responsabilidade financeira, desperdiçando os orçamentos e criando a impressão de que o marketing é esbanjador e ineficaz.[11] Essa reputação ruim faz com que tarefas estratégicas de alta importância, por exemplo, o processo de desenvolvimento de negócios, deixem de ser delegadas aos departamentos de marketing.[12] O marketing muitas vezes fica reduzido à concepção e execução de ações de comunicação e publicidade com foco em vendas.

Deve-se entender que essas mudanças não se devem à diminuição da importância do marketing, mas estão associadas a uma interpretação equivocada do papel dessa área nas organizações, tanto por profissionais quanto por acadêmicos. Em um simpósio sobre a questão intitulado O Marketing Precisa de Reforma?, Rajiv Grover, titular da Cátedra de Excelência em Vendas e Marketing da Universidade de Memphis, concluiu:

> Se a definição de marketing como sendo a busca por satisfazer as necessidades expressas e latentes dos clientes é bem aceita pelo mercado, então a função do marketing não está realmente sendo marginalizada. Mas os profissionais de marketing estão sendo marginalizados, uma vez que muitos

aspectos estrategicamente importantes do marketing, como a definição de preço, a alocação de investimento publicitário e as decisões sobre novos produtos, estão sendo tomadas por outros departamentos das organizações.[13]

O marketing deve retornar ao centro da criação de valor nas empresas, abordando problemas de longo prazo que afetam profundamente a vida das pessoas. No entanto, mesmo munidos de boas intenções, os profissionais de marketing costumam cair na armadilha das práticas ruins ou nocivas. Muitos acham que "a maior parte do 'marketing na prática' é diferente da perspectiva acadêmica"[14] e que os profissionais de marketing, quando planejam suas ações, só conseguem colher resultados positivos para uma parte em detrimento de outra – ou fazem um *marketing antiético* e extraem valor às custas do cliente ou fazem um *marketing insano*, algo que poderia ser definido como "ações de marketing [...] tão mal pensadas que deixam a empresa vulnerável à exploração por parte dos consumidores cada vez mais capazes de entender e se aproveitar de dinâmicas promocionais"[15] às custas do gestor de marketing que propôs a ação – nesse caso o consumidor ganha às custas da empresa. Existem ainda ações de *marketing esbanjador*, em que as atividades não resultam em nenhum resultado, são apenas desperdícios de recursos empresariais. Quando os clientes estão perdendo e as organizações estão ganhando, na maioria das vezes, os ganhos são de curto prazo. A empresa pode obter lucros imediatos, mas apenas até que outros concorrentes entrem no mercado ou regulamentações governamentais impeçam a exploração de grupos de consumidores. De qualquer forma, esta não é, claramente, uma forma ética de conduzir as atividades de marketing.

Talvez o exemplo mais claro de um *marketing antiético* tenha sido o aumento de preços de mais de 5.000% do medicamento Daraprim, usado para tratamento da aids. Em 2015, a Turing Pharmaceuticals elevou o preço do Daraprim, imprescindível para salvar vidas de pessoas com aids, de US$ 13,50 para US$ 750 por dose, numa clara orientação desprovida de ética ou compaixão do CEO da empresa, Martin Shkreli.

A repercussão levou a processos judiciais que acabaram por condenar a empresa e seu CEO a uma série de multas e sanções. Um claro exemplo da ação de curto prazo se voltando contra a empresa num prazo maior.

O mesmo acontece se os clientes ganharem vantagens no curto prazo em detrimento da empresa vendedora. Essa relação tende a se extinguir pois a empresa eventualmente vai perceber que a vantagem proposta por ela não está tendo retorno em mais negócios ou maior envolvimento dos clientes. Ainda há situações em que ambos os lados estão perdendo; falamos então de *marketing esbanjador*, no qual ninguém percebe ou recebe vantagens. Mas é possível estruturar ações de marketing que geram vantagens tanto para os clientes quanto para as empresas, e essas ações são sustentáveis no longo prazo. Isso suscita interesses mais perenes, relações mais transparentes e generosas, e um tipo de marketing que podemos chamar de marketing H2H, o marketing de humanos para humanos (ver Figura 1.1).

Figura 1.1 Orientação para marketing H2H.

Fonte: adaptada de Sheth e Sisodia, 2007, p. 142.

No nosso entendimento, deve ser um objetivo de qualquer *chief marketing officer* (CMO) desenvolver um alto nível de benefícios percebidos tanto para o cliente quanto para a empresa. Isso poderia ser alcançado se eles trabalhassem para um propósito maior, desenvolvendo um marketing focado de humanos para humanos (marketing H2H). Sonya Oblisk, CMO da Whole Foods, mercado americano que pertence à Amazon e que vende comidas com enfoque saudável, diz: "Estamos sempre nos esforçando para entender melhor as paixões de nossos clientes quando se trata de comida".[16] Oblisk pertence ao grupo de CMOs que desenvolvem ações de marketing orientado para o cliente, sem abrir mão da busca por crescimento. Ela estabelece novos padrões de como o marketing deve ser, afastando-se de negócios focados em produtos para negócios focados em criar boas experiência. Linda Boff, da General Electric (GE), está mudando a orientação de um conglomerado industrial de 130 anos para cada vez mais fazer negócios centrados no cliente. Sem dúvida, a GE e outras empresas estabelecidas de tamanho semelhante, como a Unilever e a Caterpillar, estão ajustando suas estratégias de marketing para poder desenvolver um caminho em que o cliente e a empresa sejam beneficiados.

Na categoria de práticas ruins, ou que prejudicam a percepção da própria área de marketing, também se enquadra o que Seth Godin criticou como *marketing de interrupção*, ao qual ele propõe o *marketing de permissão* como solução para e-mails indesejados, telefonemas não solicitados e banners inundando o cotidiano das pessoas e interrompendo constantemente seu fluxo de atenção. Com o marketing de permissão, ele defende uma abordagem colaborativa e não intrusiva de marketing que pede permissão às pessoas para educá-las sobre produtos e serviços, em vez de tentar obrigá-las a verem uma mensagem por "força bruta" e interrupções constantes, forçando um caminho em suas mentes. Existem muitas oportunidades para um uso mais intenso do marketing de permissão, especialmente no espaço digital. Isso permite que as empresas forneçam informações que tenham relevância para os clientes, que são bem-vindas e que, portanto, tendem a não ser ignoradas. Tal abordagem seria muito mais valiosa para a construção de confiança com o cliente e poderia ajudar a melhorar a imagem negativa que o marketing e seus praticantes passaram a ter na sociedade.[17]

Os autores do livro *Inbound marketing*, Brian Halligan e Dharmesh Shah, argumentam que os processos de interrupção usados nas técnicas de marketing outbound, que força a visualização de mensagens nos consumidores, não só são caras como quase não produzem resultados positivos. Além disso, elas infligem um tipo de "sofrimento indesejado" às pessoas que são impactadas constantemente por mensagens indesejadas, e aumentam ainda mais a má reputação dos profissionais de marketing.[18] Em vez de apenas tentar impactar as pessoas com mensagens não solicitadas, a empresa deveria "atrair visitantes, fornecendo-lhes informações relevantes, publicando conteúdo útil e, em geral, tentando ser o mais prestativa possível".[19]

As pesquisas em buscadores de internet (como o Google e o Bing) forneceram a base para o marketing inbound, e muitas empresas tradicionais estão testando esse método como principal forma de comunicação. Gigantes como a IBM, SAP, Apple e tantas outras grandes e pequenas empresas fizeram essa transição. A Tesla se apoia completamente no marketing inbound – eles não têm força de vendas, e até 2023 nunca tinham investido em publicidade. O CEO e presidente da empresa, Elon Musk, é um porta-voz da marca e comunica muito sobre ela. Todo o restante do processo de venda é feito online, incluindo todos os pedidos ou pré-encomendas. O mesmo vale para o Airbnb e Uber. Até a tradicional Mercedes-Benz está criando um efeito de "pull", tentando atrair a atenção de clientes jovens que podem ser inspirados pelas suas comunicações e vídeos nas redes sociais da marca.

O marketing H2H tem a ambição de deixar as práticas ruins no passado e oferecer uma *forma ética e colaborativa de se envolver com os clientes*, fazendo uma cocriação de valor conjunta, como uma equipe e não como adversários numa relação em que um perde para o outro ter que ganhar. O marketing precisa de ambições mais altas e objetivos mais impactantes para ser levado a sério novamente. O marketing H2H contribui para isso!

Algumas empresas e marcas já estão aplicando esse princípio por conta própria ou usando alguns elementos dele. A Whole Foods tem uma abordagem de fornecer produtos cultivados de forma sustentável e incentivar um estilo de vida saudável – um propósito mais envolvente para o público interno e externo. E, além disso, oferece uma ótima experiência de compra e deixa a consciência tranquila, pois suas práticas pretendem impactar positivamente o planeta. Seus funcionários e fornecedores também estão incluídos nesses objetivos à medida que a empresa continua a apresentar ofertas para beneficiá-los – é um trabalho de todo o ecossistema de negócios ao redor da marca. A Airbus também proporciona uma excelente experiência ao cliente e inovação contínua de produtos, aplicando alguns dos princípios de marketing H2H para o segmento B2B.

Essas empresas procuram objetivos mais audaciosos, combinando uma visão de mercado com uma visão de evolução tecnológica e que alie comunicação com ação (como mostra a Figura 1.1). O objetivo não é focar visão de mercado ou visão tecnológica, mas sim ambos, pois eles não podem ser considerados conceitos mutuamente excludentes, e sim conceitos complementares. As empresas precisam desenvolver competências essenciais (*core competences*) usando seus recursos essenciais alinhados com suas atividades e ações essenciais, mas as ofertas resultantes devem também estar alinhadas às necessidades e interesses do mercado.

As empresas que praticam o marketing H2H estão focadas na cocriação de valor juntamente com seus clientes e comunicando suas ofertas de valor adequadamente. A Amazon fez isso com avaliações de produtos criadas por clientes, e o Spotify, com suas playlists criadas por usuários. A DeWalt, fabricante de ferramentas elétricas, estabeleceu uma comunidade de usuários para que os clientes possam contribuir com novas ideias de produtos. A Ikea criou o "Co-Create Ikea", uma plataforma digital onde clientes e entusiastas da marca poderiam fazer propostas para o desenvolvimento de novos produtos. Essas empresas não comunicam promessas vazias para as quais não entregam; elas procuram comunicar as histórias de suas experiências positivas quando são bem-sucedidas.

1.2. Empresas humanizadas: as pioneiras da filosofia H2H

As empresas H2H têm um forte compromisso ético com todos os seus públicos de interesse (stakeholders), desde seus clientes, fornecedores e funcionários até a sociedade como um todo. Elas compartilham um traço de caráter, o que Sisodia, Sheth e Wolfe chamam de *empresas humanizadas*, nas quais "os stakeholders se beneficiam junto com outros grupos de stakeholders e discutem formas de prosperarem juntos".[20] Em seu livro *Firms of Endearment*, os autores discorrem sobre os resultados positivos de empresas como 3M, Adobe, Autodesk, que conseguem atingir seus objetivos a partir de um marketing baseado na colaboração, empatia e respeito:

> Conquiste um lugar no coração do cliente e ele terá prazer em oferecer-lhe uma parte maior de seus gastos. Faça o mesmo com um funcionário e o funcionário retribuirá com um salto quântico na produtividade e qualidade do trabalho. Estabeleça laços *emocionais* com os seus fornecedores e colha os benefícios de ofertas superiores e respostas ágeis às suas demandas. Dê às comunidades nas quais você opera motivos para sentir orgulho de sua presença e desfrute de uma fonte fértil de clientes e funcionários.[21]

Para os autores, o comportamento generoso em relação aos stakeholders de uma empresa não é apenas mais uma farsa da Responsabilidade Social Corporativa, mas sim a própria essência de uma abordagem para fazer negócios. Empresas humanizadas superam o pensamento "eu primeiro, depois os outros" e adota uma abordagem de stakeholders, em que os interesses de todas as partes são respeitados e levados em consideração. Traços típicos de caráter de empresas humanizadas são:[22]

- Elas pagam salários mais altos que as concorrentes e investem mais tempo e dinheiro na educação dos funcionários.
- Seus fornecedores são tratados como parceiros colaborativos, não como subordinados de baixo escalão. Recebem apoio para impulsionar seus negócios e crescer conjuntamente com a empresa cliente.
- Criam um vínculo emocional com clientes, funcionários e com as comunidades em que estão operando.
- Têm como uma de suas características a menor rotatividade de funcionários.
- São movidas por metas de longo prazo e não são vítimas de ações precipitadas e de curto prazo.

As empresas humanizadas, como CarMax, Chipotle, Cognizant e Costco, criam uma situação de ganha/ganha. Ao contribuir para melhorar a vida dos clientes e comunidade, essas empresas, por sua vez, recebem fortes recompensas financeiras. Sisodia, Sheth e Wolfe[23] afirmam:

> Tudo isso pode parecer contraintuitivo, mas, caso após caso, empresas humanizadas e que possuem custos de mão de obra mais altos acabam tendo uma relação de dólares pagos como salários mais baixa por dólares ganhos em faturamento mais baixos, bem como custos de marketing menores.

A conexão emocional entre empresas humanizadas e seus clientes promove lealdade e interesse em defender a marca. Isso mostra que ser um profissional de marketing humanizado ou H2H não consiste em ser idealista e criador de novas tendências, mas em desenvolver uma clara vantagem competitiva que torna possível ser competitivo *e* ajudar os outros, sem a necessidade de abrir mão de um para ter o outro.

As empresas H2H hoje são mais necessárias do que nunca, não apenas para a transformação social do capitalismo mas também para garantir práticas empresariais sustentáveis. Apte e Sheth,[24] em seu livro *The sustainability edge: how to drive top-line growth with triple-bottom-line thinking* ("A vantagem da sustentabilidade: como impulsionar o crescimento da receita com um pensamento *triple-bottom-line*", em tradução livre), descrevem a sustentabilidade como um dos objetivos mais essenciais e urgentes dos líderes atuais e futuros. Com a pressão crescente vinda especialmente da geração mais jovem, que expressa seus temores sobre um futuro incerto e exige uma mudança radical no caminho dos negócios, espera-se que as empresas criem ações efetivas e reformulem seus negócios para garantir que entreguem um planeta intacto para as gerações futuras.

Os autores acrescentam uma longa lista de empresas, incluindo Harley-Davidson, IBM, Hotéis Marriott, MasterCard e muitas outras. Todas elas abordam alguns dos elementos das empresas humanizadas, mas não todos os requisitos desse conceito. Southwest Airlines, Starbucks e UPS (empresa americana de entregas) preocupam-se com as necessidades de seus clientes e funcionários; algumas outras usam produtos de origem ética, e outras ainda buscam lançar muitas inovações. Todas elas compartilham a ideia de prosperar em direção ao objetivo positivo único de um bem comum. Nas palavras de Bill Marriott, "cuide bem dos funcionários e eles, por sua vez, cuidarão bem dos clientes, que retornarão repetidamente".[25]

1.3. Desafio da gestão sustentável

A sustentabilidade está na vanguarda das questões atuais da sociedade, da política e da economia. Os defensores da sustentabilidade criaram um senso de urgência e conseguiram atenção imediata. Além das medidas que os indivíduos podem tomar, as pessoas estão cada vez mais observando como as empresas podem ser engajadas para enfrentarem os grandes problemas da humanidade, já que a confiança nos governos diminuiu de forma geral. Em relação à sustentabilidade, Apte e Sheth adicionam uma dimensão importante ao espectro do ativismo de marca e do marketing H2H. Eles descrevem que, enquanto algumas empresas estão acompanhando os movimentos pela sustentabilidade, outras resistem porque acham que o "crescimento sustentável" é um conceito contraditório. Para marcas como Patagonia, Timberland e Jack Wolfskin, a abordagem "verde" é amplamente reconhecida. Não é tanto o caso do Walmart, Unilever ou Procter & Gamble. Essas últimas até oferecem alguns produtos mais sustentáveis que as opções antigas, porém ainda são fortemente criticados em razão da maioria de suas ofertas de produtos e práticas.

À primeira vista, crescimento e sustentabilidade parecem ser dois objetivos mutuamente exclusivos. Apte e Sheth, no entanto, defendem o crescimento sustentável com a convicção de que alcançar o crescimento da receita enquanto se mantém fiel aos princípios de sustentabilidade é um objetivo viável. Eles argumentam que o mundo dos negócios precisa de exemplos positivos, algo que eles chamam de *campeões de sustentabilidade*, exemplos de empresas que comprovariam essa viabilidade. Em seu trabalho, eles delineiam três estratégias diferentes para criar crescimento sustentável:

- 1ª estratégia: "Dessasociar crescimento da receita com o esgotamento dos recursos naturais virgens".[26]
    Ao estabelecer uma *economia circular*, quando as empresas se preocupam com os produtos depois de terem sido utilizados, a uti-

lização dos recursos pode ser reduzida. Para novos produtos, as empresas podem utilizar recursos renováveis (como faz a Ikea) ou material reciclado (que tem sido usado pela Nike e Adidas na produção de seus calçados).

- 2ª estratégia: "As empresas podem produzir menos e melhores produtos".[27]
Em tempos de economia compartilhada, as empresas podem ajustar seus modelos de negócios e incentivar os clientes a compartilhar ou alugar produtos (Airbnb, Uber, 99, ClickBus). Isso pode criar novos fluxos de receita e, ao mesmo tempo, tornar o negócio mais sustentável (GE e Siemens têm tentado esse tipo de tática).

- 3ª estratégia: "Redefinir o crescimento".[28]
O crescimento financeiro no sentido tradicional é tudo o que existe? O crescimento tem muitas facetas, como o crescimento social ou o crescimento do bem-estar em nível pessoal. As empresas devem estabelecer metas de crescimento considerando outras perspectivas que não apenas as financeiras.

Semelhante aos autores de *Firms of Endearment*, Apte e Sheth veem o engajamento colaborativo de todos os grupos de stakeholders como a única fonte sustentável de vantagem competitiva. Para eles, a sustentabilidade não é um complemento, mas uma necessidade expressa em sua avaliação da situação atual:

> O alcance e a magnitude dos desafios que as empresas enfrentam, atualmente e no futuro, são enormes. Os recursos físicos do mundo são limitados e estão se tornando cada vez mais caros, a vantagem da escala e da automação está diminuindo, novas inovações são copiadas em um ritmo mais rápido e os problemas sociais estão crescendo a taxas alarmantes. Uma mudança incremental não resolverá esses desafios. O que é necessá-

rio é uma mudança transformacional intensa em estratégias de negócios, práticas e táticas com pensamento *triple-bottom-line*.[29]

Para implementar com sucesso o pensamento *triple-bottom-line* em questões sociais, econômicas e ecológicas, eles introduzem um modelo ampliado de stakeholders que pode servir como extensão para o modelo SPICE (sociedade, parceiros, investidores, consumidores, empregados). Isso será apresentado em detalhes no Capítulo 3.

Os avanços e descobertas dos últimos anos mostram, sem dúvida, que as prioridades dos clientes estão mudando. As gerações mais jovens nos Estados Unidos demandam ofertas sustentáveis de produtos e serviços. Isso terá forte impacto nos próximos anos, porque os millennials estão exigindo sustentabilidade e priorizando a melhoria do meio ambiente. A Figura 1.2 mostra que, para os millenials, é importante que as empresas implementem programas a fim de melhorar o meio ambiente (83%), enquanto 75% deles afirmam que mudarão seu comportamento de compra para reduzir o impacto no meio ambiente.

Figura 1.2 Demanda por sustentabilidade entre diferentes faixas etárias nos Estados Unidos.

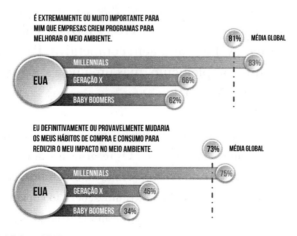

Fonte: adaptada de Nielsen, 2018.

Além disso, esses clientes preocupados com a sustentabilidade estão dispostos a pagar um prêmio por produtos sustentáveis:[30]

- Muitos mercados (por exemplo, Europa, Estados Unidos) atingiram altos níveis de maturidade, e isso fez com que um crescimento constante de faturamento dentro de paradigmas tradicionais se tornasse quase impossível.
- À medida que as economias emergentes estão alcançando padrões de vida mais elevados, a quantidade de recursos necessários para satisfazer uma demanda cada vez maior está aumentando e representa um desafio para práticas de negócios, porque os recursos do planeta são limitados.

No entanto, o que as empresas podem realmente fazer? As empresas deveriam mudar a essência do conceito de negócio: abandonar a orientação voltada somente aos acionistas para um foco num conjunto amplo de stakeholders. As empresas têm *impacto direto* em seus consumidores e clientes. Seus funcionários são os que entregam as soluções e serviços. Com esses grupos, a empresa está em constante interação direta. O governo tem *impacto indireto* em várias camadas administrativas locais, regionais ou nacionais, e as empresas recolhem impostos e seguem regulamentações. A mídia e outros intermediários também são impactados (e impactam) indiretamente. Além disso, existem organizações não governamentais (ONGs) que são afetadas pelas operações de uma empresa de forma indireta. Já as comunidades são *facilitadoras* (*enablers*), uma vez que fornecem infraestrutura, serviços básicos e outros. Os investidores são facilitadores por fornecer recursos financeiros, e os fornecedores também o são, pois entregam os componentes e serviços necessários para a empresa operar. Olhar apenas para o investidor é pouco. As empresas precisam de um olhar mais amplo e gerar envolvimento com cada um dos nove grupos de stakeholders. Com essa abordagem, um modelo de stakeholder de 360 graus poderia ser criado (ver Figura 1.3). O princípio do sucesso reside na intenção de "maximizar os benefícios para todas as partes interessadas como fonte de vantagem competitiva".[31]

Figura 1.3 O modelo de partes interessadas de 360 graus.

Fonte: elaborado pelos autores.

Em consonância com esses autores, acreditamos que a sustentabilidade permitirá que as empresas alcancem uma vantagem competitiva se aplicarem a ideia correta de sustentabilidade nas suas empresas – uma forma sistemática e holística – e se adotarem a estratégia como parte crucial da sua organização. Essa abordagem fornece a base para um marketing mais orientado para o ser humano, o marketing H2H.

As empresas podem afetar diretamente seus clientes intermediários, clientes finais e funcionários. Elas podem fazer escolhas conscientes sobre suas propostas de valor, processos e relacionamentos. Indiretamente, podem influenciar a mídia, governos, ONGs etc. por meio de lobby, comunicações, visões de mundo e contribuições financeiras. Além disso, também podem ter um impacto relevante em seus fornecedores, investidores e comunidades. Concordamos com os autores quando afirmam que as empresas que abraçam a sustentabilidade contribuirão positivamente para seus stakeholders e para todo esse ecossistema, e gostaríamos de incorporar esse pensamento em nossa abordagem.

Vemos que muitas empresas têm dificuldades para se adequar às demandas e abraçar a sustentabilidade, pois as pressões do ecossistema são diversas. Por exemplo, a Nestlé é fortemente criticada por conta de sua prática de extração de água em muitos locais, e a Procter & Gamble e o Walmart têm problemas semelhantes.

Fornecedores de componentes e sistemas industriais como a GE, a Siemens e a Johnson Controls têm a possibilidade de trabalhar a sustentabilidade por meio de uma menor pegada de carbono, fabricando equipamentos` mais eficazes e energeticamente eficientes. Um exemplo específico é a Herrenknecht, empresa alemã que projeta, produz e opera equipamentos para a construção de passagens subterrâneas e túneis. Com seus equipamentos de tunelamento, eles mecanizaram a perfuração de túneis e aumentaram a eficiência e segurança das operações. Como efeito para o consumidor, esses túneis economizam milhões de quilômetros aos motoristas ao encurtar suas rotas, e isso é um efeito positivo. Contudo, o processo de construção dos túneis consome uma enorme quantidade de energia. Nesse caso, há também uma tentativa de inovar em equipamentos que consomem menos energia, tornando a operação mais sustentável.

Empresas de especialidades químicas também podem ajudar na sustentabilidade de formas distintas, como na criação de materiais muito mais duráveis. Um exemplo é a Lamoral Coatings, empresa química que produz materiais de acabamentos para superfícies. Eles inovaram ao oferecer um polímero de flúor que pode prolongar a vida útil das superfícies de metal, madeira ou tecido em mais de dez vezes, o que é uma forma de melhorar a sustentabilidade desses materiais. Seu processo de produção, todavia, deve ser controlado com muito cuidado para evitar danos ambientais. Esses exemplos ilustram as opções para incorporar a orientação humana e sustentabilidade nas atividades de marketing, com inovações e criação de valor para múltiplos stakeholders – os fornecedores, os clientes, os consumidores e o meio ambiente.

1.4. A evolução para o marketing H2H

Para colocar o marketing H2H num contexto de evolução da disciplina, analisaremos detalhadamente a linha do tempo de evolução do pensamento e prática do marketing. O pensamento mercadológico teve um desenvolvimento constante ao longo dos últimos 200 anos. Antes da consolidação de uma "orientação para o marketing" nas empresas, houve vários períodos de diferentes visões e conceitos.

Nesse ponto, é importante fazer uma ressalva. O termo "marketing" nunca foi traduzido para o português. Com isso, tem-se uma percepção de que o marketing surgiu com as teorias e práticas criadas a partir do desenvolvimento da disciplina como uma parte da administração e da adoção de práticas da gestão de produtos por empresas de bens de consumo por volta dos anos 1930, trazidas como prática empresarial pelas empresas multinacionais para o Brasil por volta dos anos 1960. No entanto, o termo "marketing" é utilizado em outras línguas, inclusive no inglês, como algo próximo ao que poderíamos traduzir como "comercialização" em português. Assim sendo, envolve tudo aquilo que indica processos e técnicas que levam a uma maior facilidade de compra e venda de mercadorias e serviços em volumes massivos. Por isso, entendemos que é possível traçar essa visão histórica desde muito antes de o termo ter sido devidamente definido pela área acadêmica.

Desde a primeira revolução industrial, os aspectos econômicos deram origem à ciência moderna do marketing a partir de uma *orientação para a produção*. Depois de 1900, seguiu-se uma abordagem *centrada no produto*, que levou, por um lado, ao desenvolvimento do comércio e processos de exportações e, por outro lado, ao desenvolvimento da teoria do mercado e de políticas de acesso ao mercado. As falhas da orientação para a produção durante a Grande Depressão do final dos anos 1920 pavimentou o caminho para uma mudança significativa no marketing. A orientação do marketing foi reformulada e passou a *focar o processo de vendas*, algo que se mantém até hoje, e abriu caminho para uma "teoria geral de marketing". A teoria clássica de vendas era, a princípio, uma abordagem orientada para a empresa como um todo e, em seguida, passou a ter foco na gestão de produtos, com a criação da função do "gestor de produtos" ou "gestor de marketing", especialmente pelas empresas de bens de consumo. Na década de 1960, começaram a surgir diferentes abordagens para a teoria moderna do marketing, entre elas o marketing comportamental, o marketing orientado para a decisão, o marketing orientado para o sistema e o marketing situacional.

Então, a partir de 1980, surgiram os "novos" paradigmas na teoria do marketing, com ênfase na economia da informação, orientação para recursos/competências, orientação para relacionamentos, orientação para o processo e o marketing digital. Heribert Meffert fornece uma visão detalhada da evolução da teoria do marketing desde a sua criação e os tópicos contextuais correspondentes (ver Figura 1.4).

Figura 1.4 A evolução da teoria do marketing.

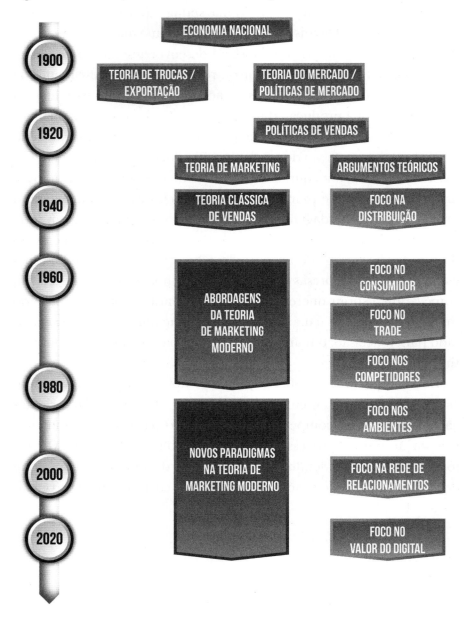

Fonte: adaptada de Meffert et al., 2019, p. 31.

Mesmo com esse histórico, comparativamente, o marketing é uma disciplina relativamente jovem e dinâmica. Na década de 1930, a Procter & Gamble introduziu a gestão da marca para as suas ofertas ao consumidor. O longevo CEO da GE Jack Welch levou o marketing a novos patamares para as empresas industriais B2B. Empresas como Yahoo, AOL e Google, pioneiras da internet, construíram as bases para o marketing digital (orientação de valor digital), que ganhou velocidade fenomenal e continua se desenvolvendo. Observamos que especialmente dois aspectos sofreram constantes mudanças ao longo das décadas: as inovações no marketing e a importância do marketing na gestão empresarial. O marketing teve que se adaptar continuamente às mudanças estruturais do mercado e construir novos fatores de sucesso para se manter relevante. Esses novos fatores de sucesso e suas tarefas derivadas, em geral, não substituíram as anteriores, mas se acumularam, formando uma estrutura de tarefas cada vez mais complexas e demandando um alto nível de competência.[32] Sephora e Amazon são bons exemplos de como as inovações transformaram o mercado de modo geral, e o varejo em particular, e passaram a demandar diferentes competências.

Bruhn resume como as tarefas de marketing e o comportamento do cliente mudaram durante as décadas analisadas (ver Quadro 1.1). Ao analisar os desdobramentos, ele aponta três marcos cruciais:[33]

- "Pensando nos 4Ps (*o paradigma instrumental*)"
- "Pensando em vantagens competitivas (*o paradigma da concorrência*)"
- "Pensando em marketing de relacionamento (*o paradigma do relacionamento*)"

Quadro 1.1 Principais temas e comportamentos durante as diferentes fases do marketing

Fases	Temas-chave	Comportamento dos participantes do mercado
Anos 1950	Ativação/modelagem das marcas existentes e canais de distribuição	Comportamento reativo de clientes e varejistas e alta receptividade dos consumidores (*demanda maior que a oferta*)
Anos 1960	Desenvolvimento e modificação de canais de vendas	Demanda reprimida do consumidor, desenvolvimento de diferentes tipos de comércio, entrada de novos concorrentes
Anos 1970	Desenvolvimento de mercado através da segmentação de mercado e diferenciação	Diferentes comportamentos do consumidor, intensificação da concorrência e trade com maior poder de barganha (*oferta maior que a demanda*)
Anos 1980	Desenvolvimento e manutenção de vantagens competitivas estratégicas	Aumento da conhecimento do cliente/ consumidor, intensificação da concorrência no varejo, comportamento competitivo intenso
Anos 1990	Reação rápida às mudanças ambientais	Diferenciação no comportamento do cliente, forte concentração no varejo (*crescimento da barganha do varejo*)
Anos 2000	Gestão de relacionamentos de longo prazo com clientes	Comportamento de compra no estilo de vida, alta intensidade da concorrência, surgimento do e-commerce
Anos 2010	Reação e uso da tecnologia de forma dinâmica e digitalização de processos de comercialização	Interações digitais durante a compra, novos modelos de negócios para fornecedores, indústria e varejistas
Anos 2020	Criação de redes de cocriação e ecossistemas, empresas tomando posições sobre questões políticas, sociais e econômicas	Interações digitais ao longo de todo o ciclo de vida, alta influência da comunidade e dos indivíduos

Fonte: os itens de 1950 a 2010 são adaptados de Bruhn, 2018, p. 29. A fase de 2020 baseia-se nos desenvolvimentos atuais na lógica dominante de serviços e digitalização.

Comparando os marcos com os processos de desenvolvimento mostrados na Figura 1.4 e no Quadro 1.1, percebe-se a ausência de um paradigma para a fase atual (*fase de conectividade digital*,[34] *fase de criação de valor digital*[35]).

O marketing H2H entende que esse novo paradigma é a *troca e desenvolvimento cocriativo de serviços* como um novo marco com uma lógica dominante de serviços (em oposição a uma lógica dominante de produtos). Esse conceito foi introduzido por Vargo e Lusch[36] como um novo paradigma e observado em empresas como a IBM, Goldman Sachs, McKinsey, KPMG, Deutsche Bank, entre outras, e seu efeito é notado com o incremento de soluções "as a service" em detrimento da propriedade de bens, algo que acontece em um grande número de mercados, seja no B2B, seja no B2C.

Hoje, o marketing enfrenta fortes desafios em função de uma sequência de inovações disruptivas, provenientes especialmente da digitalização, da conectividade e do aumento da consciência ecológica. Isso é evidenciado pelas discussões de sustentabilidade sempre presentes nos noticiários, apoiadas pelos primeiros efeitos tangíveis do aquecimento global e pela situação de poluição das cidades ao redor do globo. Os fornecedores de energia são particularmente afetados por esse novo desenvolvimento e, como resposta, empresas como Siemens e GE estão fornecendo tecnologia de rede inteligente, turbinas eólicas, aplicações solares e muitas outras coisas. Até mesmo empresas petrolíferas estão realizando processos de mudança. A British Petroleum (BP) mudou o foco de negócios e renomeou sua empresa para Beyond Petroleum, indicando o envolvimento com as mudanças de mercado como um imperativo para a sobrevivência a longo prazo.

Do lado dos compradores, o processo de compra mudou e agora baseia-se em uma variedade de canais de comunicação e vendas entre os quais os clientes se alternam constantemente. Isso representa um desafio, pois as empresas devem gerir e integrar adequadamente os canais. A transparência das informações disponíveis na internet deixa os clientes cada vez mais bem informados. Eles comparam milhares de ofertas online e adquirem maior sensibilidade ao preço. Além disso, a influência do contexto social, que pode ser sumarizada no termo *fator f* (*family, friends, fans and followers*, ou família, amigos, fãs e seguidores), aumentou significativamente a sua influência sobre a decisão de compra do indivíduo. Isso faz com que a influência direta das empresas sobre os clientes diminua, o que torna necessária uma mudança no pensamento em marketing, sumarizada na ideia de que a "conectividade muda um elemento-chave do marketing: o próprio mercado".[37]

O estudo *Organização de Marketing do Futuro*[38] verifica que a digitalização é o grande impulsionador dos principais desafios do marketing. Os dados da pesquisa, feita com participantes com formação em marketing, mostram que três dos quatro principais desafios para os profissionais de marketing surgem pelas mudanças vindas da digitalização. Isso envolve a explosão de canais de vendas e comunicação, que tem como consequência a necessidade de os profissionais de marketing lidarem com um grande volume de dados que se atualiza com enorme velocidade. No geral, a maioria dos participantes (60%) prevê crescimento na relevância dos departamentos de marketing para o futuro. Embora as perspectivas de relevância futura sejam otimistas, constatou-se alto nível de incerteza sobre a organização futura do marketing. Dos entrevistados, 29% consideram necessário reestruturar completamente os departamentos de marketing, enquanto 48% dos profissionais de marketing questionados sugerem ao menos pequenas mudanças para fazer jus à alegação de alta relevância da área.[39]

O estudo indica ainda que os especialistas em marketing não estão acompanhando as mudanças tecnológicas. Até mesmo na última função em que o seu domínio é absoluto – a comunicação de marketing – eles já passam a ser contestados. É possível que isso seja retirado deles, já que a expertise necessária está cada vez mais nos departamentos de tecnologia ou inteligência de negócios, que passaram a utilizar algoritmos e testes para criar anúncios e definir quais mídias serão mais ou menos bem-sucedidas. Os profissionais de marketing terão que ampliar suas competências e habilidades, especialmente em tecnologia, para poder alavancar o potencial que reside nos desenvolvimentos da digitalização e evitar se tornar obsoletos em relação a outros departamentos.

Convidamos o leitor a desafiar o marketing e os profissionais da área definindo as suas competências essenciais como função corporativa. Qual é a contribuição mensurável do marketing para as inovações hoje? Por que os processos de vendas (e de outras áreas) são tão bem definidos e transparentes em seus efeitos e resultados para os negócios da empresa, enquanto os investimentos e resultados de marketing muitas vezes são tão pouco claros?

Aprofundando-se na fase atual do marketing, a conectividade desafia as visões tradicionais sobre acesso e propriedade.[40] Parafraseando Chen[41] e Marx,[42] Bardhi e Eckhardt dizem: "Em vez de comprar e possuir coisas, os consumidores querem acesso a bens e preferem pagar pela experiência de acessá-los temporariamente. A propriedade não é mais a expressão máxima do desejo do consumidor".[43] A tendência para a *economia compartilhada*, muito impactada pelos modelos de negócio em forma de plataforma, altera o comportamento e as preferências do cliente, enquanto a cocriação de serviços ganha relevância. Um dos principais exemplos da economia compartilhada, o compartilhamento de carros (Uber, Lyft, 99, Cabify, Didi etc.), só funciona com forte colaboração dos clientes, uma vez que somente o processo de conexão é feito pela empresa. Atividades operacionais como coleta, devolução, limpeza e abastecimento, tudo é feito pelo cliente ou pelo parceiro prestador de serviço.[44] "A desmaterialização do consumo, a perda de importância da propriedade e novas formas de uso"[45] como consequência da conectividade estão se tornando cada vez mais importantes. Além disso, vemos um aumento das novas necessidades dos clientes, em especial um crescente interesse por informação e conhecimento:

> Através da industrialização e consumo de massa, o consumo de produtos lentamente tornou-se um hábito comum. Graças à publicidade e decadência (do interesse pela posse), a demanda aqui não está saturada, mas comparativamente estagnada. Isso cria espaço para novas necessidades e desejos, incluindo mais conhecimento e informação, e mais serviços.[46]

Esses desenvolvimentos fazem parte de uma "transformação social abrangente do capitalismo".[47] Os autores chamam essa fase de transição em que nos encontramos de *Era da Transcendência*, em que as necessidades, desejos e sonhos dos clientes estão mudando fundamentalmente. Eles estão mais focados em propósito, paixão e experiência, para além das necessidades materialistas. Um dos principais motores desse desenvolvimento é a mudança demográfica que está ocorrendo em todo o mundo. Com uma sociedade envelhecida, consumos por paixão ou orientados por propósito estão ganhando muito mais força, e as questões que dominam o discurso e o pensamento social estão mudando. E, quando as pessoas vivem mais, seus valores, mentalidades e ideais espirituais são passados para a próxima geração e ancorados nela.[48]

Com a mudança da "centralidade no produto" para a "centralidade no serviço",[49] a *experiência da cocriação de valor* torna-se uma nova realidade. Essa criação de valor é dependente de experiências individuais e do contexto em que elas ocorrem. Esse fato é reconhecido por Prahalad e Ramaswamy, que afirmam que "a criação de valor é definida pela experiência de um consumidor específico, em um momento e local específicos, no contexto de um evento específico".[50]

Em seu artigo "The new frontier of experience innovation" ("A nova fronteira da inovação em experiência", em tradução livre), Prahalad e

Ramaswamy introduzem a ideia de que o crescimento sustentável no atual mundo digitalizado demanda uma abordagem de inovação que seja mais ampla que o tradicional foco somente nos produtos e serviços de uma empresa – ela deve inovar na experiência. A Microsoft fez a transição com sucesso para essa nova fronteira, e a IBM, com a aquisição da Red Hat, está determinada a se reinventar. Goldman Sachs, Deutsche Bank e Bank of America também estão se movendo para experimentar essa nova forma de inovação. No Brasil, vimos a revolução das fintechs mudar a experiência que temos com os bancos, e os bancos tradicionais, como Bradesco, Itaú e Santander, terem de se adequar às novas experiências trazidas pelo Nubank, C6 Bank e Banco Inter. Para além dos grandes grupos empresariais, há espaço nesse mercado de experiências para pequenas empresas com foco em aplicações específicas em nichos determinados:

> A intenção da inovação de experiência não é melhorar um produto ou serviço em si, mas permitir a cocriação de um ambiente povoado por empresas e consumidores e suas redes – em que experiências personalizadas e evolutivas são o objetivo, e produtos e serviços evoluem como um *meio* para esse fim.[51]

É possível identificar importantes implicações que a mudança para um processo de inovação por experiência irá produzir. Isso é apresentado no Quadro 1.2. Subjacente ao conceito de inovação de experiência está uma compreensão fundamentalmente diferente de como o valor é criado e qual papel as empresas assumem nesse processo. Enquanto antes os clientes tinham um papel passivo nos negócios, basicamente comprando (ou não) a solução proposta pelas empresas, hoje o cliente é conectado e capacitado a atuar como um cocriador ativo, colaborando com as empresas, fornecendo-lhes a sua expertise, "seus conhecimentos e habilidades, a sua vontade de aprender e experimentar, e a sua capacidade de se envolver em um diálogo ativo".[52]

Quadro 1.2 Comparação entre inovação tradicional e inovação por experiência

	Inovação tradicional	Inovação por experiência
Foco de inovação	Produtos e processos	Ambientes de experiência
Base de valor	Produtos e serviços	Experiências cocriadas
Visão de criação de valor	• A empresa cria o valor • Implementação de produtos e serviços centrados na cadeia de suprimentos • "Push & pull" da oferta e "pull" da demanda focada nos produtos da empresa	• O valor é cocriado com o consumidor • Ambientes de experiência para os indivíduos coconstruírem experiências sob demanda contextual • Cocriação de valor centrada no indivíduo
Visão da tecnologia	• A tecnologia permite novas características e funções de produtos • A tecnologia permite integração de sistemas de operação	• A tecnologia é uma facilitadora de experiências • A tecnologia permite a integração de experiências
Foco das cadeias de suprimentos	• Apoia a produção de produtos e serviços	• Rede de experiências que apoia a coconstrução de experiências personalizadas

Fonte: adaptado de Prahalad e Ramaswamy, 2003, p. 17.

Isso resulta em uma mudança fundamental de perspectiva para as empresas, pois elas não são mais vistas como "produtoras de valor", mas como atores colaborativos em processo de cocriação. A lógica dominante de serviços (*service dominant logic* ou S-DL) postula que as empresas não podem produzir unilateralmente valor embutido em produtos e serviços, mas podem fornecer propostas de valor das quais os clientes, ao utilizar, obtêm valor. A mudança indica a necessidade de o consumidor perceber e, de certo modo, atribuir valor àquele serviço para que o valor passe a existir. Na mesma linha, as empresas que usam a S-DL[53] só podem proporcionar oportunidades de experiência. A experiência em si, da qual o cliente individualmente extrai valor, é efetivada de fato pelo uso do cliente, definindo a cocriação do valor.

O exemplo com que quase todas as pessoas podem se identificar é a empresa sueca Ikea. Suas ofertas são peças de móveis não montadas, que precisam ser montadas pelas próprias mãos dos clientes. As ofertas elegantes e com preços razoáveis são cocriadas com seus clientes. A Ikea continua a abrir lojas em todo o mundo e a expandir as suas ofertas de comércio eletrônico. Ela tem crescido mais que o dobro do mercado e almeja estar disponível em metade do mercado mundial até 2025. Prestadores de serviços industriais (B2B) tiveram desenvolvimentos semelhantes. Muitas empresas desse segmento começaram como empresas fornecedoras de produtos e acabaram se tornando provedoras de soluções. Alguns exemplos são 3M, Tetra Pak, Alcatel, Bosch, Fujitsu, Sumitomo e tantas outras. Em serviços industriais, a capacidade de oferecer esse tipo de solução sempre existiu. Pelo processo de fazer grandes vendas concentradas em menos clientes, típico do B2B, a individualização de soluções e a cocriação de valor há muitos anos são práticas importantes desse setor.

Os profissionais de marketing precisam entender a nova realidade da cocriação, parte integrante do marketing H2H. Em virtude da sua importância essencial para o sucesso no mercado atual, a ideia de uma lógica dominante de serviços é uma característica-chave no modo de pensar o H2H (ver Capítulo 3).

Muitas vezes, a área marketing só está envolvida no processo de inovação em alguns momentos específicos, e é especialmente envolvida somente antes do lançamento, quando o planejamento de comunicação deve ser feito. Entendemos, no entanto, que o marketing deveria assumir muito mais responsabilidade na inovação, sobretudo nas etapas de geração de ideias que compõem o *fuzzy front end* (processo inicial de captação de tendências e necessidades de mercado e processo de ideação).[54]

- A nova abordagem de marketing H2H baseia-se no *design thinking* como forma de o marketing participar de todas as fases (principalmente as iniciais) da inovação, bem como a *digitalização* e *S-DL* (os três fatores do modelo de marketing H2H serão explicados em detalhes no Capítulo 2), que proporcionam um ambiente fértil tanto para inovações incrementais (*exploitation*) como para inovações radicais (*exploration*). O próprio marketing pode aprender muito com o design thinking como forma de pensar inovação, não só pela intervenção desde o início do processo de inovação, mas também pelo seu foco no cliente ou, melhor dizendo, o *foco no humano*.

- Departamentos de marketing perderam parte de sua importância, algo constatado por diversos estudos e pesquisas acadêmicas.[55]
- O marketing construiu uma imagem e reputação ruins em razão do comportamento pouco confiável de parte dos profissionais e seus respectivos departamentos. "O marketing está sendo impulsionado por objetivos corporativos que são cada vez mais divergentes dos objetivos do cliente e da sociedade".[56]
- O marketing está sob pressão para prestar contas de resultados financeiros e métricas de sucesso de suas ações, vindo tanto dos acionistas e CFOs como de outros stakeholders. Como afirma Kumar: "Este pedido [de uma medição mais transparente do sucesso] vindo de todas as áreas da organização se deve, em parte, às práticas de marketing do passado que se concentravam na aquisição em vez da retenção, preço em vez de valor agregado e transações de curto prazo em vez do desenvolvimento de relacionamentos duradouros e lucrativos".[57]
- O marketing tem se reduzido cada vez mais apenas à função de comunicação. E a digitalização das comunicações representa um desafio para os profissionais de marketing, pois eles correm o risco de ver a última função que lhes resta ser retirada deles.[58] A transformação digital da economia pode ser vista como impulsionador da crescente insignificância dos departamentos de marketing. Todos se comunicam com todos; os clientes estão mais bem informados do que nunca e não dependem mais das infor-

mações das empresas quando estão em dúvida sobre um produto ou serviço. A informação e o comportamento de tomada de decisão das pessoas estão mudando fundamentalmente; o cliente a todo momento decide livremente quando e onde quer acessar exatamente quais informações, diminuindo a influência das estratégias de comunicação desenvolvidas pelos departamentos de marketing.

- O marketing sofre pela falta de confiança, o que é fatal, pois a confiança é a principal moeda para uma prática de negócios sustentáveis e para o trabalho no formato de ecossistemas de negócios.
- O mundo dos negócios como um todo está experimentando uma mudança da centralidade do produto para a centralidade do serviço. O marketing precisa se adaptar a essas mudanças.

Assim, o marketing tem o grande desafio de transitar de um formato de marketing outbound intrusivo para um formato mais centrado no humano, com base na permissão do contato. Deixar de lado o foco quase exclusivo no acionista para focar o afeto humano e a visão de múltiplos stakeholders. Rejeitar a tentativa de "dominar" a atenção de consumidores passivos para colaborar cocriativamente com os clientes, fazendo juntos um esforço consciente para contribuir para o bem da sociedade. Algumas consultorias e agências têm iniciativas para ajudar a mudança a acontecer, mas a obrigação de tomar a decisão para se tornar uma empresa H2H está na própria empresa. Whole Foods, Salesforce, FlixBus e Tesla têm conseguido atuar dessa forma com excelentes retornos financeiros. A Amazon pagou US$ 13,7 bilhões por 400 lojas da Whole Foods e o aumento do valor das suas ações superou em muito essa cifra. A Amazon continua a superar todas as outras empresas de varejo nos Estados Unidos.

Muito mais tomadores de decisão de empresas americanas, europeias e chinesas começaram a implementar o conceito H2H ou partes dele. A John Deere, fabricante de tratores e outros equipamentos agrícolas, oferece soluções completas para "digitalizar" as fazendas e acompanhar os processos de plantio e colheita. A empresa farmacêutica suíça Roche aplica conceitos de cocriação, e a chinesa Changzhou Smart Automation integra soluções inteligentes de internet das coisas (IoT) para eficiência energética.

O movimento "Fridays for Future", que ficou conhecido pela presença da ativista Greta Thunberg, coloca a sustentabilidade como um problema sério e urgente da humanidade no foco da mídia e, portanto, no centro das discussões políticas e sociais. Os jovens cobram que representantes da geração mais velha que estão na política e na economia falem mais sobre problemas como aumento da pobreza, alterações climáticas e o declínio dramático da biodiversidade, mas que também ajam cada vez mais. Os jovens abordam, assim, um dos problemas centrais: embora existam números, dados e fatos suficientes para comprovar os problemas ambientais e sociais, não há mudança no comportamento das pessoas.

Isso pode decorrer da visão de mundo industrial dominante no mundo, que acredita em um crescimento econômico ilimitado e postula uma relação positiva entre o aumento da renda, o aumento do consumo e a felicidade.[59] Isso pode ser respaldado por dados.[60] A relação entre maior renda e satisfação foi confirmada em estudo realizado nos Estados Unidos.[61] Os vencedores do Prêmio Nobel Daniel Kahneman e Angus Deaton observaram que os americanos se tornam cada vez mais felizes à medida que sua renda anual aumenta, com a ressalva de que, depois de atingir US$ 75 mil por ano, a renda adicional não necessariamente torna as pessoas mais felizes. Apesar do estudo, a posição de que o crescimento da renda média não tem limites está claramente expressa na fala a seguir. "Existem 5 bilhões de consumidores em potencial por aí, melhorando suas vidas e querendo consumir xampu, motocicletas, absorventes menstruais e smartphones."[62]

Com o desenvolvimento da metodologia de "pegada ecológica", passou a existir uma medida para determinar o consumo de recursos no nível individual, corporativo e de países.[63] No entanto, tais medidas não ocasionaram nenhuma mudança perceptível no comportamento entre as pessoas, empresas ou nações. Embora a maioria das pessoas esteja ciente do efeito negativo do aumento do consumo, isso não parece ser suficiente para mudar o próprio comportamento. Muitas vezes são "os outros", e não "nós" ou "eu", os responsáveis pelas mudanças climáticas. Em tempos de smartphones como instrumento de acesso à nuvem de dados e informação, as pessoas atingiram um nível sem precedentes de egocentrismo, o que torna as ações voltadas para o bem comum algo de baixa prioridade. Todo mundo quer obter tudo imediatamente, a qualquer momento e da forma mais confortável possível. No entanto, a sustentabilidade requer menos egoísmo e a transição de um paradigma *antropocêntrico* para um paradigma *biocêntrico*.[64] Embora possam ser feitos esforços para comprar "produtos mais sustentáveis", esses produtos também requerem recursos próprios na produção e distribuição e não podem compensar o saldo ecológico negativo de níveis de consumo mais elevados.

Pode ser que as pessoas acreditem que a tecnologia irá, de alguma forma, resolver todos os problemas humanos, ambientais e sociais que surjam no futuro. O marketing acaba contribuindo para isso, pois muitas vezes suas estratégias alimentam o hiperconsumo, aproveitando que muitas pessoas preferem evitar entender o impacto do seu consumo individual no meio ambiente. Nesse contexto, o marketing é mais um fator causal que uma solução. Ultimamente, mais vozes estão pedindo que o marketing desempenhe um papel vital no âmbito da sustentabilidade, mas a academia de marketing em si dificilmente está envolvida em tal discussão.[65-66] Se o marketing foi bem-sucedido em influenciar o comportamento humano para o consumo, ele também pode ser fundamental para incentivar comportamentos mais sustentáveis. Mudar a mentalidade egocêntrica e orientada para o consumo atualmente dominante é um desafio que o marketing pode assumir como objetivo maior da sua atuação.

O marketing H2H coloca o ser humano e a solução de problemas humanos relevantes (*problemas de H2H*) no centro de suas atenções para enfrentar o que falta atualmente: credibilidade, honestidade, integridade, empatia, entendimento das vulnerabilidades e diálogo construtivo, olhando tanto a sustentabilidade como outros problemas.[67,68]

> Vamos revitalizar o lado humano do marketing e colher os frutos de negócios movidos por propósito e paixão, tornando o mundo um lugar melhor!

Avançando na trajetória do livro

Antes de avançarmos para a "Grande Jornada do Marketing H2H", é importante resumirmos o que aconteceu até agora. Nós criticamos o atual momento do marketing, e nos aproveitamos dessa má reputação dos departamentos de marketing em empresas de todo o mundo para um "chamado para a aventura", ou um apelo para que as mudanças sejam feitas. Aprendemos que o marketing tradicional pode abraçar práticas que podem ser referidas a marketing esbanjador, insano ou mesmo antiético. Apresentamos o conceito de empresas humanizadas (*firms of endearment*), que já estão a caminho de mudar suas práticas e objetivos de marketing. Identificamos a importância crescente de outros stakeholders para além dos acionistas das empresas – como as comunidades, a sociedade em geral e o nosso planeta. A sustentabilidade e o paradigma industrial tradicional se chocam, e é uma das grandes tarefas do marketing H2H resolver essa contradição. Mostramos o desenvolvimento da teoria do marketing, terminando com o marketing H2H usando a lógica dominante de serviços (S-DL) como paradigma essencial para uma mudança necessária no marketing. O marketing H2H responde às principais tendências da sociedade e dos negócios, como a digitalização, aumentando a conectividade dos seres humanos inseridos em ecossistemas que cocriam experiências. Três atores afetam principalmente essa resposta do próprio marketing H2H: *design thinking*, a S-DL e a digitalização. Contaremos essa história com mais detalhes no próximo capítulo.

Perguntas

1. Por que entendemos que a confiança é o ponto-chave do marketing de sucesso?
2. Tente encontrar seus próprios exemplos de marcas que começaram a aplicar o marketing H2H parcialmente e envie-os para nós para que possamos aumentar nossa base de dados. Por que você acha que pedimos uma implementação parcial, e não completa, do marketing H2H?
3. O marketing H2H considera um determinado paradigma como o próximo passo significativo no desenvolvimento da teoria de marketing. Qual é? Por que você acha que esse paradigma pode ser o próximo paradigma essencial para o marketing (ou por que não)?
4. Quais são as consequências de uma conectividade crescente no comportamento do cliente e quais são as consequências nos modelos de negócios existentes baseados principalmente na venda de produtos e serviços?
5. Qual é o papel vital do marketing tradicional no paradigma industrial existente e como ele se choca com os esforços para contribuir para a sustentabilidade? Como o marketing pode favorecer uma mudança de mentalidade de fornecedores e clientes?

Referências

APTE, S.; SHETH, J. *The sustainability edge*: How to drive top-line growth with triple-bottom-line thinking. [S.l.]: Rotman-UTP Publishing, 2016.

BARDHI, F.; ECKHARDT, G. M. Access-based consumption: the case of car sharing. *Journal of Consumer Research*, v. 39, n. 4, p. 881-898, 2012. Disponível em: https://doi.org/10.1086/666376.

BATHEN, D.; JELDEN, J. *Marketingorganisation der Zukunft* [Relatório]. 2014. Disponível em: https://www.marketingverband.de/marketingkompetenz/studien/marketingorganisation-der-zukunft/.

BENKENSTEIN, M. Hat sich das Marketing als Leitkonzept der Unternehmensführung wirklich überlebt? – Eine kritische Stellungnahme. In: BRUHN, M.; KIRCHGEORG, M. (Eds.). *Marketing thinking ahead*: future paths for market-oriented corporate management. Wiesbaden: Springer Gabler, 2018. p. 49-64.

BRUHN, M. Marketing Weiterdenken in der marktorientierten Unternehmensführung – Entwicklungen und Zukunftsthemen der Marketingdisziplin. In: BRUHN, M.; KIRCHGEORG, M. (Eds.). *Marketing Weiterdenken: Zukunftspfade für eine marktorientierte Unternehmensführung*. Wiesbaden: Springer Gabler, 2018. p. 25-48.

BUCHANAN, R. Wicked problems in design thinking. *Design Issues*, v. 8, n. 2, p. 96-100, 1992.

CHEN, Y. Possession and access: consumer desires and value perceptions regarding contemporary art collection and exhibit visits. *Journal of Consumer Research*, v. 35, n. 6, p. 925-940, 2009. Disponível em: https://doi.org/10.1086/593699.

GASSMANN, O.; SCHWEITZER, F. Managing the unmanageable: the fuzzy front end of innovation. In: GASSMANN, O.; SCHWEITZER, F. (Eds.). *Management of the fuzzy front end of innovation*. Cham: Springer, 2014. p. 3-14.

GODIN, S. *Permission marketing*. London: Simon e Schuster, 2007.

HALLIGAN, B.; SHAH, D. *Inbound-Marketing*: Wie Sie Kunden online anziehen, abholen und begeistern. Trad. D. Runne. Weinheim: Wiley-VCH, 2018.

HEATH, T.; MCKECHNIE, S. Sustainability in marketing. In: AMAESHI, K.; MUTHURI, J. N.; OGBECHIE, C. (Eds.). *Incorporating sustainability in management education*: an interdisciplinary approach. Cham: Springer, 2019. p. 105-131. Disponível em: https://doi.org/10.1007/978-3-319-98125-3_6.

HENDERSON, R. *Reimagining capitalism in a world on fire*. New York: PublicAffairs, 2020.

HOMBURG, C. et al. The loss of the marketing department's influence: is it really happening? And why worry? *Journal of the Academy of Marketing Science*, v. 43, n. 1, p. 1-13, 2020. Disponível em: https://doi.org/10.1007/s11747-014-0416-3 .

JONES, P. et al. Marketing and sustainability. *Marketing Intelligence & Planning*, v. 26, n. 2, p. 123-130, 2008. Disponível em: https://doi.org/10.1108/02634500810860584.

KAHNEMAN, D.; DEATON, A. High income improves evaluation of life but not emotional well-being. *Proceedings of the National Academy of Sciences*, v. 107, n. 38, p. 16489-16493, 2010..

KEMPER, J., HALL, C., & BALLANTINE, P. Marketing and sustainability: business as usual or changing worldviews? *Sustainability*, v. 11, n. 3, p. 780, 2019. Disponível em: https://doi.org/10.3390/su11030780.

KOTLER, P. *Criticisms and contributions of marketing*. 2017. Disponível em: https://www.marketingjournal.org/criticisms-and-contributions-of-marketing-an-excerpt-from-philip-kotlers-autobiography-philip-kotler/

KOTLER, P.; KARTAJAYA, H.; SETIAWAN, I. *Marketing 4.0*: moving from traditional to digital. Hoboken, NJ: Wiley, 2017.

KUMAR, V. Evolution of marketing as a discipline: what has happened and what to look out for. *Journal of Marketing*, v. 79, n. 1, p. 1-9, 2015. Disponível em: https://doi.org/10.1509/jm.79.1.1.

MARX, P. The borrowers: why buy when you can rent? *The New Yorker*, 23 jan. 2011. Disponível em: https://www.newyorker.com/magazine/2011/01/31/the-borrowers.

MCDONAGH, P.; PROTHERO, A. Sustainability marketing research: past, present and future. *Journal of Marketing Management*, v. 30, n. 11-12, p. 1186–1219, 2014..

MEFFERT, H. et al. *Marketing*: Grundlagen marktorientierter Unternehmensführung Konzepte – Instrumente – Praxisbeispiele. 13. ed. Wiesbaden: Springer Gabler, 2019.

NIELSEN. *Sustainable shoppers buy the change they wish to see in the world* [Relatório]. 2018. Disponível em:

PRAHALAD, C. K.; RAMASWAMY, V. Co-opting customer competence. *Harvard Business Review*, v. 78, n. 1, p. 79-87, 2000. Disponível em: https://hbr.org/2000/01/co-opting-customer-competence.

PRAHALAD, C. K.; RAMASWAMY, V. The new frontier of experience innovation. *MIT Sloan Management Review*, v. 44, n. 4, p. 12-18, 2003. Disponível em: https://sloanreview.mit.edu/article/the-new-frontier-of-experience-innovation/.

RITTEL, H. W. J.; WEBBER, M. M. Dilemmas in a general theory of planning. *Policy Sciences*, v. 4, n. 2, p. 155-165, 1973. Disponível em: https://doi.org/10.1007/BF01405730.

ROSLING, H.; RÖNNLUND, A.; ROSLING, O. *Factfulness*: ten reasons we're wrong about the world – and why things are better than you think. [S.l.]: Flatiron Books, 2018.

SHETH, J. N.; SISODIA, R. S. Marketing productivity: issues and analysis. *Journal of Business Research*, v. 55, n. 5, p. 349-362, 2002. Disponível em: https://doi.org/10.1016/S0148-2963(00)00164-8.

SHETH, J. N.; SISODIA, R. S. Does marketing need reform? Marketing renaissance: opportunities and imperatives for improving marketing thought, practice, and infrastructure. *Journal of Marketing*, v. 69, n. 4, p. 1-25, 2005. Disponível em: https://doi.org/10.1509/jmkg.2005.69.4.1.

SHETH, J. N.; SISODIA, R. S. Raising marketing's aspirations. *Journal of Public Policy & Marketing*, v. 26, n. 1, p. 141-143, 2007. Disponível em: https://doi.org/10.1509/jppm.26.1.141.

SISODIA, R. S.; SHETH, J. N.; WOLFE, D. *Firms of endearment*: how world-class companies profit from passion and purpose. 2. ed. Upper Saddle River, NJ: Pearson Education, 2014.

VARGO, S. L.; LUSCH, R. F. Evolving to a new dominant logic for marketing. *Journal of Marketing*, v. 68, n. 1, p. 1-17, 2004. Disponível em: https://doi.org/10.1509/jmkg.68.1.1.24036.

VOETH, M. Marketing und/oder marktorientierte Unternehmensführung? In: BRUHN, M.; KIRCHGEORG, M. (Eds.). *Marketing Weiterdenken*: Zukunftspfade für eine marktorientierte Unternehmensführung. Wiesbaden: Springer Gabler, 2018. p. 67-78.

WACKERNAGEL, M.; REES, W. E. Our ecological footprint. *The New Catalyst Bioregional Series*, v. 9, 1996.

WALLASCHKOWSKI, S.; NIEHUIS, E. Digitaler Konsum. In: STENGEL, O.; VAN LOOY, A.; WALLASCHKOWSKI, S. (Eds.). *Digitalzeitalter – Digitalgesellschaft*: Das Ende des Industriezeitalters und der Beginn einer neuen. Wiesbaden: Springer, 2017. p. 109-141.

WHOLEFOODSMARKET. *Quality and transparent sourcing drive millennial food choices, according to new Whole Foods Market survey*. 2020. Disponível em: https://media.wholefoodsmarket.com/news/quality-and-transparent-sourcing-drive-millennial-food-choices-according-to.

2

O novo paradigma: marketing H2H

> **RESUMO**
>
> Este capítulo apresenta o modelo de marketing H2H, composto por dois níveis conectados por uma relação de causa e efeito. O primeiro nível consiste em três conceitos que influenciam o marketing H2H: design thinking, a lógica dominante de serviços (S-DL) e a digitalização. No segundo nível do modelo de marketing H2H, deixamos clara a aplicação do conceito de três formas distintas dentro da empresa: primeiro, como uma forma de pensar a relação entre empresas e funcionários (pensamento H2H); em segundo lugar, como um conceito de gestão para marketing estratégico (gestão H2H); e, em terceiro, como um processo de negócios para marketing operacional (processos H2H). O design thinking contribui para o marketing H2H como uma forma de pensar centrada no ser humano, um processo com ferramentas de inovação iterativo e ágil. O design thinking abre caminho para o marketing

> H2H recuperar importância e valor na inovação como um processo central para as empresas, com o marketing indo além de apenas assessorar partes do processo, mas participar ativamente desde o *fuzzy front end*, o início do processo de ideação para inovação. A lógica dominante de serviços serve ao marketing H2H, em primeiro lugar, como base teórica em um mundo que está em transição de uma lógica dominante de produtos (G-DL) para a S-DL. Em segundo lugar, a S-DL permite que o marketing H2H mude a perspectiva sobre a criação de valor com uma alteração relevante nos papéis de clientes e fornecedores, que agora usam seus conhecimentos e habilidades em suas redes ou ecossistemas para contribuir com a criação de valor. A digitalização como terceiro fator de influência é imprescindível para que o marketing H2H entenda a importância da transformação digital em curso na sua origem: o próprio ambiente do mercado. A digitalização afeta o comportamento do cliente e exige novas competências em marketing para lidar com a mudança de relacionamento com os clientes como um *prosumidor* (um consumidor que é, ao mesmo tempo, consumidor, mas também produtor da experiência e construtor de valor).

Em 2017, a revista *Psychology Today* publicou um artigo de Marty Nemko intitulado "Marketing is evil" ("O marketing é diabólico", em tradução livre). O autor afirmou: "Os profissionais de marketing usam muitas peças psicológicas para fazer você comprar o que não deveria".[1] Ele exemplificou a crise do marketing com produtos e serviços superfaturados, como relógios Cartier, seguros da Liberty Seguros e investimentos T. Rowe Price, entre outros produtos que podem ser considerados "de luxo". Outros exemplos de superfaturamento seriam as empresas farmacêuticas que se aproveitam de pacientes que precisam de seus medicamentos; Lannett, Purdue Pharma e Valeant foram algumas empresas que tiveram aumentos de preços para além do que seria razoável.

Opiniões como a de Marty Nemko são bastante comuns. A credibilidade do marketing foi sendo seriamente corroída à medida que os consumidores foram se acostumando a receber promessas vazias e ser alvos de táticas agressivas desenvolvidas pelos profissionais de marketing. Sua relevância nas empresas também diminuiu e a sua última função remanescente de comunicação não está sendo realizada dentro dos padrões exigidos pela digitalização do mercado consumidor. Diante disso, surge a questão de saber se o marketing em sua forma atual pode continuar existindo ou se precisa mudar seu paradigma para recuperar sua relevância.

Para sobreviver, o marketing tem que voltar ao centro do processo de criação de propostas de valor significativas. Ele deve desempenhar um papel fundamental na inovação da empresa ao encontrar e entender as atitudes e o comportamento dos clientes. Para que isso aconteça, os profissionais da área devem ter contato direto com o cliente e se envolver com as pessoas que criam valor: os colaboradores, os clientes e os parceiros. O marketing deve desempenhar um papel importante na transformação das empresas em fornecedores de sistemas de produto-serviço baseados no entendimento do consumidor e com foco nas suas necessidades.

Pretendemos inclusive dar um passo além e sugerimos estender a ideia de foco no cliente para um pensamento ainda mais humanista, com foco na solução de *problemas existenciais humanos*. Pensando nisso, desenhamos um novo modelo de pensamento, que chamamos de "modelo de marketing H2H". Esse modelo incorpora simultaneamente forma de pensar, tendências e ferramentas contemporâneas. Ele integra conceitos atuais na forma de uma nova mentalidade orientada para o ser humano, um processo de marketing aprimorado e abordagens avançadas no gerenciamento do marketing. Esse novo modelo fornece uma mudança de paradigma para todos os pensamentos ao redor do marketing.

O modelo de marketing H2H é um referencial teórico que integra os fatores influenciadores do design thinking, da lógica dominante de serviços (S-DL) e da digitalização em uma nova forma de imaginar o papel do marketing. O design thinking essencialmente levou à compreensão da centralidade humana e do pensamento com base em insights profundos do cliente e o marketing como um processo iterativo de inovação. A lógica dominante de serviços fornece a base teórica para o marketing humano, integrando muitos fragmentos e enfatizando a importância da cocriação de valor em ecossistemas colaborativos. A digitalização deu ao cliente e ao vendedor novas opções de conexão, e proporciona a todos os participantes envolvidos no processo de comercialização e transação novas possibilidades de interação. A digitalização é usada no modelo H2H como um facilitador, e não apenas como tendência. O modelo de marketing H2H integra todos os três elementos criando uma nova mentalidade e processo de gestão de marketing (ver Figura 2.1).

Figura 2.1 Os fatores que influenciam o modelo de marketing H2H.

Fonte: elaborado pelos autores.

Até agora, os três conceitos foram tratados separadamente. Desvendamos a lógica interna desses conceitos e suas implicações quando aplicados em conjunto e concluímos que amalgamá-los criaria algo novo – o marketing H2H. Hoje, algumas empresas já aplicam esse tipo de conceito intuitivamente. A aplicação mais proeminente que encontramos foi na Whole Foods e na Patagonia (empresa de roupas e acessórios outdoor). Ambas são empresas orientadas por um propósito que coloca a centralidade no cliente na essência da sua estratégia. A Whole Foods, por exemplo, seguiu uma S-DL desde o início, introduzindo continuamente soluções alimentares saudáveis e padrões de qualidade para além dos requisitos governamentais existentes. Ela aplica o design thinking para desenvolver e melhorar suas ofertas e procedimentos. A distribuição online e a comunicação digital são usadas estrategicamente para sincronizar mensagem física e digital sobre o propósito da marca.

Outra empresa que intuitivamente usa o modelo de marketing H2H é o Airbnb. A empresa criou um modelo de negócio que vai além do transacional, estabelecendo uma profunda camada emocional entre o anfitrião empreendedor e o hóspede. O modelo de negócio é totalmente digitalizado e, usando o design thinking, eles estão continuamente melhorando os serviços para fortalecer o vínculo emocional entre as duas pontas. Outros exemplos são as empresas de mobilidade FlixBus e Buser, além da Sephora, rede multinacional francesa de lojas de cuidados pessoais e beleza. Eles já utilizam certos aspectos do modelo de marketing H2H.

O mesmo poderia ser dito da Amazon, Salesforce e Spotify, que são empresas nascidas no digital e que aplicam abordagens humanizadas na sua essência. Empresas analógicas tradicionais também aplicaram elementos do modelo H2H. Black & Decker, SAP, Siemens e GE têm usado fortemente o design thinking para modificar suas ofertas e se tornar mais orientadas para o ser humano. A aplicação da lógica dominante de serviços pode ser vista na Delta Airlines, na empresa francesa de telecomunicações SFR e na Siemens Healthineers. Iniciativas de digitalização também podem ser encontradas na GE, na sua divisão de automações industriais, e na Bosch, na SKF e muitos outros fabricantes de máquinas industriais.

Na indústria automotiva, há grandes exemplos de digitalização. A Tesla é líder em eletrificação e digitalização. Ela desistiu de usar os canais de venda físicos e vende seus carros e serviços online. O Smart, minicarro fruto de uma Joint Venture entre Daimler e Geely, está indo pelo mesmo caminho, e outros certamente seguirão. O anúncio da Sony de entrar no mercado automotivo com um carro próprio é um claro indício de que a indústria automotiva passará da lógica dominante de produtos (*goods dominant logic*, ou G-DL) para a S-DL. Também no setor bancário, de seguros e até em equipamentos de construção, a digitalização tem permitido grandes melhorias para os clientes.

O *marketing H2H* é uma estrutura nova e abrangente, criada para enfrentar as evoluções e desafios atuais dos mercados. Percebemos que algumas empresas com processos de gestão mais avançados já começaram a aplicar esse conceito. Notamos também que as produções acadêmicas nos *Journals* internacionais e outras publicações sobre marketing começaram a apontar nessa mesma direção, reafirmando a importância desse novo modelo.

O modelo de marketing H2H é composto por duas camadas fundamentais. A primeira fornece a estrutura conceitual (o modelo de marketing H2H) com os três conceitos de impacto: design thinking, S-DL e digitalização. A segunda camada representa a implementação desse pensamento conceitual no marketing. Essa camada em si cobre três partes. Primeiro, o pensamento H2H como pré-requisito para o sucesso da implementação do marketing H2H; segundo, a gestão H2H provendo planejamento estratégico, alinhamento e controle do marketing H2H; e, por fim, a execução dos processos H2H para colocar o marketing H2H em prática (ver Figura 2.2).

Figura 2.2 O modelo de marketing H2H completo.

Fonte: elaborado pelos autores.

Nesse momento, vale uma explicação mais profunda sobre a estruturação do *modelo de marketing H2H* e suas duas camadas fundamentais. A primeira camada constitui o referencial teórico, com os três fatores: S-DL, design thinking e digitalização. Com a digitalização, entendemos que o comportamento do cliente mudou, as propostas de valor precisam ser repensadas, as empresas passaram a entender o valor do relacionamento com os clientes e, hoje, os consideram ativos valiosos. Com a S-DL indicamos uma revolução no processo de criação de valor, do próprio papel da empresa e da necessidade de gerenciar e operar redes colaborativas. Com a S-DL vem o reconhecimento de que o valor é sempre cocriado e que as empresas só podem fornecer propostas de valor; não é possível "embutir" valor em produtos ou serviços. Esses paradigmas mudam na compreensão dos mercados e dos agentes econômicos e da responsabilidade da empresa na cocriação de valor, tornando-se um dos pilares fundamentais do marketing H2H.

O design thinking, sendo o segundo fator de influência desse novo modelo, fornece a base para a construção de uma forma de pensar um processo para desenvolvimentos de experiências centradas no ser humano, confrontando a suposta importância do marketing como o desenvolvedor de inovações significativas que efetivamente trazem contribuições reais para os consumidores. Enquanto o modelo de marketing H2H representa a influência do design thinking, da S-DL e da digitalização no marketing, a próxima camada do modelo fornece o processo de resposta humana a ele: o marketing H2H. Ele consiste em três componentes que estão fortemente interconectados e representam diferentes camadas de gerenciamento (ver Figura 2.3) para formar a base do marketing H2H.

Figura 2.3 Os componentes do marketing H2H correspondentes a diferentes camadas de gerenciamento.

Fonte: elaborado pelos autores.

O *pensamento H2H* (institucionalizado) é o pré-requisito central para a implementação da gestão estratégica e operacional. Aparece tanto no nível individual, como um traço de personalidade dos colaboradores, quanto no nível organizacional, como cultura corporativa. É a diretriz organizacional da empresa sobre como os colaboradores devem pensar e agir no nível individual. Deve unir traços de caráter típicos de um pensador de design (experimental, empático, centrado no ser humano) com a compreensão de serviço da S-DL (o valor é cocriado em colaboração com o cliente) e o pensamento de conectividade e o "toque humanizado" em um mundo digitalizado. Essa forma de pensar se configura para uma aplicação bem-sucedida do marketing H2H: os direcionamentos estratégicos (gestão H2H) e a execução (processo H2H).

A *gestão H2H* não deixa de lado a importância estratégica da clássica abordagem segmentação-target-posicionamento (STP). Ela enfatiza a gestão orquestrada da marca, da experiência das pessoas envolvidas e da reputação da marca ou empresa nas comunidades relevantes para ela. A gestão H2H vincula a abordagem STP com o branding, usando o serviço prestado pela empresa para resolver um problema humano, a fim de responder à pergunta significativa "por que" (why) e não apenas às perguntas mais simples "o que" (what) e "como" (how), de acordo com o *golden circle* de Simon Sinek.[2] Em uma época de marcas mais abertas e democráticas, em que as empresas estão perdendo influência sobre sua própria marca, a gestão H2H abraça esse desenvolvimento colocando ênfase na cocriação da marca junto com os clientes. A gestão da reputação exige também um impulso renovador. A gestão da experiência do cliente (CXM) avança em uma nova direção, pois se torna cada vez mais importante oferecer uma experiência perfeita e única em todos os pontos de contato com o cliente, sejam eles digitais ou físicos.

Finalmente, o capítulo de gestão de reputação fornece ferramentas para promover e proteger a reputação, uma tarefa estrategicamente importante em um mundo de grande transparência e de baixa confiança. A responsabilidade social corporativa (RSC) precisa ser repensada, pois, no mundo de hoje, as tradicionais formas de autoelogio – quando a empresa se proclama publicamente responsável e apresenta uma ampla gama de assistências superficiais, engajamentos de curto prazo e empreendimentos filantrópicos – já não bastam: é preciso agir! É a hora do "Walk the talk" – fazer para poder falar!

O *processo H2H* complementa o pensamento H2H e as ferramentas estratégicas de gestão H2H com uma abordagem altamente flexível, experiencial e iterativa que pode ser usada para implementar o marketing centrado no ser humano no nível operacional. Sua principal vantagem em comparação com os 4Ps do mix de marketing é o seu *caráter iterativo* e que o ponto de partida é sempre um problema humano que precisa ser resolvido. Além disso, integra explicitamente o processo de marketing com a gestão H2H e conecta o marketing com as áreas de desenvolvimento de produtos (P&D) e de desenvolvimento de negócios (vendas).

Com o novo paradigma de marketing, a jornada através do marketing H2H não termina com a implementação aprimorada do pensamento avançado de marketing. Na verdade, ela oferece uma perspectiva para o futuro do marketing, em que os negócios sustentáveis são o foco principal, e traz direcionamentos sobre como as empresas podem participar da transformação social do capitalismo.

Depois de fazer a mudança para o marketing H2H e comprometer-se com a sua filosofia, as empresas acabam por fazer contribuições positivas para a resolução de problemas humanos, tornando-se agentes de mudança proativos. Eles se beneficiam de relações de confiança mais fortes, o que traz grandes benefícios, mas também aumenta muito sua responsabilidade. À medida que a sociedade se volta cada vez mais para as empresas para ajudar com seus problemas existenciais, a prática do marketing H2H e o ativismo de marca torna-se um imperativo indispensável. Em particular, o futuro próximo traz um grande potencial de conflito, o que coloca questões difíceis para as empresas e para a sociedade. O marketing H2H pode oferecer algumas orientações nesses tempos conturbados.

Algumas empresas que têm sido gerenciadas dessa maneira são a Patagonia, a Papapá (empresa empreendedora que faz alimentos orgânicos para bebês, sediada em Curitiba) e a Body Shop. Essas empresas estão fazendo coisas boas em todas as partes de sua cadeia de valor. O design da Patagonia é feito pensando em conforto para qualquer formato e tamanho de corpo. A produção, feita a partir de algodão orgânico, é amiga do meio ambiente, e o marketing faz ações e comunicações confiáveis. Toda a empresa tem foco em cuidar da experiência do cliente. A Body Shop, desde a fundação, trabalha campanhas de "conscientização mundial" para melhorias sociais e ambientais quando isso ainda era pouco discutido pelas empresas de modo geral. Ambas as empresas promovem ações efetivas para promover um bem comum.

2.1. O modelo de marketing H2H: os três fatores influenciadores

As lógicas de valor por trás do *design thinking*, da S-DL e da digitalização são o ponto de partida para a criação do marketing H2H. Elas ampliam a visão sobre a criação de valor na inovação e a implementação de serviços para empresas orientadas ao ser humano (*human centric*). Uma vez que alguns dos princípios-chave subjacentes à lógica dominante de serviços e ao design thinking são muito semelhantes e a digitalização abriu a comunicação instantânea e multidirecional, uma nova forma de pensar é possível.[3] Todos esses conceitos vieram de diferentes origens e lugares, mas todos estão profundamente preocupados com a criação de valor e a importância de entender os humanos envolvidos. Algumas empresas já aplicam alguns desses conceitos, como a Apple, Microsoft, IBM, Infosys e Whole Foods.

O modelo de marketing H2H, ao integrar design thinking, S-DL e digitalização, cria a oportunidade para o marketing "de humanos para humanos" (H2H). Design thinking, S-DL e digitalização são a própria essência da primeira camada do modelo de marketing H2H, que funciona como referencial teórico para o marketing H2H. Empresas e organizações que adotam esse novo conceito podem fazer a diferença para o nosso planeta e seus habitantes. Podem ser os líderes do futuro, contribuindo para o planeta e se beneficiando ao mesmo tempo. Isso vale nas relações empresas para empresas (B2B) ou empresas para consumidores (B2C), quer ofereçam produtos, serviços ou software.

Satya Nadella, da Microsoft, afirma: "Somos a empresa que permite que as pessoas façam mais, joguem mais, se divirtam mais, criem mais. Então, de certa forma, nos referimos a nós mesmos como uma 'empresa do faça mais'".[4] A Google considera-se uma empresa que "Não faz maldades", e Elon Musk, da Tesla, diz: "Você quer ter um futuro com a expectativa de que as coisas sejam melhores".

No futuro B2B e B2C, a comunicação e as transações das empresas serão cada vez mais automatizadas, mas, quando surgirem problemas, a intervenção humana será necessária. Deve-se ainda lembrar que o cliente final para todos os negócios são os seres humanos, e não as máquinas. Por isso, ter em mente significado, essência e propósito é fundamental para o sucesso de relacionamentos sustentáveis. As empresas que entenderem essas novas dimensões adotarão uma abordagem "de humanos para humanos", tanto para dentro da empresa como para fora dela. O marketing H2H tem três componentes: *pensamento, gestão* e *processos*. Eles são fortemente interconectados e interdependentes.

Além disso, todos os três estão fundamentados no modelo de marketing H2H, o que significa que eles são diretamente afetados pelos fatores influenciadores. Simplificando, digitalização, design thinking e S-DL têm consequências claras para o marketing H2H como um todo, bem como para cada faceta do marketing H2H (ver Figura 2.4).

Figura 2.4 Três fatores influenciadores dentro do modelo de marketing H2H.

Fonte: elaborado pelos autores.

Desde o início, o design thinking forneceu uma ferramenta útil para empresas altamente inovadoras, que estavam abertas para esse (naquele momento) novo conceito. Afinal, o design está *profundamente enraizado na solução de problemas humanos*, bem como na conexão entre as culturas organizacionais.

A S-DL é considerada a "grande teoria" para o novo paradigma do marketing, embora muitas vezes ainda seja pouco compreendida pelos profissionais. Estamos integrando aqui suas premissas e axiomas fundamentais e aplicando seus conceitos centrais. A mudança na forma de pensar da S-DL tornou-se de grande importância para o marketing H2H, por isso examinaremos os seus impactos em detalhes.

Para uma melhor compreensão de *digitalização*, nos concentraremos particularmente nas oportunidades de mudar o comportamento dos participantes do mercado. Para não ser afetado negativamente pela digitalização, o marketing precisa passar por sua própria transformação digital. As transformações não devem ser vistas como uma ameaça, mas como uma oportunidade: a digitalização dá ao marketing a oportunidade de obter conhecimento aprofundado do *Homo digitalis* e sua mudança no comportamento de compra. Ela oferece uma oportunidade poderosa para projetar e permitir experiências perfeitas ao longo de toda a jornada do cliente. Se o marketing usar essas descobertas de forma criativa e interdisciplinar com base em competências em gestão e análise de dados focada na proposta de valor da própria firma, então a importância do marketing pode voltar a ser significativa para as empresas e fora delas.

Não são apenas as empresas do mundo industrializado que estão engajadas no marketing H2H. Existem impressionantes exemplos do uso de técnicas H2H nos países em desenvolvimento. Por exemplo, a Grab Holdings Inc. é uma empresa de transporte por aplicativo com sede em Singapura. Além do transporte, a empresa oferece serviços de entrega de comida e pagamento digital via aplicativos móveis e muitos outros serviços. Suas soluções tornam a vida mais simples. No início de 2020, ela atuava em nove países do Sudeste Asiático e cobria 240 cidades. Atualmente, tem mais de um bilhão de usuários com alto nível de satisfação. Outros exemplos são o Mercado Livre, relevante varejo online da América Latina com forte atuação no Brasil; a KakaoTalk, da Coreia; a Zalo, do Vietnã; e a MyPursar, uma solução de transferência de dinheiro digital da África Central. Os consumidores de qualquer local do planeta estão preparados e desejam empresas que pensem no H2H.

2.2. Design thinking

Nos últimos anos, o design thinking ganhou importância considerável e foi adotado por muitas empresas. A IBM aplica suas práticas e já treinou mais de 10 mil funcionários nelas. Muitas empresas, como Procter & Gamble, IBM e Itaú, o utilizam para enfrentar ambientes de negócios em rápida mudança, onde o comportamento ágil e a adaptação às novas tecnologias são necessários para a sobrevivência. Implementar mudanças relevantes no processo de resolução de problemas centrados no ser humano, como é oferecido pelo design thinking, aparece para muitos como uma opção que vale a pena considerar para se manter pertinente e à frente da concorrência. Empresas inovadoras, como o Airbnb, procuram continuamente uma maneira de estabelecer um fluxo constante e confiável de novas ideias. Com a ajuda do Big Data, por exemplo, elas agora têm acesso a mais informações sobre seus clientes, mas lutam para fazer bom uso delas, pois isso requer insights humanos reais. Os dados podem mostrar padrões, mas a interpretação dos achados e a inspiração para um novo serviço ou produto inovador precisam de compreensão humana, combinando análise com pensamento intuitivo e criativo. O design thinking por muitos é visto como essa ponte entre o campo analítico e o criativo e intuitivo.[5]

O renascimento da marca de moda Burberry é um bom exemplo. A empresa realinhou seus negócios para um modelo gerido a partir da marca e centrado no cliente. A Burberry restaurou sua herança e valores de marca. A mudança em seu modelo de negócios desencadeou a necessidade de renovar e realinhar sua estratégia de cadeia de suprimentos por meio da consolidação e reconstrução das atividades de fabricação no Reino Unido, a fim de apoiar o reposicionamento da marca como "essencialmente britânico", com a empresa focando em produtos clássicos.[6-7]

O design thinking geralmente visa melhorar a abordagem às inovações, resultando em soluções centradas no ser humano com uma experiência aprimorada para o cliente, com novos produtos, serviços ou modelos de negócios.[8] Muitas empresas e organizações têm-no usado com sucesso. O design thinking fez parte do sucesso do Airbnb; em particular, eles construíram uma cultura de experimentação:

"Foi só quando eles se deram permissão para experimentar mudanças não escaláveis no negócio que eles saíram do chamado 'vale da tristeza" aquela etapa nas startups em que a novidade deixou de atrair novos consumidores e ela precisa recomeçar a inovar para continuar a sustentar uma curva de crescimento".[9] A IBM criou bons resultados usando o design thinking. Banco da América, Stanley, Black & Decker e muitas outras seguiram. Liedtka descreve exemplos interessantes em seu artigo na *Harvard Business Review* "Why design thinking works".[10] O estudo de caso a seguir pode lançar um pouco mais de luz sobre o tema:[11]

> A empresa alemã Carglass® usou design thinking para melhorar a experiência do cliente. A Carglass® tem uma posição dominante no mercado alemão de reparação de vidros de automóveis e é geralmente a primeira escolha em caso de danos ao para-brisas de automóveis. Embora impressionados com a capacidade técnica do Carglass®, alguns clientes optaram por não fazer negócios com eles porque, de alguma forma, não foram adequadamente persuadidos durante seu processo de tomada de decisão. Assim, em 2015, a empresa enfrentou essa questão iniciando uma iniciativa de design thinking chamada *"fach! Erfolgreich!"* ("Simplesmente bem-sucedido") para tornar os funcionários não apenas especialistas em reparos, mas também especialistas em clientes. Processos de otimização foram implementados em mais de 300 centros de serviços para criar uma experiência mais prazerosa ao cliente. Foi criada uma equipe interdisciplinar composta por executivos de alto escalão e funcionários de vendas, marketing, operações, recursos humanos e centros de serviços, além de uma consultoria externa. A partir da perspectiva do cliente, toda a jornada do cliente com todos os pontos de contato possíveis foi analisada e otimizada usando o processo típico de design thinking. Os resultados falaram por si: a consultoria externa conseguiu quantificar maiores lucros, um Net Promoter Score melhor e um serviço padronizado em todo o país como resultado positivo do projeto de design thinking.[12]

Para abordar o design thinking corretamente, um olhar para uma definição pode ser útil porque, às vezes, a terminologia e as diferentes dimensões podem se confundir. No decorrer deste capítulo, veremos mais de perto duas dimensões da questão: *o design thinking como forma de pensar ou "embebido na cultura"* e a faceta mais prática *design thinking como caixa de ferramentas, como metodologia*. Em primeiro lugar, é necessário um esclarecimento sobre o próprio termo.

A ambiguidade do design thinking e a incoerência entre os seus lados teórico e prático têm sido abordados por vários autores.[13] Johansson-Sköldberg, Woodilla e Çetinkaya[14] apontam que há, atualmente, dois discursos relevantes se afastando um do outro, sem sobreposições temáticas consideráveis. Os autores diferenciam o discurso acadêmico, ao qual se referem como *"designerly thinking"*, algo que pode ser traduzido como *"pensamento do designer"*, apoiado por uma vasta investigação científica, e *design thinking* em um contexto prático, gerencial, respaldado em sua maioria por relatos de experiências positivas sobre os efeitos da implementação prática, achados esses não corroborados cientificamente. O marketing H2H concentra-se no *design thinking* como um dos três fatores de influência no modelo de marketing H2H, sendo uma maneira de pensar onde "a prática e a competência do design são usadas além do contexto do design (incluindo arte e arquitetura), para e por pessoas sem formação acadêmica em design, particularmente envolvidos na gestão".[15] A Academia Hasso-Plattner Institute (HPI), um spin-off do HPI, especializada em design thinking e inovação, entende-o da seguinte forma:

> Design thinking é uma abordagem sistemática e centrada no ser humano para resolver problemas complexos em todos os aspectos da vida. A abordagem vai muito além das preocupações tradicionais, como forma e layout. E, ao contrário das abordagens científicas e de engenharia tradicionais que abordam uma tarefa do ponto de vista da resolubilidade técnica, as necessidades e requisitos do usuário, bem como a invenção orientada para o usuário, são centrais para o processo.[16]

É importante notar que o design thinking está abordando a centralidade no ser humano, o foco nas necessidades do usuário e o foco na inovação, diferente da abordagem clássica do design. Tal definição mostra explicitamente a relação com o marketing como forma de pensar (a centralidade no consumidor ou *customer centricity*). Da mesma forma, Tim Brown, CEO da empresa de consultoria de design e inovação IDEO, em seu artigo "Design Thinking" publicado na *Harvard Business Review*, define-o como:

> [A] metodologia que impregna todo o espectro de atividades de inovação com um ethos de design centrado no ser humano. Com isso quero dizer que a inovação é alimentada por uma compreensão completa, por meio da observação direta, do que as pessoas querem e precisam em suas vidas e o que elas gostam ou não sobre a maneira como determinados produtos são feitos, embalados, comercializados, vendidos e apoiados.[17]

Brown aponta claramente a importância de colocar os problemas e necessidades humanas no centro de todas as atenções. Ele enfatiza esse ponto especialmente quando passa a afirmar: Simplificando, é uma disciplina que usa a sensibilidade e os métodos do designer para combinar as necessidades das pessoas com o que é tecnologicamente viável e o que uma estratégia de negócios factível pode converter em valor para o cliente e oportunidade de mercado.[18]

Quando se fala em viabilidade tecnológica e viabilidade de uma estratégia de negócio, Tim Brown está se referindo à chamada tríade da inovação proposta pela IDEO.[19, 20]

O conceito afirma que uma nova ideia é considerada uma inovação valiosa se houver uma congruência de três fatores: perspectiva humana, ponto de vista tecnológico, bem como o lado do negócio.[21] Uma sobreposição positiva desses três critérios é considerada crucial, tal como estabelecido no seguinte:

- Todo processo de inovação deve ter como base um problema humano real. Esse problema é o ponto de partida para todas as considerações adicionais.[22]
- Com o problema humano em mente, a solução proposta para ele é então testada para corresponder ao primeiro dos três fatores para uma inovação valiosa: *conveniência*.
- A solução é desejável para os clientes? Inclui uma proposta de valor legítima para eles? Uma mudança empática de perspectiva é necessária aqui para chegar ao centro do que o cliente realmente precisa.[23]
- A próxima condição que deve ser cumprida é a de *viabilidade*: a solução funciona? A empresa tem capacidade operacional adequada para oferecê-la?[24]
- Se sim, também é necessário verificar se a solução é ou não *factível* em termos de ser rentável e sustentável do ponto de vista do negócio. Quais são os custos envolvidos e quais são os benefícios econômicos?[25]

Esses três fatores não devem ser percebidos como uma lista cronológica de itens ticados, mas mais como orientação ao avaliar o potencial inovador de uma ideia. Se um dos fatores não for atendido, os possíveis riscos associados e o custo da implementação podem aumentar.[26] O único conselho que se pode dar é começar com a verificação da *conveniência* de uma ideia. Ignorar isso pode desperdiçar muitos recursos.

O design thinking também é usado para inovações sociais. O YMCA (Young Men's Christian Association, um clube esportivo para jovens cristãos, presente em algumas cidades do Brasil) usava o design thinking para melhorar suas ofertas para os moradores das cidades em que estava presente. No Vietnã e no Camboja, novos banheiros públicos foram desenvolvidos com uso de design thinking e amplamente implementados. O design thinking pode ser pequeno, mas ter grandes impactos para os usuários. Há exemplos inspiradores e simples de design thinking no Japão, como marcadores de fila para o primeiro e o segundo trem, portas automáticas de táxi para a entrada de passageiros pelas portas traseiras e guarda-chuvas transparentes que facilitam a mobilidade em locais movimentados.

Todas as três definições apresentadas referem-se ao design thinking como uma mentalidade e um método ou abordagem. Ambas serão discutidas com mais detalhes nas Seções 2.2.1. Além disso, os pré-requisitos organizacionais para o design thinking (Seção 2.2.3) e o impacto no marketing H2H (Seção 2.2.4) serão apresentados neste capítulo.

2.2.1. Design thinking como forma de pensar

Olhando para o design thinking em seu sentido gerencial e prático, duas manifestações podem ser percebidas de forma distinta: como forma de pensar, filosofia ou cultura, e como metodologia e "caixa de ferramentas". O design thinking como forma de pensar demanda vários elementos centrais que o definem. Em primeiro lugar, trata-se de uma cultura corporativa em que as inovações são feitas por pessoas *para pessoas*, de forma centrada no ser humano.[27]

No marketing H2H, a forma de pensar também desempenha um papel indispensável (detalhes serão explicados no Capítulo 3). A mentalidade que deve formar a base de um design thinker será usada, portanto, como base: o pensamento H2H é um descendente linear dele. É um dos princípios essenciais do design thinking começar por algo que seja desejado pelo ser humano (ter desejabilidade). Na maioria dos casos, deve-se discutir sobre o usuário da solução antes de se debruçar sobre a lucratividade e a viabilidade técnica bem como a viabilidade organizacional para o prestador do serviço (como mostrado na Figura 2.5).

Figura 2.5 A tríade da inovação.

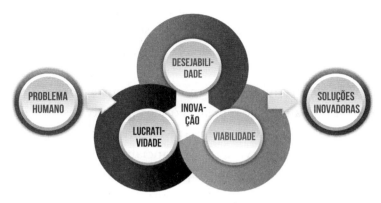

Fonte: adaptada de Grots e Pratschke, 2009; e IDEO, 2019.

Um dos princípios utilizados é o *"falhar cedo e frequentemente"*. Erros ou falhas não devem ser evitados, mas devem ocorrer o mais cedo possível no processo de inovação. Quanto mais cedo for descoberto que a equipe de desenvolvimento está no caminho errado, mais barato será consertá-lo. Isso exige que as empresas tenham alta tolerância a falhas e disposição para permitir muitos loops repetitivos no processo de desenvolvimento, um tipo de pensamento que não é predominante em todas as empresas.

Um design thinker deve ter certos traços de personalidade ou padrões de pensamento:[28]

- *Empatia*: deve ser capaz de ver o problema através das lentes de outras partes interessadas.
- *Pensamento integrativo*: ir além do ordinário e do puramente analítico e levar em conta todos os aspectos e perspectivas de um problema.
- *Otimismo*: ter a convicção de que quase sempre há uma solução melhor para um problema do que a oferecida atualmente.

- *Experimentalismo*: abandonar as rotas conhecidas e explorar o problema em novas direções (o famoso "pensar fora da caixa").
- *Colaboração*: problemas, produtos e serviços cada vez mais complexos exigem uma aliança colaborativa interdisciplinar.

Carlgren, com o auxílio de um estudo empírico feito a partir de entrevistas, propôs um referencial teórico[29] para o design thinking, a fim de torná-lo pesquisável e comparável, uma vez que as definições e abordagens da literatura variam substancialmente. Ele adiciona uma perspectiva funcional à concepção pessoal dos diferentes traços de caráter de um design thinker. Participaram do estudo seis grandes empresas com experiência no uso da metodologia de design thinking, e o foco foi sobre a percepção e uso da metodologia pelos entrevistados. Com base nas respostas, foi desenvolvido um modelo com cinco temas característicos e seus termos ou rótulos alternativos para representar a mesma ideia, conforme apresentado no Quadro 2.1.

Quadro 2.1 Modelo de enquadramento do design thinking

Temas característicos	Termos ou rótulos alternativos
Foco no usuário	Orientação ao usuário, centrar no ser humano
Enquadramento de problemas	Exploração do problema, questionar o problema
Visualização	Tangibilização, prototipagem
Experimentação	Iteração e teste, orientação para ações
Diversidade	Colaboração, perspectiva sistêmica

Fonte: adaptado de Carlgren, Rauth e Elmquist, 2016, p. 43.

Há sobreposições temáticas visíveis entre as perspectivas pessoal e funcional. De acordo com os entrevistados, o design thinking como metodologia abrange o foco no usuário, e as abordagens de pergunta e solução são centradas no ser humano. O enquadramento do problema refere-se à exploração diligente do problema, uma análise de todos os ângulos possíveis. Tornar tangíveis ideias a partir de desenho, encenação de uso ou prototipagem é parte inerente do design thinking, assim como a experimentação constante e diversificada e a colaboração em equipe.[30]

2.2.2. Design thinking como método e "caixa de ferramentas"

Quando finalmente se trata da aplicação prática, três fatores são considerados cruciais para o sucesso: equipes de projeto interdisciplinares, a execução iterativa do processo de design thinking, e dar liberdade para experimentação e criatividade.[31] Uma equipe composta por pessoas com diferentes expertises, de departamentos e níveis hierárquicos diversos, podendo também incluir membros externos, constitui a base indispensável para todo processo de design thinking. A mistura de disciplinas é a força dessas equipes, não apenas na multiplicação das respectivas qualidades, mas também nos diferentes pontos de vista e experiências que cada membro traz.[32]

Quando se trata da estrutura do processo de design thinking, a literatura apresenta várias abordagens que não diferem substancialmente quando examinadas com precisão. A diferença está principalmente na terminologia, bem como no número e segregação das etapas, enquanto o conteúdo fundamental é semelhante. O processo incorpora a perspectiva funcional e pessoal descrita anteriormente. O processo, expresso em *falhar cedo e frequentemente*, tem uma natureza sobreposta; muitas vezes, as etapas não são concluídas completamente antes de iniciar uma nova iteração. Diferentes desenhos de processo têm sido propostos pelos autores, e o processo adotado por nós para esse fim baseia-se no desenho do processo do HPI mostrado na Figura 2.6.

Figura 2.6 O processo de design thinking e o modelo do duplo diamante.

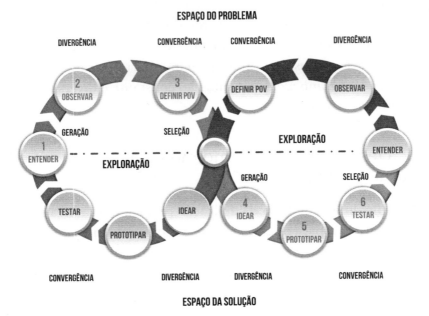

Fonte: Hasso Plattner Institute of Design, 2019.

Compreender

No início de todo o processo de inovação estão a compreensão e exploração do problema e das necessidades associadas a ele, o que inclui os seus múltiplos aspectos e os fatores que o influenciam. Em muitos casos, o resultado da fase de pesquisa reside no fato de que o próprio problema inicial deve ser modificado e uma questão mais profunda é abordada. Nessa fase, os membros da equipe, com todas as diferentes competências e conhecimentos, têm de se tornar "especialistas imediatos" que examinam o problema de todos os ângulos possíveis. Depois de cada fase de compreensão, a equipe visualiza e sintetiza os resultados da exploração do problema e decide provisoriamente em favor de uma ou mais facetas.

Observar

A parte essencial da busca por insights é feita por pesquisas qualitativas, como acompanhar os usuários, observar seu comportamento e ampliar a perspectiva, não apenas focando o problema central, mas também todos os aspectos circundantes, que poderiam servir de inspiração para melhorias. Enquanto observam, os design thinkers devem entender o produto ou serviço como se fossem um usuário em um contexto da vida real e fazer perguntas, conduzindo como se fosse uma conversa casual em vez de uma entrevista. As pessoas analisadas não precisam necessariamente ser clientes reais. Muitas vezes, outros grupos de interesse, como usuários extremos, pessoas que deliberadamente recusam o produto, ou o usam de forma diferente de seu propósito original, são fontes de informação valiosas.

Os achados coletados são documentados e, em seguida, apresentados uns aos outros. Aqui, como em quase todas as fases, utiliza-se a técnica de storytelling. O objetivo é analisar os possíveis grupos de usuários de forma que o maior número possível de insights valiosos possa ser determinado pela equipe. Com base nisso, a equipe define um problema preciso para um grupo de usuários reais na *fase de definição do ponto de vista*.

Definir o ponto de vista

Para estar na mesma página, a equipe especifica um grupo de usuários específico, provisório, e cria uma persona para ele. Um ponto de vista é então formulado para essa persona. Além disso, também outras ferramentas, como o mapa da empatia (ver Capítulo 5), pode ser desenvolvido para condensar e tornar mais visuais as descobertas da equipe. A fase do *definir o ponto de vista* é um processo de síntese para filtrar os resultados com um foco especial na visualização, assim como nas outras etapas. Ao final da pesquisa, ele exibe o resultado de forma visualmente concisa, que prepara e comunica todos os dados gerados anteriormente para as etapas seguintes.

Idear

Na fase de transição da identificação de um problema para o desenvolvimento de uma solução, são geradas ideias para resolver o problema. O objetivo não é obter uma ideia "perfeita", mas, em vez disso, criar uma gama de oportunidades de solução possíveis. A geração de ideias é feita com a ajuda de um brainstorming ativo e bem preparado, baseado nas perguntas certas. As ideias geradas devem ser apresentadas visualmente, utilizando storytelling, desenhos e outras ferramentas de visualização. Após a estruturação das ideias, as mais promissoras são examinadas sob os aspectos de desejabilidade, viabilidade e rentabilidade, com particular ênfase no fator desejabilidade, para dar conta da natureza centrada no ser humano do design thinking.[33]

Prototipar

Após as ideias terem sido condensadas e priorizadas pela equipe, uma ideia é selecionada e convertida em um protótipo simples para testar funções fundamentais. No caso da prototipagem de um serviço, uma teatralização pode servir como protótipo experimental. A fase de *protótipo* "é a geração iterativa de artefatos destinados a responder perguntas que o aproximam de uma solução final".[34] Construir um protótipo serve ao propósito de desenvolver ainda mais as ideias geradas. Ao construir o protótipo, muitas vezes surgem dúvidas e detalhes cruciais, que antes não eram considerados.

Testar

Na fase de conclusão, o protótipo deve ser apresentado aos usuários para uma troca de ideias e feedback. A equipe não deve estar emocionalmente presa ao protótipo apresentado para garantir a assimilação objetiva do feedback entregue. Dependendo do feedback, a equipe pode decidir voltar para um estágio anterior. Isso pode até significar ter de começar da fase inicial novamente se a modificação do problema humano inicial for necessária. Nesse caso, é preciso repetir o processo até chegar a um resultado satisfatório.[35]

Uma dimensão adicional pode ser usada para fornecer informações mais detalhadas sobre o processo, como foi mostrado na Figura 2.6. Essa dimensão adicional divide o processo em duas áreas: *espaço do problema* e *espaço da solução*. A exploração de ambas as áreas consiste primeiro em padrões de pensamento divergentes, seguidos de movimento convergente.[36] O primeiro padrão de pensamento divergente começa com o problema inicial: um problema é examinado de todos os ângulos possíveis. Todas as facetas dele são analisadas para obter uma compreensão holística do ponto de partida. Fases divergentes exigem que os membros da equipe tenham a mente aberta e estejam prontos para experimentar. A análise dos dados coletados inicia uma fase convergente, em que os insights e teorias sobre o problema são sintetizados e uma seleção ocorre.

Mais uma vez, outra divergência ocorre a partir desse ponto de informação acumulada: o grupo exato de usuários, persona e declarações com o ponto de vista da persona, seguido pela geração de múltiplas ideias. A fase de protótipo então conclui o processo com a seleção de uma ideia entre as várias ideias criadas para prototipagem. Na prática, os design thinkers, especialmente aqueles responsáveis pela coordenação de projetos de design thinking, devem sempre ter em mente essa interação entre processos exploratórios, divergentes e condensadores de momentos de seleção e síntese.[37] O processo vermelho mostrado na Figura 2.6 representa uma primeira iteração e o azul, uma segunda iteração. Isso deve nos lembrar de que o processo de inovação em um projeto de design thinking é altamente dinâmico e iterativo.

2.2.3. Estabelecimento dos pré-requisitos organizacionais

Os pesquisadores Elsbach e Stigliani identificaram uma clara ligação entre a cultura organizacional de uma empresa e o uso de ferramentas de design thinking. Observam eles:

> Primeiro, descobrimos que o uso efetivo de ferramentas de design thinking nas organizações teve um efeito profundo nas culturas organizacionais [...]. Em segundo lugar, e de forma recíproca, descobrimos que as culturas organizacionais influenciaram (positiva e negativamente) o uso de ferramentas de design thinking.[38]

Em seu trabalho, eles ainda identificaram vários fatores influenciadores; por exemplo, que o uso de certas ferramentas do design thinking ajuda a moldar a cultura organizacional e vice-versa, já que as culturas organizacionais afetam fortemente o sucesso ou o fracasso da prática desse conceito:

- *Ferramentas de busca de necessidades contribuem para culturas centradas no usuário* Essas ferramentas geralmente compreendem atividades de pesquisa orientadas ao usuário, como a etnografia e netnografia (mais sobre isso no Capítulo 5) ou análise da jornada do cliente, durante a qual os design thinkers mergulham no ambiente do usuário, seus problemas e possíveis soluções de design. O envolvimento empático com o usuário é crucial, o que ao longo do tempo afeta a maneira como uma organização aborda seus usuários, tornando-a mais centrada no consumidor.

- *As ferramentas de teste de ideias contribuem para culturas de abertura à experimentação, abertura ao fracasso e pensamento estratégico orientado para o design* Semelhante às ferramentas de busca de necessidades e teste de ideias, o teste da solução proposta com um conjunto limitado de usuários pode ajudar a desenvolver uma cultura aberta ao *falhar cedo e frequentemente*. Isso auxilia a motivar e apoiar os colaboradores que não se furtam a pensar fora da caixa. Sobre a influência da cultura no sucesso das ferramentas de design thinking, Elsbach e Stigliani concluem:

> Nossa [...] revisão fornece evidências de que culturas organizacionais definidas por valores, normas e pressupostos relacionados à colaboração e experimentação (o que chamamos de "culturas de design thinking") apoiaram o uso de ferramentas de design thinking, enquanto culturas definidas por valores e premissas relacionadas à produtividade, desempenho e especialização em silos, o que poderia ser pensado como culturas corporativas mais tradicionais, impediram o uso dessas ferramentas.[39]

Esses achados corroboram a importância de infundir nas organizações a forma de pensar do design thinking, para que a corporação passe a valorizar e utilizar as ferramentas e atividades desse conceito. Para além de ferramentas, a disponibilidade de espaços colaborativos facilita a implementação do design thinking. Tais espaços permitem a comunicação aberta, a experimentação e permitem fases de pensamento intensivo seguidas de fases de relaxamento. Iniciativas de muitas empresas hoje revelam que elas entenderam a importância dos espaços colaborativos para manifestar uma cultura ou mentalidade de trabalho ágil. No entanto, tais iniciativas são inúteis quando a forma de pensar corporativa, seja dos colaboradores de modo geral, mas especialmente do C-Level, não está alinhada à cultura do design thinking.

2.2.4. Design thinking para o novo marketing

A operadora de telefonia móvel T-Mobile, uma subsidiária da Deutsche Telekom presente na Europa e nos Estados Unidos, aplicou o design thinking nos últimos 12 anos e mudou o DNA das empresas para uma abordagem de mercado mais amigável. Através de muitos projetos organizados por um centro de competência (um tipo de centro criativo), a organização e seu marketing passaram por muitas mudanças. O provedor de telecomunicações suíço Swisscom foi ainda mais longe e criou uma divisão centrada no ser humano para o mercado de massa e mercados de negócios. Eles aplicaram o design thinking em muitas tarefas. Até mesmo as pequenas e médias empresas estão aplicando esse conceito.

A abordagem centrada no ser humano para a inovação no design thinking é a razão pela qual ele faz parte do referencial teórico do marketing H2H e é também a base fundamental desenvolvida no pensamento H2H (como mostrado no Capítulo 3). O design thinking rompe com o mito da criatividade inalcançável do design surgindo como ideias perfeitamente desenvolvidas das cabeças de mentores engenhosos. Em vez disso, os resultados podem ser alcançados com "trabalho árduo aumentado por um processo criativo de descoberta centrado no ser humano e seguido por ciclos iterativos de prototipagem, teste e refinamento".[40]

O uso bem-sucedido do design thinking, além disso, envolve duas facetas da integração: pode ser introduzido *como metodologia*, mas, para que essa aplicação dê frutos, também precisa ser implementado como *forma de pensar*.[41]

No passado, o design, semelhante ao marketing, esteve envolvido apenas em estágios finais do processo de desenvolvimento, em um momento em que o trabalho de inovação substancial já estava feito, e seu trabalho era colocar uma boa (e bela!) embalagem ao redor da ideia. No entanto, com o design thinking, o papel do designer está mudando. O "novo" designer não se restringe aos limites do termo tradicional, uma vez que a equipe combina conhecimentos de especialistas de vários departamentos. O design era meramente tático, aumentando a atratividade de uma ideia já elaborada para os clientes, mas agora está se tornando estratégico – designers são solicitados a formar ativamente ideias para melhor satisfazer as necessidades do cliente.[42] O design thinking também se conecta com a mudança para o foco no serviço e a lógica dominante do serviço à medida que oferece mais espaço para inovação:

[...] O terreno da inovação está se expandindo. Seus objetivos não são mais apenas produtos físicos; são novos tipos de processos, serviços, interações potencializadas por TI, entretenimentos e formas de se comunicar e colaborar – exatamente os tipos de atividades centradas no ser humano nas quais o design thinking pode fazer uma diferença decisiva.[43]

O marketing deve pegar esse impulso para recuperar a posição no *fuzzy front end* da inovação[44] e ter uma resposta operacional eficaz para enfrentar a mudança do foco no produto para um foco no serviço e a mudança de um foco de inovação incremental para um equilíbrio de inovações incrementais e radicais. Juntamente com a engenharia e o design, o marketing pode colaborar usando seus conhecimentos e capacidades específicos para inovar radicalmente (ver Figura 2.7).

Figura 2.7 O papel do marketing para inovações significativas.

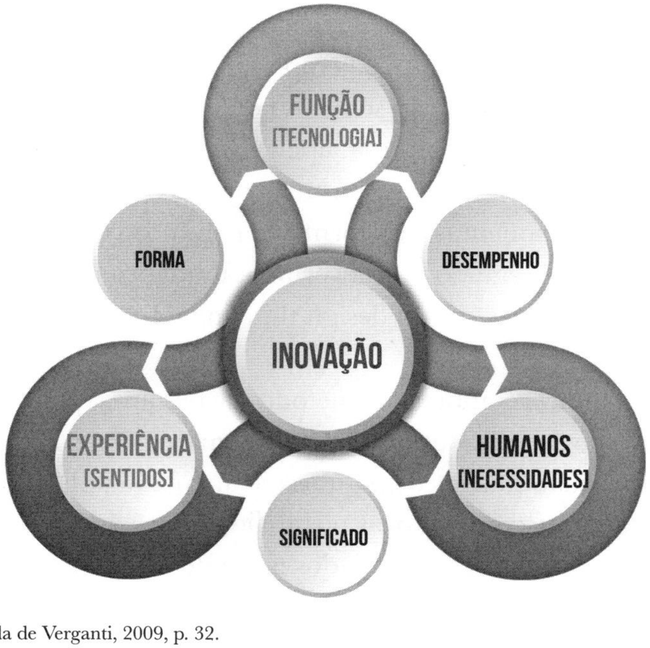

Fonte: adaptada de Verganti, 2009, p. 32.

O novo paradigma: marketing H2H 97

Por causa da hipercompetição, as empresas hoje buscam inovações radicais que possam garantir sua sobrevivência. A maioria das diversas indústrias estabelecidas está gerenciando inovações incrementais e explorando seus produtos e serviços existentes de forma lucrativa. O foco ainda está na engenharia, que é responsável pelo desempenho técnico de um produto, sem se preocupar tanto com os serviços. Contudo, estamos convencidos de que o verdadeiro poder do marketing e do design está no serviço. Enquanto o design é responsável por dar a um produto/serviço a forma correta, o marketing deve se aprofundar abaixo do nível de consciência e atender às necessidades latentes e desejos não atendidos dos consumidores. Questionar o "porquê" é a chave nesse processo, e o marketing não deve ficar satisfeito até que isso seja respondido. Essa exploração precisa de expertise em psicologia social e neurociência. Juntamente com o uso de métodos digitais como (big) *data analytics*, essa deve ser a principal competência do marketing. Com o design thinking, o marketing H2H tem um método e mentalidade poderosos que colocam o pensamento centrado no ser humano em ação e podem inspirar todo o espírito da empresa. Nos últimos anos, o design thinking ganhou uma posição sólida no desenvolvimento de produtos. Nos outros processos da empresa, apenas agora começa a ganhar impulso. Nas equipes de vendas, há uma necessidade particularmente alta do uso de ferramentas e da forma de pensar do design thinking. A Salesforce tem conseguido promover uma mudança das metodologias tradicionais de vendas com o design thinking e tem obtido resultados bastante satisfatórios.

É imprescindível combinar os métodos de pesquisa qualitativa, principalmente a etnográfica, utilizados no design thinking com os métodos qualitativos e quantitativos de pesquisa de mercado utilizados no marketing. Juntamente com as novas possibilidades trazidas pelos recentes desdobramentos em análise de dados e uso de inteligência artificial, o marketing pode recuperar sua reputação como parte integrante dos processos de inovação.

2.3. A lógica dominante de serviços (S-DL)

Vargo e Lusch[45] oferecem um paradigma de mudança radical, repensando o processo de marketing. Já em 1999, eles entendiam que "A própria natureza da organização em rede, os tipos de teorias úteis à sua compreensão e o impacto potencial na organização do consumo sugerem que uma mudança de paradigma para o marketing pode não estar muito longe no horizonte".[46] Além disso, Sheth e Parvatiyar apontam para a direção do foco do relacionamento, ao afirmar que "um paradigma alternativo do marketing é necessário, um paradigma que possa dar conta da natureza contínua das relações entre os atores do marketing".[47]

Em 2004, Vargo e Lusch introduziram sua nova lógica dominante para o marketing, chamada de *lógica dominante de serviços* (S-DL), apresentando uma mudança de paradigma em direção a uma lógica que é inerentemente relacional, abraça a cocriação de valor e propõe pensar em rede e, a partir das redes, desenvolver uma perspectiva ecossistêmica.[48] O marketing H2H concorda com os dois autores e adota esse lógica como fundamento conceitual.

A S-DL contrasta com a lógica dominante de bens (G-DL), a partir da qual a S-DL evoluiu, passando de um modelo de troca centrado em bens para um modelo de troca centrado em serviços. Seus autores defendem uma reconsideração do modo como os bens e serviços são vistos e argumentam que fazer uma distinção entre os dois é ultrapassado, uma vez que se percebe que os bens são apenas uma forma de oferta de serviços, algo sobre o qual Vargo e Lusch[49] refletem na seguinte afirmação:

> Os clientes não compram bens ou serviços: compram ofertas que prestam serviços que criam valor [...]. A divisão tradicional entre bens e serviços está há muito ultrapassada. Não se trata de redefinir os serviços e vê-los do ponto de vista do cliente; atividades são serviços, bens são serviços.

A mudança de foco para os serviços é uma mudança da perspectiva da lógica de recursos e do produtor para a perspectiva de uso (dos recursos) e do cliente.[50]

As principais diferenças entre G-DL e S-DL são exibidas na Figura 2.8.

Figura 2.8 A mudança da lógica dominante de bens para a lógica dominante de serviços.

- TANGÍVEL
- PADRONIZADO
- FOCO NOS RECURSOS DA OPERAÇÃO E NA PRODUÇÃO
- FAZER E VENDER
- EMPRESA PRODUZ O VALOR, CONSUMIDOR CONSOME / DESTRÓI VALOR

- INTANGÍVEL
- INDIVIDUALIZADO
- FOCO NOS PROCESSOS E NOS RECURSOS OPERATIVOS
- EMPRESA E CONSUMIDOR COCRIAM VALOR

Fonte: adaptada de Vargo e Lusch, 2004, 2008, 2016; e Haeckel, 1999.

A seguir, as premissas fundamentais serão discutidas para compreender a lógica dominante que desloca o foco de uma produção de bens tangíveis e padronizados para uma visão centrada no serviço com uma nova compreensão da criação de valor e do papel do cliente no processo.

Essa mudança de paradigma aconteceu no mundo real dos negócios. Muitas novas empresas de sucesso são puramente orientadas para serviços, na definição de Vargo e Lusch. Veja o Google – tudo o que eles oferecem é serviço. Pode haver algumas ofertas de hardware, como o Google Home ou o Nest, mas todas elas são impulsionadas por suas ofertas de serviços. O Google Chrome tem alguma presença física em dispositivos de computação, mas os recursos de pesquisa, navegação e comunicação determinam a utilidade das ofertas do Google. LinkedIn, WhatsApp e Zoom atendem seus clientes de forma semelhante.

Empresas físicas também fizeram a mudança para a S-DL. A transformação dos negócios para o foco em serviços está ocorrendo de forma acelerada em muitas indústrias, mesmo em segmentos como construção de máquinas, equipamentos elétricos ou construção pesada. Os modelos de serviço oferecem benefícios significativos, por exemplo, para as empresas de energia elétrica. Com tecnologias digitais avançadas e habilidades aprimoradas, elas garantem melhores resultados. A General Electric ampliou sua oferta de equipamentos (geradores, interruptores, cabos, controles etc.) e passou a oferecer também instalação, manutenção e operação. Ela foi um passo além e oferece serviços para a operação até mesmo de equipamentos de concorrentes. Da receita de US$ 95 bilhões em 2019, mais de 45% foram geradas a partir de serviços.

Na IBM, a mudança para a orientação de serviço valeu a pena. A transição aconteceu após 2004, quando a IBM vendeu sua divisão de PCs para a Lenovo. Servidores, instalações de armazenamento e muitos outros componentes de hardware seguiram o mesmo caminho. A IBM mudou para se tornar um provedor de soluções de software personalizadas e oferecer serviço "sob demanda". Nesse período, seu nível de receita anual ficou em US$ 100 bilhões, mas a lucratividade aumentou drasticamente. A IBM agora está lidando com dados críticos e confidenciais de grandes corporações e governos, de bancos a sistemas de saúde. A maioria dessas empresas aplica modelos de negócios baseados no *as a service* ("como serviço") e cria receitas recorrentes que são, na maior parte, altamente escaláveis, como os serviços em nuvem. As empresas continuarão a investir nessa direção, e a mais recente aquisição da Red Hat (uma empresa dos Estados Unidos que disponibiliza soluções baseadas no sistema operacional GNU/Linux) pela IBM aponta nessa mesma direção.

2.3.1. Princípios fundamentais da S-DL

A S-DL baseia-se em onze princípios fundamentais (PF). Em sua primeira versão, Vargo e Lusch propuseram oito PFs.[51] Em 2008, foram acrescentadas modificações e dois novos PFs[52]. Em 2016 mais um novo PF, e novas especificações para cinco PFs já desenvolvidas foram adicionadas, dando a elas status de premissas.[53] O Quadro 2.2 dá uma visão geral dos atuais PFs e seus antecessores. A S-DL usa uma definição de *serviço* que é diferente do entendimento tradicional desse termo. Serviço na S-DL significa "[...] a aplicação de competências especializadas em conhecimentos e habilidades por meio de atos, processos e atividades em benefício de outra entidade ou da própria entidade".[54]

Quadro 2.2 Os princípios fundamentais da lógica dominante de serviço

PFs	2004	2008	2016
1	A aplicação de habilidades e conhecimentos especializados é a unidade fundamental da troca	O serviço é a base fundamental da troca	Sem alteração *TORNOU-SE UMA PREMISSA*
2	A troca indireta disfarça a unidade fundamental da troca	A troca indireta disfarça a base fundamental da troca	Sem alteração
3	Bens são mecanismos de distribuição para a prestação de serviços	Sem alteração	Sem alteração
4	O conhecimento é a fonte fundamental da vantagem competitiva	Os recursos operativos são a fonte fundamental de vantagem competitiva	Os recursos operativos são a fonte fundamental do benefício estratégico
5	Todas as economias são economias de serviços	Sem alteração	Sem alteração
6	O cliente é sempre o coprodutor	O cliente é sempre um cocriador de valor	O valor é cocriado por múltiplos atores, sempre incluindo o beneficiário *TORNOU-SE UMA PREMISSA*
7	A empresa só pode fazer propostas de valor	A empresa não pode entregar valor, mas apenas oferecer propostas de valor	Os atores não podem entregar valor, mas podem participar da criação e oferta da proposta de valor
8	A visão centrada no serviço é orientada para o cliente e baseada em relacionamento	Uma visão centrada no serviço é inerentemente orientada para o cliente e baseada em relacionamento	Uma visão centrada no serviço é inerentemente orientada para o beneficiário e baseada em relacionamento
9		Todos os atores sociais e econômicos são integradores de recursos	Sem alteração *TORNOU-SE UMA PREMISSA*
10		O valor é sempre determinado somente e conscientemente pelo beneficiário	Sem alteração *TORNOU-SE UMA PREMISSA*
11			A cocriação de valor é coordenada por meio de instituições geradas por atores e arranjos institucionais *TORNOU-SE UMA PREMISSA*

Fonte: adaptado de Vargo e Lusch, 2016, p. 8.

Complementando a definição de Constantin e Lusch,[55] Vargo e Lusch fazem uma distinção entre *operand resources* (recursos da operação), que seriam "os recursos sobre os quais uma operação ou ato é realizado para produzir um efeito",[56] e *operant resources* (recursos operativos), que seriam "[recursos] empregados no ato da operação (com outros recursos operativos)".[57] Eles o percebem como sendo características da mudança da G-DL, que primariamente foca os recursos da operação – bens são as unidades básicas de troca e consumidores são recursos da operação de troca com os quais os marketeiros realizam ações, como segmentação, penetração etc., evoluindo para o S-DL, em que a troca tem como propósito trazer benefícios a partir do conhecimento e técnicas das outras partes envolvidas, e o consumidor é principalmente um recurso operativo engajado como um "coprodutor do serviço".[58] É uma alteração que coloca o consumidor como ator ativo na cocriação de valor, não como ator passivo, ao qual cabe apenas o papel de comprar e usar os serviços a partir de uma resposta às ações de marketing.

Com essa perspectiva, a visão sobre os bens também muda. Antes, os bens (recursos da operação) eram considerados apenas produtos finais, enquanto na S-DL os bens são os portadores de recursos operativos, que são as habilidades e conhecimentos incorporados nos bens, funcionando, assim, como um veículo, que cumpre uma função intermediária. Eles conectam dois recursos operativos: o conhecimento incorporado nas mercadorias e os clientes. Podemos agora passar a um exame mais detalhado dos PFs.

PF1: O serviço é a base fundamental da troca

De acordo com a definição anteriormente mencionada, Vargo e Lusch declaram o serviço a base fundamental da troca no sentido econômico. Em 2008, a redação foi alterada de "unidade" para "base" para deixar de lado a terminologia G-DL. Essa premissa atribui a maior importância na troca aos recursos operativos, considerando que dois ou mais atores trocam serviço.[59]

PF2: A troca indireta disfarça a base fundamental da troca

A S-DL argumenta que, em razão da crescente divisão do trabalho (*taylorismo*) causada pela industrialização, não foi mais possível trocar serviço por serviço porque os atores envolvidos muitas vezes não estavam mais em contato direto entre si. Além disso, um processo de monetização da troca aconteceu, substituindo serviços recíprocos por dinheiro e agindo como um armazenamento para os serviços, sendo usado como o meio de troca.[60]

Por causa da crescente especialização que criou microespecialistas com "o desempenho de proficiências cada vez mais restritas",[61] os funcionários perderam o contato direto com o cliente, pois estavam apenas passando o produto para a próxima etapa de processamento microespecializado, e não para o cliente. Mais importante, eles também perderam o sentido do que estavam fazendo e para quem estavam fazendo. Do ponto de vista da S-DL, os mecanismos de troca indireta proporcionados pelo dinheiro, sistemas de marketing vertical e as grandes organizações têm uma base fundamental para a troca, que são *competências por competências* e *serviços por serviços*.[62]

PF3: Bens são mecanismos de distribuição para a prestação de serviços

Na G-DL tradicional, o pressuposto é que os bens são uma representação do valor "produzido" pelas empresas. As empresas produzem o produto com valor inerente e o vendem ao cliente, que então consome o valor. O cliente, portanto, fica reduzido ao papel de destruidor de valor, que consome e exaure o valor do bem. Na S-DL, os bens são vistos como um mecanismo de distribuição para os recursos operativos dos prestadores de serviços, e os produtos são "conhecimento encapsulado",[63] ou seja, o serviço disfarçado.

PF4: Os recursos operativos são a fonte fundamental do benefício estratégico

As empresas e outras organizações hoje não podem mais depender de recursos operacionais (máquinas, plantas de produção etc.) para obter um benefício estratégico. Em vez disso, recursos como habilidades e conhecimento são os fatores decisivos. A premissa foi modificada ao longo dos anos, mudando a "vantagem competitiva" para "benefício estratégico" a fim de desviar a atenção da mera orientação para a concorrência e focar a criação de excelentes propostas de valor para o cliente. Só depois de pensar no benefício a empresa deve analisar a perspectiva competitiva, porque, sem o primeiro passo da proposta de valor, a troca não ocorrerá, mesmo na ausência de competidores. Os autores acrescentam o seguinte: "Aliás, 'benefício estratégico' destaca uma implicação importante da ideia da troca de *'serviço por serviço'* dentro da lógica S-DL, pois o provedor de serviços também tem o papel de 'beneficiário', dada a troca recíproca de serviços entre os participantes".[64]

PF5: Todas as economias são economias de serviços

A constatação de que o serviço é a base fundamental do intercâmbio entre os agentes econômicos (PF1) significa que as economias nacionais são agora consideradas *economias de serviços*. Isso poderia ser interpretado como a manifestação PF1 em escala global. Um equívoco comum sobre a S-DL é argumentar que as economias nacionais estão se tornando economias de serviços. O raciocínio nesse argumento é falho no sentido de que ainda retrata o mundo dentro dos parâmetros da G-DL (usando a definição de G-DL de serviços e economias de serviços), enquanto, da perspectiva da S-DL, *toda a troca tem sua base no serviço*. Sendo assim, as economias de serviços não são um fenômeno novo que surgiu recentemente. Elas sempre foram assim. Dividindo-o em menor escala, Vargo e Lusch argumentam que não apenas "todas as economias são economias de serviços", mas também "todas as empresas são negócios de serviços".[65]

PF6: O valor é cocriado por múltiplos atores, sempre incluindo o beneficiário

A S-DL enfatiza a criação de valor (*cocriação de valor*) como resultado da colaboração do produtor e do cliente.[66] O PF6 não deve ser entendido como uma declaração *normativa* de que "as empresas devem envolver-se na cocriação de valor e ativamente envolver o consumidor", mas como algo que traga um *resultado positivo*, como uma descrição do processo real de criação de valor. "O valor é sempre cocriado" é uma afirmação vinculante, não é algo opcional.[67,68] Resumidamente, isso significa que "[...] o cliente torna-se principalmente um recurso operativo (coprodutor) em vez de um recurso da operação ('alvo') e pode ser envolvido em toda a cadeia de valor e serviço ao agir sobre os recursos da operação".[69]

PF7: Os atores não podem entregar valor, mas podem participar da criação e oferta da proposta de valor

Inicialmente, isso significava que as empresas só podem fazer uma oferta de valor, e não produzir valor. Isso resulta em uma mudança fundamental de perspectiva para as empresas, uma vez que elas não são mais vistas como "produtoras de valor", mas como atores colaborativos em um processo de cocriação. Em 2008, foi preciso esclarecer o equívoco de que as empresas finalizavam a sua "parte" da criação de valor depois de construir a proposta de valor. "Em vez disso, [o PF7] pretendia transmitir que a empresa não pode unilateralmente criar e/ou entregar valor."[70] Essa ideia foi então inserida na versão de 2008 do princípio: "A empresa não pode entregar valor, mas apenas oferecer propostas de valor".[71] Na versão atual (2016), o termo "empresa" foi substituído por "ator" para abrir a S-DL para a compreensão e análise de redes de criação de valor e ecossistemas de serviços.

PF8: Uma visão centrada no serviço é inerentemente orientada para o beneficiário e baseada em relacionamento
O princípio inicial afirmava que uma visão centrada no serviço é orientada para o cliente e baseada em relacionamento. A visão centrada no serviço é considerada "um modelo de inseparabilidade entre aquele que oferece (o serviço) e o consumidor".[72] Em 2008, foi acrescentado que a orientação ao cliente e o caráter relacional são *inerentes* à visão centrada no serviço,[73] para expressar que as empresas que pensam e agem de forma orientada a serviços *sempre* acabam sendo orientadas para o cliente e para o relacionamento. Na G-DL, as empresas tiveram que se esforçar ativamente para entrar em contato com o cliente; na S-DL, isso é integrado por padrão.

Na versão atual, o "cliente" foi substituído por "beneficiário" porque não é apenas o relacionamento com o cliente que pode ser visualizado com a S-DL. "[...] o 'beneficiário' centra a discussão sobre o atual destinatário do serviço e o correspondente da cocriação de valor".[74]

PF9: Todos os atores sociais e econômicos são integradores de recursos
Este princípio não fazia parte do conjunto original, mas foi adicionado mais tarde, em 2006.[75] Aqui, o termo "todos os atores" foi introduzido para demonstrar que existe mais do que apenas a relação diádica entre cliente e fornecedor. O caráter de rede expresso no PF9 causou "a mudança de uma preocupação única com papéis restritos e pré-designados de 'produtores'/'consumidores', 'empresas'/'clientes' etc. para atores mais genéricos – isto é, para uma orientação *ator-para-ator* (A2A)".[76]

A orientação A2A tem muito em comum com a B2B, mas não com a B2C, mais comum no marketing. Vargo e Lusch argumentam: "[...] como no B2B, não há estritamente produtores ou consumidores; em vez disso, todos os atores são empresas (de tamanhos variados, de empreendedores individuais a grandes empresas), engajadas no processo de beneficiar sua própria existência ao favorecer a existência de outras empresas [...]".[77]

Esse ponto de vista também é central para o marketing H2H, que se expressa na orientação H2H, adicionando uma ênfase humana à abordagem A2A da S-DL. A "integração de recursos" pretende enfatizar que o modelo de negócios dos atores envolvidos na troca é integrar recursos (principalmente os operacionais) e transformá-los em serviço. Os atores, "integradores genéricos de recursos",[78] estão sujeitos a alta especialização, o que os leva a trocar e integrar seus recursos operativos para criar valor.[79]

PF10: O valor é sempre determinado somente e conscientemente pelo beneficiário
O PF10 sugere a natureza do valor e sua criação: *apenas* o beneficiário da troca determina o valor, as empresas não têm capacidade para definir o valor de suas propostas nem mesmo para um único cliente; como consequência, um mesmo produto ou serviço oferecido pela empresa pode levar a diferentes resultados de criação de valor ao ser usado por diferentes clientes.[80]

PF11: A cocriação de valor é coordenada por meio de instituições geradas por atores e arranjos institucionais
Uma vez que a visão da S-DL foi ampliada a partir da consideração da relação diádica de cliente-empresa para ecossistemas de serviços, Vargo e Lusch veem a necessidade de que os processos de troca de serviços em tais sistemas sejam regulados por instituições orientadas a serviços. Isso integra ainda mais a S-DL no caminho para uma "grande teoria" de mercado.[81]

2.3.2. Criação de valor na lógica dominante de serviços

Tendo visto que o valor é cocriado em um processo colaborativo e é determinado exclusivamente pelo beneficiário, vamos agora expor a sequência cronológica da criação de valor (como mostrado na Figura 2.9).

Figura 2.9 A sequência cronológica da criação de valor na S-DL.

Fonte: adaptada de Wilken e Jacob (2015, p. 152).

A S-DL distingue dois tipos de envolvimento do beneficiário, separados temporalmente pelo momento em que a troca ocorre como "transação", quando o serviço é adquirido. O primeiro tipo de envolvimento é classificado como *coprodução*. Esse primeiro envolvimento é opcional e contempla a participação do cliente na criação e design de uma proposta de valor. Nesse caso, o cliente assume um papel ativo no desenvolvimento das características da proposta de valor, considerado uma *inovação aberta (open innovation)*, ou faz parte do processo de trabalho como um *autosserviço*. Embora esse tipo de envolvimento seja opcional, a última parte da cocriação de valor não é.[82]

O valor em si é definido pelo beneficiário enquanto ele está "fazendo uso" da proposta de valor – o "valor no uso" em vez do "valor na troca" é o resultado dessa lógica.[83] Isso ocorre na fase de cocriação de valor. Por isso, enquanto a coprodução é considerada uma "opção estratégica para a elaboração de valor em uso",[84] a cocriação é parte inerente do uso do serviço.

Os desenvolvimentos da S-DL andam de mãos dadas com uma mudança na compreensão do papel do cliente no processo de criação de valor e na alteração do balanço de poder entre o cliente e a empresa (ver Figura 2.10). Essa transformação do entendimento do cliente já era reconhecida por Prahalad e Ramaswamy[85] antes da introdução da S-DL em 2004 e foi um precursor dos desenvolvimentos subsequentes. Além disso, a criação de valor também é descrita como altamente única, dependendo do ator individual e do contexto. Essa compreensão do valor em contexto, apontando a necessidade de o fornecedor possuir informações sobre o contexto do usuário para estimar o valor individual de uma proposta de valor para o usuário, é vista como um dos maiores benefícios da S-DL para que a cocriação de valor seja central para todas as considerações, levadas a sério e não reduzidas à interação no sentido de coprodução, algo que os autores chamam de "[...] um precursor para tomar melhores decisões estratégicas".[86]

Figura 2.10 A mudança do papel do cliente na criação de valor.

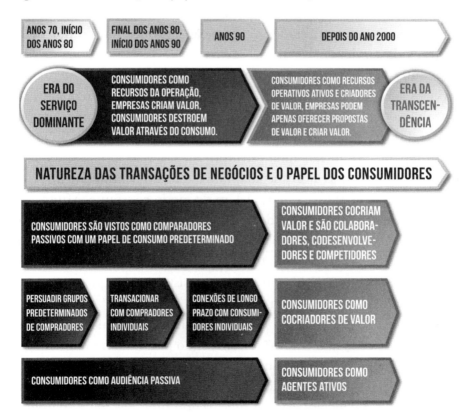

Fonte: adaptada de Prahalad e Ramaswamy (2000).

2.3.3. Ecossistemas de serviços

Com o aumento da transparência e velocidade da internet, trabalhadores, fornecedores, clientes e outros stakeholders estão cada vez mais conectados em tempo real, e as economias e a sociedade são cada vez mais caracterizadas por estruturas de rede. O significado e os efeitos das redes e dos sistemas de relacionamento não podem ser explicados pela G-DL sequencial e segregadora de funções. Em contraste, a S-DL defende o sistema colaborativo e o pensamento em rede.[87] A S-DL tende especificamente a uma perspectiva de *ecossistema de serviços*, definido como "um sistema relativamente autocontido e autoajustável de atores integradores de recursos, conectados por arranjos institucionais compartilhados, e a criação de valor mútuo por meio da troca de serviços".[88]

Assim como os ecossistemas do mundo biológico, os ecossistemas de serviços surgem como resultado da interação de atores engajados na troca de serviços para resolver seus problemas (locais). Com o tempo, a parcela bem-sucedida e benéfica das trocas tem alta probabilidade de se repetir e se tornar uma estrutura do sistema. O ecossistema se mantém enquanto os atores se adaptam e reagem continuamente, e os processos de autoajuste os remodelam de modo constante. Muitas vezes, eles também fazem parte de outros ecossistemas ou estão relacionados a eles. Um exemplo disso é a família: em si, ela forma seu próprio ecossistema de serviços com atores integradores de recursos, mas, ao mesmo tempo, está inserida em outros ecossistemas dos quais faz parte, por exemplo, a vizinhança ou o país.[89]

Essa ideia de prestação de serviços e realização de valor dentro das estruturas de rede não é nova[90] e vem sendo discutida no marketing e na gestão da cadeia de suprimentos, em que os processos de troca e os atores estão intimamente ligados e encadeados. A S-DL acrescenta novas facetas à conceituação de rede, sendo uma das mais aparentes o elemento de conexão: "[...] as conexões representam *troca de serviço por serviço*, em vez de apenas conexões de recursos, pessoas ou fluxos de produtos [...]".[91] Apesar de ser mais difícil de apreender devido à maior complexidade, a perspectiva ecossistêmica fornece uma representação mais precisa da realidade. Não são apenas os elos e laços que importam; são os "fluxos e trocas entre atores"[92] para os quais a visão ecossistêmica dá uma representação mais adequada.

Instituições e arranjos institucionais são as chaves para a compreensão da perspectiva do ecossistema de serviços. "Ecossistemas de serviços precisam de instituições compartilhadas (regras) para poder coordenar as atividades entre os atores e funcionar de forma eficaz."[93] Com base na definição de Scott,[94] as instituições na S-DL não são organizações como no uso comum da palavra, mas sim "as regras, normas e crenças humanamente concebidas que permitem e restringem a ação e tornam a vida social pelo menos um tanto previsível e significativa",[95] algo que North, em uma analogia esportiva, chama de "as regras do jogo".[96] Os arranjos institucionais são "conjuntos de instituições inter-relacionadas".[97]

Adicionar a perspectiva institucional era necessário para dar conta do comportamento irracional dos atores. As instituições ajudam os atores a tomar decisões mais racionais sem que tenham de fazer os esforços cognitivos necessários.[98] As empresas e, especialmente, o marketing precisam reconhecer as propriedades dos ecossistemas de serviços e a perspectiva institucional para eles. Adaptabilidade, normas e valores, bem como os princípios os que regem, podem diferir fortemente, dependendo do contexto cultural e geográfico, que são cruciais para competir com sucesso em um ambiente ecossistêmico.

A ideia do ecossistema também destaca o caráter relacional da S-DL: "Como os atores estão fracamente acoplados e aninhados dentro de ecossistemas de serviços, eles devem continuamente convidar outros atores para se envolver e trocar serviços. Eles fazem isso por meio de propostas de valor atraentes que resultam em transações. Assim, as relações precedem as transações, e não vice-versa [...]".[99]

Consideremos a Amazon como exemplo. Ela é conhecida e reconhecida por sua orientação radical ao cliente e por gerenciar o relacionamento com os clientes e seus ecossistemas. Por outro lado, se você perguntar a opinião de alguns fornecedores que usam a Amazon distribuindo seus produtos (e no futuro podem ser serviços), poderá ouvir uma história completamente diferente. O nível de serviço para os fornecedores é ruim, e o mesmo vale para a gestão do relacionamento entre os fornecedores e a Amazon. Isso pode se transformar em um grande problema futuro para a Amazon, quando os fornecedores começarem a usar seus ecossistemas para evitar o uso dessa empresa. A mensagem aqui é que uma empresa não deve se concentrar apenas em um ator (cliente) e apenas em um ecossistema, mas em todos os ecossistemas dos stakeholders relevantes.

Essa ideia de relacionamento da S-DL estabelece as bases para a orientação H2H do marketing H2H. Cada transação comercial é, ao final, determinada por uma conexão "de humano para humano" e adiciona mais um hub no ecossistema da empresa. *O estabelecimento de tal ecossistema de serviços deve se tornar uma tarefa central dos departamentos de marketing.* Dessa forma, cria-se uma forma de marketing que se torna mais humana através do foco na interação humana, por um lado, e, por outro, cria progresso e competitividade através da pressão de ter de entregar propostas de valor convincentes sem as quais outros atores não podem ser convencidos. A FlixBus aplica esses princípios desde o início da empresa. Eles estão moldando o futuro da mobilidade. Muitos fatores ajudaram a FlixMobility, com sede na Alemanha, a emergir como o principal fornecedor de mobilidade da Europa. Seu modelo de negócios único combinou orientação total para serviços e tecnologia digital com uma empresa de transporte tradicional. A FlixBus tornou-se um provedor de mobilidade completa, diversificando também em serviços ferroviários e sendo capaz de superar os desafios enfrentados quando da sua entrada no mercado dos Estados Unidos. A FlixBus continuou se expandindo internacionalmente e entrou no mercado brasileiro no final de 2021.

2.3.4. A transição prática de G-DL para S-DL

O Quadro 2.3 mostra a fase de transição que serviu de preparação e precisou ser superada para chegar à S-DL.

Quadro 2.3 Conceitos de transição no caminho da G-DL para a S-DL

Conceitos de G-DL	Conceitos de transição	Conceitos de S-DL
Bens	Serviços	Serviço
Produtos	Ofertas	Experiências
Recurso/atributo	Benefício	Solução
Valor agregado	Coprodução	Cocriação de valor
Maximização do lucro	Engenharia financeira	Feedback/aprendizagem financeira
Preço	Entrega de valor	Proposta de valor
Sistemas de equilíbrio	Sistemas dinâmicos	Sistemas adaptativos complexos
Cadeia de suprimentos	Cadeia de valor	Rede/constelação de criação de valor
Promoção	Comunicação integrada de marketing	Diálogo
Para o mercado	Mercado para	Mercado com
Orientação para o produto	Orientação para o mercado	Orientação para o serviço

Fonte: adaptado de Lusch e Vargo (2006, p. 286).

A transição entre as duas visões é mais compreensível a partir desse quadro, pois se mostra difícil explicar a S-DL sem depender da terminologia G-DL. Além disso, os conceitos de transição podem servir como orientação e conselhos práticos para empresas que ainda estão vinculadas à G-DL sobre como seria uma transição para a S-DL.[100]

Desde alguns anos, um número seleto de empresas fez a transição para estabelecer ecossistemas em torno de suas ofertas. Um dos exemplos marcantes é o ecossistema da Intel. Nos últimos 20 anos, a Intel criou uma rede com parceiros e stakeholders, prosperando com benefícios mútuos entre as partes interessadas, cada uma delas contribuindo para o crescimento do ecossistema. Tudo começou com o computador pessoal, mas também passou a incluir customização industrial, equipamentos de aviação, químicos, transporte etc. Em todos os aplicativos em que o poder de processamento era necessário, a Intel estava envolvida. Em muitos casos, os processos eram integrados em máquinas e equipamentos, mas as linhas divisórias entre os parceiros eram pouco nítidas, de hardware para software para serviços, o que permitiu que a rede se expandisse continuamente e estabelecesse novos tipos de parcerias. Posteriormente, o ecossistema Intel recebeu outro impulso por meio de aplicativos em nuvem, em que o alcance foi expandido para todo o mundo, incluindo até mesmo sistemas de satélite.

O ecossistema Intel não inclui apenas parceiros industriais, mas também governos, instituições de pesquisa, universidades e organizações sem fins lucrativos. Os parceiros lucram com suas capacidades e experiência colaborando uns com os outros. Exemplos especialmente visíveis são as aplicações na área de *Internet das Coisas (IoT)*. Considere, por exemplo, sua aplicação num centro de distribuição onde os gestores do centro requerem inteligência cooperativa sobre os projetos, as construções, a operação e a logística de entrada e saída. Em muitos casos, é necessária uma inovação de ponta a ponta, que só pode ser tratada por um ecossistema cooperativo.

A inteligência artificial está agora acelerando indústrias, pesquisas e comércio em todo o mundo. A Intel está alimentando esses desenvolvimentos de diferentes formas no ecossistema. Outras inovações precisam ser integradas ao ecossistema dinâmico, e ele deve ser escalável e, espera-se, sustentável para aumentar a agilidade e melhorar o ROI (*return over investment*, ou retorno sobre o investimento). A SAP e a IBM também estabeleceram seus próprios ecossistemas, além de fazer parte do ecossistema da Intel. O mesmo fez a Adobe e a General Electric. O alcance e as capacidades dessas empresas são diferentes, mas seu esforço consciente para estabelecer o próprio ecossistema é a prova de nosso pensamento conceitual.

2.4. Digitalização

A capacidade de navegar pelas tecnologias que estão revolucionando as indústrias e ser capaz de extrair os princípios-chave das transformações é fundamental para a sobrevivência. Para as empresas, é essencial aproveitar as oportunidades explorando a essência e a história das transformações tecnológicas. AOL, Blackberry, Olivetti, Kodak, Netscape e Nokia são alguns exemplos conhecidos entre as muitas empresas que falharam em entender a evolução tecnológica. Amazon e Google demostram onde a capacidade de inovar continuamente pode levar.

Muitas vezes, digitização e digitalização são usadas como sinônimo de transformação digital. Parecem ser chavões atuais, embora a definição e a compreensão do assunto e suas consequências variem. Em sua forma mais simples, a digitização significa o processo de conversão de dados analógicos em dados digitais, como converter informações de papel em dados. A digitalização implica o uso de dados em processos digitais, e a transformação digital é a aplicação de dados e processos digitais em novos modelos de negócios. Grandes mudanças podem ocorrer com a transformação digital; por exemplo, o controle de certas instalações locais agora pode ser monitorado remotamente, e cadeias de suprimentos inteiras podem ser integradas. Um termo relevante é "Indústria 4.0", o qual se refere à aplicação da transformação digital na manufatura e outros processos relacionados. Big Data, computação em nuvem e outros termos são usados erroneamente como sinônimos de transformação digital no discurso político e econômico.[101]

2.4.1. A digitalização mudando o *modus operandi*

A mera transformação de informação em formato digital não basta para chamar-lhe digitalização. O fator decisivo é que a informação disponível digitalmente agora pode ser processada por sistemas e máquinas e torna-se *operacionalmente* utilizável. O efeito da digitalização é alcançado por meio do uso orientado a metas e da conexão em rede de informações digitalizadas. O processo abre novos espaços para empresas, novos modelos de negócios e o potencial para novos avanços tecnológicos e inovações que estão esperando para serem explorados. A pandemia do coronavírus acelerou enormemente esse desenvolvimento. Em poucas semanas, grandes saltos tecnológicos puderam ser notados. Nos consultórios de saúde e serviços médicos passaram a ser usados aplicativos digitais. Durante o período de lockdown, a maioria das pessoas realizava o trabalho em casa e usava os serviços online diariamente. Mesmo aqueles que tinham evitado o uso de certos serviços online (como bancos, compras, ou para se comunicar com familiares e amigos) até aquele momento foram forçados a experimentá-los, e muitos permaneceram com eles mesmo após a pandemia.

Um dos maiores beneficiários dessa época de lockdown foi a Netflix, serviço de entretenimento online via streaming, e o Zoom, plataforma líder em comunicações de vídeo corporativo durante o ano de 2020. Ambos os aplicativos experimentaram um tremendo crescimento em seu número de membros pelo fato de que as pessoas foram forçadas a ficar em casa e procurar maneiras de se entreter e se comunicar. Mesmo antes do lockdown, para a maioria da população mais jovem, assistir a filmes ou notícias no smartphone ou computador já era a escolha preferida. Com isso, a indústria de TV experimentou uma revolução. Os primeiros aparelhos de televisão e as transmissões eram analógicas; depois, as ondas de alta frequência foram moduladas com imagens e som. Em seguida, os sinais eram transmitidos digitalmente, com os aparelhos de TV decodificando-os para que pudéssemos assistir ao conteúdo. Hoje, avançamos para serviços de vídeo sob demanda e streaming. Além da Netflix, existem Amazon Prime, Apple TV, Disney+ e muitos outros, além dos provedores de programas de TV convencionais, que tentam se manter relevantes através de suas próprias plataformas. A tecnologia das aplicações e as interfaces com clientes são digitalizadas, e os modelos de negócios se tornam altamente adaptáveis às necessidades individuais.

Wolf e Strohschen resumem o conceito de digitalização em uma definição precisa: "Falamos de digitalização quando a prestação de serviços analógicos é total ou parcialmente substituída pela prestação de serviços em um modelo digital, gerenciável por computador".[102] Consideramos a digitalização como o uso de tecnologias digitais em várias formas na mudança de modelos de negócios para fornecer novas oportunidades de receita e criação de valor. Há desafios para as empresas decorrentes da mudança digital. Os executivos se veem confrontados com mercados altamente competitivos e em rápida mudança, em que a inovação digital é imprescindível para se manter relevante.[103] Graças à comoditização em curso, fatores inicialmente diferenciadores da proposta de valor estão agora se tornando mercadorias padronizadas, perdendo seu efeito diferenciador.[104]

Além disso, as empresas têm que lidar com a perda de controle sobre as relações com os clientes, e lidar com um novo tipo de cliente que passamos a nomear de diversas formas, como *prosumidor* e *nativo digital*, que faz parte da geração Y, e *Homo digitalis*, derivado do *Homo oeconomicus*.[105]

Embora muitas mudanças tecnológicas causadas pela digitalização e a consequente necessidade de adaptação e resposta sejam claramente visíveis para os executivos das empresas, uma variável não é levada em conta adequadamente: a velocidade dessas mudanças e suas implicações para as empresas. O tempo que os clientes precisam para adotar novas tecnologias é cada vez menor. Demorou quase um século para os telefones, que levaram 70 anos para chegar a uma penetração de 50% dos domicílios, e quase três décadas para o rádio, que atingiu a mesma marca com 28 anos. Em comparação, foram necessários apenas 10 anos para o acesso à internet chegar à metade das pessoas. As empresas precisam assumir que essa tendência de períodos de adoção mais curtos continuará e que novas taxas de adoção podem precisar ser consideradas em termos de semanas e meses, não anos ou décadas. Isso as deixa com implicações relevantes, pois cada vez mais agilidade e capacidade de resposta rápida serão necessárias para manter a competitividade diante da concorrência e das rápidas mudanças tecnológicas.

Além disso, a digitalização precisa ser abordada não apenas do ponto de vista econômico, mas também de uma direção política e social. Por exemplo, há um claro desequilíbrio entre as perspectivas econômica e social. Embora o avanço tecnológico nas indústrias faça parte das agendas políticas, as considerações sociais necessárias recebem pouquíssima atenção. As empresas não adotam temas como a renda básica universal (RBI), proposta como remédio para as consequências das altas taxas de desemprego causadas pela intensa digitalização recente. Taxas de desemprego têm grandes consequências econômicas na sociedade, como mudanças no comportamento do consumidor e diferentes níveis de demanda por bens e serviços.[106]

Ademais, um processo de repensar o papel das máquinas e a relação entre pessoas e máquinas está atrasado. Para o futuro, será necessário encontrar um equilíbrio adequado entre a humanidade (*high touch*) e tecnologia (*high tech*). Em pequena e grande escala, como Naisbitt explicou, precisamos fazer a pergunta: quem está no comando? O homem controla a tecnologia ou é o contrário? Em empresas como Uber ou iFood, a tecnologia do algoritmo é que comanda os humanos que operam os carros ou motos. As consequências de longo prazo que a digitalização traz também são evidentes na terminologia usada em seu contexto, pois muitas vezes ela é considerada uma *megatendência*[107] ou mesmo uma *gigatendência*.[108]

Para descrever o caminho de desenvolvimento da digitalização, utiliza-se um modelo de etapas, que geralmente consiste em duas ou três etapas, dependendo do autor. Para ilustrar as etapas de desenvolvimento da digitalização, optou-se por um modelo em três etapas (ver Figura 2.11), comumente utilizado por diversos autores.[109] As etapas são: processamento digital estrutural de dados; interconexão da informação e comunicação; e interconexão de produtos e serviços. Todas as etapas podem ser separadas entre digitalização externa e interna. Em 1991, tudo começou com a criação da internet e da primeira homepage na Organização Europeia para a Pesquisa Nuclear (CERN).[110] Os computadores eram imóveis e o processamento automatizado de dados ainda era um objetivo a ser alcançado. Um dos aplicativos comuns era o *Enterprise Resource Planning* (ERP). Cerca de 10 anos depois, a internet móvel ganhou vida, e a informação e a comunicação estabeleceram as aplicações da Web 2.0. Mídias sociais internas foram estabelecidas, e a computação em nuvem e as aplicações com uso de Big Data começaram a se desenvolver. Em 2011, a Indústria 4.0 foi criada. Aplicativos para smartphones e modelos de negócios com base em produtos e serviços digitais tornaram-se algo convencional, e a disseminação da Indústria 4.0 começou em muitos setores. Essas soluções foram construídas com base em aplicativos informatizados existentes, mas agora, com a conectividade bidirecional, enormes benefícios podem ser percebidos. Essas fases evolutivas estão resumidas na Figura 2.11.

Figura 2.11 Etapas evolutivas da digitalização e o ambiente da Indústria 4.0.

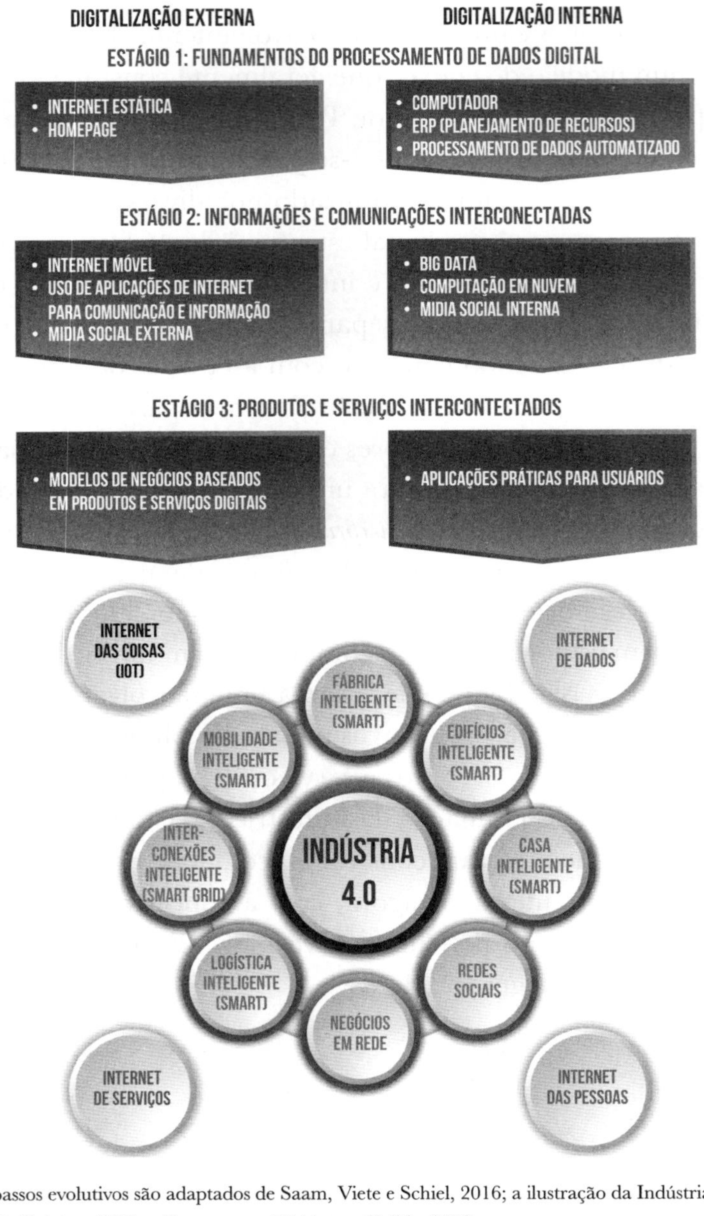

DIGITALIZAÇÃO EXTERNA | **DIGITALIZAÇÃO INTERNA**

ESTÁGIO 1: FUNDAMENTOS DO PROCESSAMENTO DE DADOS DIGITAL

- INTERNET ESTÁTICA
- HOMEPAGE

- COMPUTADOR
- ERP (PLANEJAMENTO DE RECURSOS)
- PROCESSAMENTO DE DADOS AUTOMATIZADO

ESTÁGIO 2: INFORMAÇÕES E COMUNICAÇÕES INTERCONECTADAS

- INTERNET MÓVEL
- USO DE APLICAÇÕES DE INTERNET PARA COMUNICAÇÃO E INFORMAÇÃO
- MIDIA SOCIAL EXTERNA

- BIG DATA
- COMPUTAÇÃO EM NUVEM
- MIDIA SOCIAL INTERNA

ESTÁGIO 3: PRODUTOS E SERVIÇOS INTERCONTECTADOS

- MODELOS DE NEGÓCIOS BASEADOS EM PRODUTOS E SERVIÇOS DIGITAIS

- APLICAÇÕES PRÁTICAS PARA USUÁRIOS

Diagrama INDÚSTRIA 4.0 com: INTERNET DAS COISAS (IOT), FÁBRICA INTELIGENTE (SMART), EDIFÍCIOS INTELIGENTE (SMART), INTERNET DE DADOS, MOBILIDADE INTELIGENTE (SMART), CASA INTELIGENTE (SMART), INTERCONEXÕES INTELIGENTE (SMART GRID), REDES SOCIAIS, LOGÍSTICA INTELIGENTE (SMART), NEGÓCIOS EM REDE, INTERNET DE SERVIÇOS, INTERNET DAS PESSOAS.

Fonte: os passos evolutivos são adaptados de Saam, Viete e Schiel, 2016; a ilustração da Indústria 4.0 é adaptada da Deloitte, 2015, e Kagermann, Wahlster e Helbig, 2013.

- *Primeira fase: fundamentos do processamento de dados*
  A primeira fase estabelece as bases de infraestrutura para a digitalização e inclui requisitos básicos de conectividade, bem como o software e hardware fundamentais para permitir a transferência de dados e desenvolvimento de processo.[111]

- *Segunda fase: informação e comunicação interligadas*
  Com base na infraestrutura fundamental da primeira fase, o marco principal da segunda fase é a interconexão interna e externa e a integração de dados e comunicação. Esta fase tem impactos estratégicos relevantes para as empresas. Deve haver uma estratégia desenvolvida em toda a empresa para a transformação digital, que leve todas as unidades de negócios na mesma direção. O processo holístico de interconexão desta fase deve ser usado para quebrar silos organizacionais e integrar as unidades de negócios de forma coerente. Além disso, uma interligação bem-sucedida é uma condição prévia necessária para a próxima fase.[112]

- *Terceira fase: produtos e serviços interligados*
  A digitalização é vista como o facilitador para a Quarta Revolução Industrial.[113] Schlick argumenta que estamos atualmente no alvorecer de uma nova era, iniciada por *sistemas ciberfísicos* (CPS, na sigla em inglês), "objetos inteligentes distribuídos que estão interconectados por meio de tecnologias da internet. No campo da tecnologia de produção, isso pode incluir, por exemplo, módulos de processo individuais, bem como instalações e equipamentos ou produtos inteligentes individuais".[114]

Assim, após a segunda fase de dados, informação e comunicação conectados, a máxima da terceira fase é a interconexão do físico e do digital (*ciberconexão*) no mundo. Espera-se que esse desenvolvimento tenha consequências disruptivas para a economia, criando novos modelos de negócios, destruindo modelos desatualizados, gerando avanços na monetização de dados e trazendo ganhos de flexibilidade e eficiência na produção.

No geral, o desenvolvimento da indústria está cada vez mais próximo da visão da Indústria 4.0. Algumas empresas já chegaram à terceira fase da evolução digital[115] e estão caminhando para uma evolução tecnológica que leve à *fábrica inteligente (smart factory)* e ao *mundo de serviços inteligentes (smart services)*. Ainda assim, a transformação digital, por incrível que pareça, ainda está no seu início,[116] e o potencial da mistura do mundo físico e digital está longe de se esgotar.[117] Líderes mundiais no fornecimento de equipamentos elétricos, como GE, Siemens, ABB e Hitachi, são algumas das empresas que estão liderando essa revolução. A GE está desenvolvendo uma plataforma que permite uma enorme gama de soluções futuras. A Siemens quer ser parceira dos seus clientes para a transformação digital. Eles apoiam a flexibilidade do processo de produção e integram tecnologias do futuro, como a inteligência artificial (IA), a realidade virtual (RV) e a realidade aumentada (RA), em suas ofertas de soluções. Ao fornecer tecnologias e soluções para seus clientes, essas empresas acreditam que conseguem conquistar uma vantagem competitiva.

O ritmo da mudança tecnológica é muito intenso e cada vez mais acelerado. Isso implica a necessidade de adaptações rápidas para a indústria. Uma análise objetiva das realizações das empresas pela agência de consultoria europeia Pierre Audoin Consultants, focada na área de TI, mostra uma discrepância acentuada e diferenças regionais.[118] O estudo de tendência sobre o estado da estratégia digital em empresas de médio e grande porte[119] foi realizado no Reino Unido, Alemanha e França. Os resultados mostraram que apenas uma pequena parcela das empresas analisadas (28%) estava buscando uma estratégia digital para toda a empresa, enquanto a maioria (72%) ainda está presa nos estágios iniciais da transformação digital ou está executando projetos digitais apenas em algumas áreas, sem ter uma estratégia maior para a mudança. Interessante notar o fato de que a maioria das empresas (69%) confiou a apenas uma pessoa a responsabilidade por todos os projetos e esforços de digitalização, enquanto uma pequena parcela das empresas (apenas 14%) nomeou um chief digital officer (CDO). A maioria das empresas conta com o chief marketing officer (CMO) ou, em casos menos comuns, o chief information officer (CIO) para cuidar da transformação digital. Isso indica a responsabilidade que os departamentos de marketing conquistaram neste contexto.

O marketing deve se conscientizar de sua importância na transformação digital dentro da empresa e agir em conformidade. Para começar, incorporar essa mudança em sua forma de pensar. Por isso, selecionamos a digitalização como um dos fatores influenciadores no arcabouço conceitual do marketing H2H. Um excelente exemplo é a linha de produção completamente redesenhada feita na cidade de Affalterbach, no sul da Alemanha, para a divisão de carros de alto desempenho da Mercedes – a AMG. Nessa instalação, o motor M 139 de quatro cilindros turbo é produzido. A produção de motores é um processo de montagem integrado com pontos de rede inteligentes que podem ser usados como exemplo para futuras aplicações industriais. A base da produção inteligente vem da interação amigável de tecnologias inovadoras e digitais com a experiência de técnicos de montagem experientes. Uma arquitetura de TI sofisticada forma a espinha dorsal de todos os processos. A empresa Bechtle AG foi o parceiro de TI escolhido e dá suporte ao bom funcionamento dos sistemas centrais de TI, operando de dentro da fábrica, com um serviço de operações de negócios personalizado para a Mercedes.

2.4.2. A digitalização impactando o marketing: desmaterialização e a individualização da proposta de valor

A importância da proposta de valor, com base em uma marca conhecida, um design ou uma tecnologia específica, está se tornando cada vez mais importante. Está forçando as empresas a reagirem e fortalecerem suas ofertas de valor. Elas também devem pensar em novos modelos de negócios. O aumento da comoditização está se tornando padrão, e os produtos (bens físicos) estão perdendo seu efeito diferenciador. Essa tendência pode ser notada em diversos setores, no B2C bem como no B2B.[120] Na indústria de viagens, as agências que prestam serviço personalizado tornaram-se comoditizadas, uma vez que é possível fazer rapidamente comparações de preços e características de produtos por meio de sites como o Trivago e o Booking.com. Da mesma forma, os bancos de varejo veem a sua posição ameaçada com o aumento de penetração de bancos online como o Nubank e o C6 Bank. Em virtude da fácil acessibilidade das características do produto e possibilidades de comparações de preços, tudo tem uma tendência maior a ser copiado e, consequentemente, comoditizado. Considerando-se a abundância de informações aos clientes, bem como aos concorrentes, a proposta de valor em muitos setores mudou. Para combater a erosão de suas posições de diferenciação, as empresas estão investindo seus esforços na mudança de fornecedores de produtos, serviços e soluções.[121] Empresas que oferecem opções de personalização e são capazes de adicionar camadas de serviço aos produtos já existentes são as mais bem-sucedidas em enfrentar essa tendência de comoditização.

A busca por informações por parte dos clientes não depende mais do que a empresa fornece. Eles podem usar as redes sociais e os buscadores para se informar melhor de forma independente. São, ao mesmo tempo, destinatários *e* remetentes de informação, engajando-se na interação cliente a cliente, informando outras pessoas e avaliando produtos e serviços.[122] Em geral, há uma necessidade crescente de serviços individualizados e pessoais, exigindo uma abordagem mais individualizada do lado da empresa, como mostrado na Figura 2.12.

Figura 2.12 Individualização como resultado da digitalização.

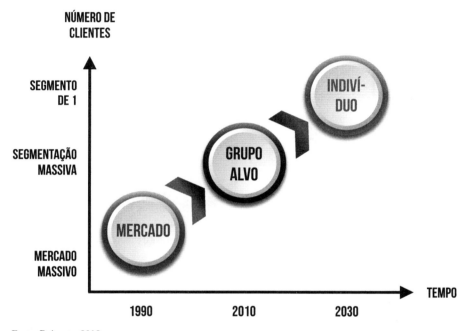

Fonte: Reinartz, 2018.

Essa necessidade de individualização pode ser atendida com a ajuda de dados disponíveis dos próprios clientes. Os rumos para o marketing são claros: os insights das pessoas devem ser gerados e captados pelas empresas, e a proposta de valor, o conteúdo e o acesso têm de ser adaptados ao indivíduo. Isso é economicamente viável porque os custos marginais dos produtos digitais tendem a zero. Mesmo produtos de nicho de pequena escala podem ser feitos e vendidos de forma lucrativa, enquanto a forma não física de produtos digitais e serviços também permite uma rápida penetração no mercado global. A digitalização, além disso, está facilitando a tendência de os produtos perderem sua forma física, o que já pode ser observado em muitos momentos da vida cotidiana, como mostra a Figura 2.13.

Figura 2.13 Digitalização impulsionando a desmaterialização.

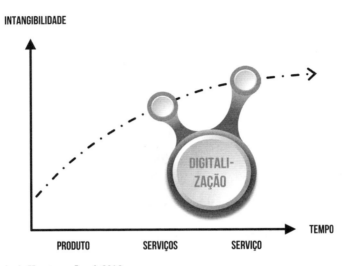

Fonte: adaptada de Kreutzer e Land, 2016.

No processo de desmaterialização, produtos e serviços são transformados em softwares e aplicativos. Exemplos atuais desse fenômeno são chaves, documentos de identificação, dinheiro, passagens e ingressos (companhias aéreas, cinema, shows, ônibus) etc.; não há fim à vista. Quanto antes as coisas físicas se tornam aplicativos e softwares, mais rapidamente resultados importantes são observados. Não mais apenas produtos e serviços mudam, mas cadeias de valor completas se tornam obsoletas.[123] As consequências da "economia compartilhada", mudando o foco do produto para o centrado no serviço e no compartilhamento mais eficiente dos recursos (como *car sharing*, *bus sharing*, *house sharing*), agravam ainda mais o processo de desmaterialização.[124]

Além disso, mudanças profundas e estruturais ocorrerão no curso da transformação digital, sendo a Internet das Coisas (IoT) um motor essencial de mudança. Land, nesse contexto, aponta que o termo IoT é um tanto enganoso, porque não haverá uma Internet *das Coisas*, mas uma Internet *de Serviços*. Ele a chama de "máquina do mundo", uma infraestrutura colossal baseada na comunicação de máquinas, produtos e dispositivos, todos conectados por transmissores e sensores. Para as empresas que querem ser bem-sucedidas dentro dessas estruturas, é necessário pensar em termos de software e serviços, não em produtos físicos.[125]

A desmaterialização afeta diretamente o marketing. Uma das tarefas do marketing H2H é compensar a desmaterialização da proposta de valor apresentando-a de forma abrangente, tornando-a "tangível". Com a realidade virtual e a realidade aumentada, novos produtos e serviços podem ser demonstrados, tornando-os tangíveis para o cliente. Melhor ainda, as tecnologias possibilitam que as empresas expliquem produtos e serviços complexos que antes não eram possíveis e apoiem seu próprio atendimento ao cliente nos pontos de venda e pontos de consumo, aumentando formas de contato mesmo enquanto a intangibilidade aumenta.

2.4.3. A digitalização afeta o marketing: um novo comportamento do cliente

Os clientes de hoje conseguem fugir da influência das empresas, já que os valores e a comunicação da marca deixam de ser a base das decisões de compra. A interação e a comunicação direta entre os clientes, excluindo as empresas do processo, estão se tornando os parâmetros relevantes para as decisões dos consumidores.[126] Essa transição tem seu ponto de partida na abundância de informações disponíveis aos clientes. "Os consumidores agora têm acesso online em tempo real aos dados que antes dependiam das marcas para fornecê-los."[127]

O processo de compra clássico no comércio varejista físico geralmente implica que o cliente primeiro seleciona um fornecedor. No *ponto de venda*, que está correspondendo ao *ponto de decisão*, ele então decide qual produto atende melhor às suas necessidades, obtendo uma visão geral dos produtos oferecidos naquele local e comparando-os com base nas informações do produto fornecidas a ele. Por fim, ele decide na loja comprar um determinado produto.[128]

A internet mudou essa sequência tradicional. O cliente agora tem acesso a uma variedade esmagadora de bens e serviços. Mais que isso, o cliente tem acesso a informações que crescem dinamicamente sobre seu problema humano, de modo que ele tem ideias de como resolvê-lo muito antes de gastar tempo para pesquisar produtos e serviços específicos que possam solucionar sua necessidade. O processo de tomada de decisão baseia-se em informações mais detalhadas do produto, relatórios de teste adicionais, bem como avaliações de produtos apresentadas por outros clientes. Todas as informações disponíveis pintam um quadro transparente e comparável do produto, a partir do qual ele pode tomar sua decisão. Além disso, o cliente pode contar com razões emocionais de compra e permitir a aceitação e popularidade de produtos em seu grupo de pares (via mídias sociais) para influenciar a decisão de compra.[129] Assim, efetivamente, o *ponto de decisão* se desvincula do *ponto de venda*. O cliente hoje primeiro seleciona um produto como possível solução de seu problema humano e, posteriormente, escolhe um fornecedor, não o contrário. Os mecanismos de busca, a comunicação entre os clientes e as redes eficazes desempenham um papel importante no processo de tomada de decisão, que ganha importância estratégica para as empresas, enquanto o ponto de venda se torna secundário.

O novo *Homo digitalis* mostra uma mudança no comportamento de compra de forma ampla. Heinemann[130] chamou esse comportamento de *social, local e móvel*, muitas vezes abreviado como *SoLoMo* (ver Figura 2.14).

Figura 2.14 A mentalidade SoLoMo.

Fonte: adaptada de Heinemann e Gaiser (2016).

Isso significa que as pessoas ficam dentro do mundo das mídias sociais, podem ser localizadas por meio do smartphone e outras tecnologias, e usam o smartphone que está sempre conectado como forma de acesso ao ecossistema da internet. A realocação do processo de compra para o mundo digital tem forte efeito na jornada de experiência dos consumidores.

Social, aqui, refere-se à crescente importância das redes sociais, onde a maioria dos usuários online forma comunidades digitais, nas quais atividades de classificação, discussões, respostas a perguntas e compartilhamento de conteúdo estão ocorrendo. Consequentemente, mais do processo de tomada de decisão é determinado com base nas opiniões dos outros do que no passado.[131] A conectividade *móvel* oferece aos clientes de hoje a possibilidade de acessar instantaneamente todos os tipos de informações, a fim de enriquecer e facilitar suas vidas. Além disso, uma parcela cada vez maior da preparação da compra está sendo feita *de forma móvel*, no local. Os clientes usam seus smartphones no ponto de venda para procurar classificações, avaliações, preço e outras informações úteis para chegar a uma decisão de compra, o que pode levá-los a comprar o produto online e não no varejo físico, mesmo estando fisicamente presente na loja. A última característica do conceito refere-se à constante rastreabilidade dos usuários digitais pelo sistema de posicionamento global (GPS) e os benefícios que derivam dos *serviços baseados em localização*, como a busca local otimizada de produtos ou serviços.

Heinemann[132] descreve a ideia de pessoas "*sempre em contato*" umas com as outras, presente na forma de pensar dos *nativos das tecnologias smart*, semelhante ao que era o *nativo digital*. Os "sempre em contato" são *heavy users* com alta afinidade com a tecnologia e a internet, baseados em quatro pilares: 1) o conhecimento técnico necessário para estar "*sempre conectado*" reside na facilidade de criar conexões – uma comunicação mais aberta, franca, sempre disponível para com outros usuários via rede social e acompanhando ofertas online que são acessíveis a qualquer momento. O "sempre em contato" é a peça central da forma de pensar SoLoMo. Como a internet e os smartphones são parte integrante da vida dos nativos da "era smart", eles atribuem grande importância ao manuseio intuitivo, à personalização e ao fácil acesso às funções úteis por meio de aplicativos (*usabilidade SoLoMo*). 2) Eles esperam que as informações e os serviços online estejam disponíveis a qualquer momento, independentemente de hora e local. A vida cotidiana fica mais saturada, e o tempo antes livre de mídia passa a ser ocupado com o uso do smartphone (*eficiência SoLoMo*). 3) Além disso, o nativo smart está constantemente conectado e se envolve em comunicação ativa com amigos, colegas e outros usuários de comunidades online, por exemplo, via mídias sociais (*comunicação SoLoMo*). Devido ao medo de perder notificações e novos conteúdos de seus colegas, ele também tende a ficar *sempre conectado*.[133] 4) A *convergência SoLoMo* "[...] descreve a combinação de diferentes funções, conteúdos e canais em um único dispositivo".[134]

O smartphone hoje em dia cobre questões de todas as áreas da vida, sejam relacionadas ao trabalho ou à vida pessoal, para compras, para ter acesso à informação ou para entretenimento – assistir a programas, jogar jogos e outros.

O marketing moderno deve levar em conta essa mentalidade, bem como a mudança do processo de captação de informação e o comportamento de tomada de decisão dos *nativos da era smart*. Para isso, todos os modelos de comportamento de compra desenvolvidos até o momento devem ser usados em conjunto com as novas possibilidades de digitalização, a fim de entender melhor as pessoas. Desde 2018, quando ocorreu a violação de dados do caso Facebook-Cambridge Analytica, sabemos que os dados pessoais dos usuários podem ser coletados e usados indevidamente. A Cambridge Analytica usou sem consentimento dados do Facebook e criou perfis pessoais e psicológicos de eleitores para serem usados predominantemente para publicidade política aplicada nas campanhas de Ted Cruz e Donald Trump.[135] Até o momento, não existe regulamentação legal suficiente para coibir esse tipo de atividade "anti-humana". Para muitas empresas tradicionais, o mundo digitalizado pode parecer ameaçador.[136] Pode também, no entanto, oferecer grandes chances para elas aproveitarem, já que as mídias sociais e as comunidades online oferecem uma rica fonte de insights valiosos.[137]

2.4.4. A digitalização afeta o marketing: nova relação entre fornecedor e cliente

Imagine o seguinte exemplo: você volta do trabalho para casa tarde da noite e percebe um pacote na sua porta. Você pega e se surpreende ao ver o logo da Apple, já que não encomendou nada. Ao abri-lo, vê que ele contém o novo modelo de smartwatch da Apple. Você pensa consigo mesmo que realmente pode ser um bom presente para sua sobrinha que adora tecnologia e que completa 16 anos na próxima semana.

Afinal, você teria procurado algo semelhante para ela; então, no final, você fica satisfeito com a ideia e decide ficar com o produto.[138]

Esse exemplo mostra um aspecto da mudança na compreensão da função do cliente e do fornecedor. A nova relação é caracterizada por uma assimetria de informação, uma vantagem de conhecimento invertida. Com a ajuda de informações digitais, aquisição e processamento (Big Data e Analytics) de dados, os provedores são capazes de obter insights profundos sobre as necessidades e desejos latentes de seus consumidores, a fim de formular ofertas que o consumidor nem teria imaginado sozinho.

A Amazon oferece um ótimo serviço para os clientes com seu sistema de recomendações. Eles não enviam o produto sem solicitação, mas conhecem as preferências de seus clientes associados ao Amazon Prime por meio do histórico de compras e pesquisas prévias. A Elo7 (marketplace de produtos artesanais, adquirida pelo Enjoei) tem uma abordagem semelhante, mas, além disso, baseia-se no espírito empreendedor da comunidade de vendedores, criando o desejo por produtos artesanais. O Spotify começou de forma semelhante, dando a artistas desconhecidos uma plataforma para divulgar suas músicas. Hoje, o Spotify substituiu as estações de rádio para ouvintes que preferem criar sua própria experiência musical.

O consumidor também lucra com a crescente interconexão e a transparência, tornando-se também um grupo informado e empoderado. O papel do cliente muda à medida que ele está se envolvendo ativamente no processo de produção, tornando-o um prosumidor, consumidor e produtor ao mesmo tempo, cocriando valor com a empresa. O consumidor pode assumir o papel de produtor de várias maneiras. Ele pode apoiar os fabricantes no processo de inovação, gerando ideias, testando conceitos e protótipos e engajando-se como um usuário durante o lançamento no mercado, como num processo de *open innovation*. Além disso, ele pode configurar o produto final de acordo com seus desejos, como nos processos de personalização em massa.[139]

Ambas as formas apresentadas são consideradas *participação upstream* – quando os consumidores se envolvem em atividades colaborativas antes de finalizar o processo produtivo e assumem o papel de cocriador, enquanto a empresa é a principal força criativa para construir uma proposta de valor. Na *participação downstream*, essa atribuição de função é invertida. Nesse caso, o consumidor assume o papel de criador, e a empresa tem apenas uma função de apoio na cocriação. Nesse caso, os clientes se encarregam de fazer um produto desejado e tornar esse produto conhecido e bem avaliado. O valor é definido e criado durante o uso do produto pelos clientes, enquanto a empresa participaria ativamente na entrega dos benefícios.

Além de seu interesse em cocriação, o cliente conectado se envolve em uma comunicação aberta sobre a marca, comentando e revisando o produto, e muitas vezes se transforma em defensor ou detrator declarado das marcas.[140] Além disso, ele pode se envolver em atividades de autoatendimento, assumindo tarefas operacionais que tradicionalmente são de domínio da empresa: "Alguns prosumidores irão [...] ajudar outros usuários com problemas de serviço técnico de um determinado produto. Esses indivíduos podem ser fontes muito úteis de ideias de desenvolvimento de produtos ou podem ser incentivados como provedores de serviço técnico de baixo custo para outros consumidores".[141] Muito disso é visto já há muito tempo em áreas de TI, em seus fóruns temáticos nos quais especialistas auxiliam usuários menos experientes.

As empresas, por outro lado, podem perder o controle sobre a formação da sua própria imagem de marca e da percepção sobre o seu desempenho. A nova compreensão do papel do cliente significa que as empresas terão de *aceitar um relacionamento orientado ao cliente* em vez de ser capazes de *controlar o relacionamento com o próprio cliente*. Em virtude desses desdobramentos, defensores leais que elogiam e defendem publicamente uma marca tornam-se cruciais para sua imagem pública (o tema da defesa da marca como ferramenta eficaz para lidar com a democratização das marcas será desenvolvido no Capítulo 4).[142]

Isso deixa o marketing com implicações claras: a cocriação de valor é desejável tanto para a empresa quanto para o cliente e deve ser desenvolvida. Uma cultura de cocriação é necessária como fator de diferenciação em relação à concorrência e para fomentar a imagem da marca. Os clientes exercem cada vez mais controle sobre a imagem de marca das empresas. Entregar o controle ao cliente pode parecer um conceito assustador para as empresas, mas o marketing precisa encontrar uma maneira de usá-lo de forma positiva para fortalecer o engajamento do cliente. Afinal, essa divisão de controle não é uma escolha da empresa. É a nova realidade, e é um caminho sem volta.

2.4.5. Digitalização para um marketing melhor

A mensagem central do marketing para a transformação digital é que ele não deve ser corrompido por metas corporativas de curto prazo e deve evitar ficar reduzido apenas à função de comunicação. Ao mesmo tempo, o marketing deve adquirir habilidades digitais para não perder o contato com clientes mais instruídos (*Homo digitalis*, *prosumidores*) e ficar atrás de outros departamentos da própria empresa quando se trata de competências digitais.

Os profissionais de marketing precisam entender a nova dinâmica de clientes e empresas conectados e que "*a conectividade muda a base fundamental do marketing: o próprio mercado*".[143] Nos negócios, a área de marketing tem papel fundamental na transformação digital, já que a responsabilidade central pelos assuntos de transformação digital é confiada especialmente ao CMO e seu departamento. A questão é se o CMO e seu time conseguem corresponder às expectativas. Apesar de todos os avanços da digitalização, o fator humano deve permanecer no centro da agenda do marketing. Além de toda a euforia sobre o que pode ser digitalizado, as empresas não devem esquecer para que, para quem e por que fazem o que fazem. Só assim a transformação digital poderá ser usada de forma significativa em benefício das pessoas.[144]

Na primavera de 2020, em decorrência da crise do coronavírus, grandes varejistas online como Amazon, Alibaba, Mercado Livre e Magalu expandiram enormemente suas participações de mercado. Das vendas mundiais de US$ 4 trilhões, elas conquistaram mais de 50% de participação. Os varejistas tradicionais tentaram combinar vendas físicas com ofertas online para se manterem relevantes. Especialistas em segmentos específicos como Elo7, Enjoei, Rappi e iFood ofereciam uma gama específica de produtos e tentavam aumentar as interações de seus clientes. Mesmo em países menores ou menos conectados, as vendas online se tornaram parte da vida cotidiana. A transformação digital já está aí.

Avançando na trajetória do livro

Depois da "chamada para uma nova aventura" no Capítulo 1, iniciamos nossa "Grande Jornada" no presente capítulo. O primeiro marco nessa jornada foi a apresentação do modelo de marketing H2H com duas camadas, relacionadas por uma correlação de causa e efeito. A primeira camada consiste nos três conceitos influenciadores. Esses fatores são os influenciadores em função de seu efeito no marketing de modo geral. As três partes notáveis de nossa Grande Jornada são o design thinking como forma de pensar, um processo de inovação iterativo e ágil e uma "caixa de ferramentas" com processos que ajudam as empresas a elevar sua compreensão de problemas e sua criatividade para resolver problemas humanos. Design e marketing andam de mãos dadas com a engenharia quando se trata de inovações significativas. Durante essa parte da jornada, descobrimos as competências essenciais necessárias para trazer o marketing de volta ao *fuzzy front end* da inovação. Com a S-DL, atingimos mais um marco. Os 11 princípios fundamentais representam o ponto de partida. Nesta etapa, descobrimos que a S-DL tem a capacidade de assumir o papel de uma "grande teoria" para o marketing do futuro graças à sua capacidade de integrar tendências diferentes e, às vezes, até antagônicas do desenvolvimento do marketing nas últimas décadas. As notáveis contribuições da S-DL para o marketing H2H consistem em uma mudança fundamental no ponto de vista da criação de valor, com uma enorme mudança dos papéis de clientes e fornecedores, a importância cada vez maior das redes ou ecossistemas para o sucesso e perenidade dos negócios, e a mudança de bens (físicos) para serviços como a principal base de troca das transações com clientes. Essa etapa terminou com a apresentação das transições observáveis de G-DL para S-DL. Depois, vimos a digitalização como terceiro e último conceito influenciador para o marketing H2H. Explicamos brevemente o termo digitalização para entender que ela é mais que um facilitador para o uso de novos canais de comunicação. Assim como os outros dois influenciadores (DT e S-DL), isso afeta a forma de pensar do marketing para que se possa entender a importância da transformação digital em curso na sua própria essência: a mudança do próprio mercado. A digitalização leva à individualização e desmaterialização da proposta de valor. Isso afeta o comportamento e a mentalidade do cliente (SoLoMo) e requer novas capacidades em marketing para lidar com a mudança de relacionamento com os clientes como prosumidor. Aqui finaliza a concepção do primeiro nível do modelo de marketing H2H, e iniciaremos a discussão do segundo nível no próximo capítulo.

Perguntas

1. Quais são os três fatores ou conceitos influenciadores do modelo de marketing H2H? Qual o papel de cada um desses três dentro do modelo?
2. Quais são os três componentes do marketing H2H no modelo H2H? Explique-os brevemente. Como eles estão interligados?
3. Qual a diferença entre o processo H2H e o mix de marketing tradicional?

4. Qual é a chamada tríade de inovação proposta pela IDEO? Qual o significado dela para o marketing?
5. Quais são as principais competências do marketing?
6. Quais são os principais efeitos da digitalização em curso no marketing H2H?
7. Quais são as consequências do aumento das interações entre clientes possibilitado pela digitalização para o marketing H2H?
8. O que é um prosumidor e como o termo trata da cocriação de valor?
9. Por que o engajamento é um indicador-chave de desempenho para muitas empresas quando você analisa a relação entre clientes e fornecedores?

Referências

ACHROL, R. S.; KOTLER, P. Marketing in the network economy. *Journal of Marketing*, v. 63, p. 146-163, 1999. Disponível em: https://doi.org/10.2307/1252108.

AHRENDTS, A. Burberry's CEO on turning an aging British Icon into a Global Luxury Brand. *Harvard Business Review*, 2013. Disponível em: https://hbr.org/2013/01/burberrys-ceo-on-turning-an-aging-british-icon-into-a-global-luxury-brand.

BACKHAUS, K.; PAULSEN, T. Vom Homo Oeconomicus zum Homo Digitalis – Die Veränderung der Informationsasymmetrien durch die Digitalisierung. In: BRUHN, M.; KIRCHGEORG, M. (Eds.). *Marketing Weiterdenken*: Zukunftspfade für eine marktorientierte Unternehmensführung. Wiesbaden: Springer Gabler, 2018. p. 105-122.

BLATT, M.; SAUVONNET, E. (Orgs.). *Wo ist das Problem?*: Mit Design Thinking Innovationen entwickeln und umsetzen. 2. ed. München: Franz Vahlen, 2017.

BROWN, T. Design thinking. *Harvard Business Review*, v. 86, n. 6, p. 84-92, 2008. Disponível em: https://hbr.org/2008/06/design-thinking.

CARLGREN, L.; RAUTH, I.; ELMQUIST, M. Framing design thinking: the concept in idea and enactment. *Creativity and Innovation Management*, v. 25, n. 1, p. 38-57, 2016. Disponível em: https://doi.org/10.1111/caim.12153.

CHAN, R. Cambridge Analytica whistleblower explains how the firm used Facebook data to sway elections. *Business Insider*, 2019. Disponível em: https://www.

businessinsider.in/tech/news/the-cambridge-analytica-whistleblower-explains-how-the-firm-used-facebook-data-to-sway-elections/articleshow/71461113.cms.

CONSTANTIN, J. A.; LUSCH, R. F. *Understanding resource management*. Oxford, OH: Fórum de Planejamento, 1994.

DELOITTE. *Indústria 4.0*: Desafios e soluções para a transformação digital e uso de tecnologias exponenciais [Relatório]. 2015. Disponível em: https://www2.deloitte.com/tw/en/pages/manufacturing/articles/industry4-0.html.

EDMAN, K. W. *Explorando sobreposições e diferenças na lógica dominante de serviços e no design thinking*. 2009. Disponível em: http://www.ep.liu.se/ecp/059/016/ecp09059016.pdf.

ELSBACH, K. D.; STIGLIANI, I. Design thinking and organizational culture: a review and framework for future research. *Journal of Management*, v. 44, n. 6, p. 2274-2306, 2018. Disponível em: https://doi.org/10.1177/0149206317744252.

ERNST & YOUNG. *The digitisation of everything*: how organisations must adapt to changing consumer behaviour [Relatório]. Disponível em: https://www.ey.com/Publication/vwLUAssets/The_digitisation_of_everything_-_How_organisations_must_adapt_to_changing_consumer_behaviour/%24file/EY_Digitisation_of_everything.pdf.

FIRST ROUND REVIEW. Como o design thinking transformou o Airbnb de uma startup falida em um negócio bilionário. *First Round Review*, 2019. Disponível em: https://firstround.com/review/How-design-thinking-transformed-Airbnb-from-failing-startup-to-billion-dollar-business/.

FREY, A.; TRENZ, M.; VEIT, D. The role of technology for service innovation in sharing economy organizations – a service-dominant logic perspective. In: Proceedings of the 25th European Conference on Information Systems (ECIS), Guimarães, Portugal, 5-10 jun. 2017, p. 1885-1901.

GASSMANN, O.; SCHWEITZER, F. Managing the unmanageable: the fuzzy front end of innovation. In: GASSMANN, O.; SCHWEITZER, F. (Eds.). *Management of the fuzzy front end of innovation*. Cham: Springer, 2014. p. 3-14.

GEHRCKENS, M.; BOERSMA, T. Zukunftsvision Retail – Hat der Handel eine Daseinsberechtigung? In: HEINEMANN, G.; HAUG, K.; GEHRCKENS, M.; DGROUP (Eds.). *Digitalisierung des Handels mit ePace*: Innovative E-Commerce-Geschäftsmodelle unter Timing-Aspekten. Springer Gabler: Wiesbaden, 2013. p. 51-76.

GOBBLE, M. M. Design thinking. *Gestão de Tecnologia de Pesquisa*, v. 57, n. 3, p. 59-61, 2014. Disponível em: https://doi.org/10.5437/08956308X5703005.

GROTS, A.; PRATSCHKE, M. Design thinking – Kreativität als Methode. *Marketing Review St. Gallen*, v. 26, n. 2, p. 18-23, 2009. Disponível em: https://doi.org/10.1007/s11621-009-0027-4.

GUMMESSON, E. Relationship marketing: its role in the service economy. In: GLYNN, W. J.; BARNES, J. G. (Eds.). *Understanding Services Management*. New York, NY: Wiley, 1995. p. 244-268.

HAECKEL, S. H. *Empresa adaptável*: criando e liderando organizações sensatas e de resposta. Boston, MA: Harvard Business Press, 1999.

"HOW design thinking transformed airbnb from a failing startup to a billion dollar business". *First Round Review*, 2019. Disponível em: https://firstround.com/review/How-design-thinking-transformed-Airbnb-from-failing-startup-to-billion-dollar-business/.

HASSO PLATTNER INSTITUTE OF DESIGN. *An introduction to design thinking*: process guide. 2019. Disponível em: https://dschool-old.stanford.edu/sandbox/groups/designresources/wiki/36873/attachments/74b3d/ModeGuideBOOTCAMP2010L.pdf.

HASSO-PLATTNER-INSTITUT. *Die design thinking-Regeln*. 2019. Disponível em: https://hpi.de/school-of-design-thinking/design-thinking/hintergrund/design-thinking-prinzipien.html.

HEINEMANN, G. *SoLoMo* – Always-on im Handel: Die soziale, lokale und mobile Zukunft des Shopping. Wiesbaden: Springer Gabler, 2014.

HEINEMANN, G.; GAISER, C. W. *SoLoMo* – Always-on im Handel: Die soziale, lokale und mobile Zukunft des Omnichannel-Shopping. 3. ed. Wiesbaden: Springer Gabler, 2016.

IDEO. *How to prototype a new business* [postagem no blog]. 2019. Disponível em: https://www.ideou.com/blogs/inspiration/how-to-prototype-a-new-business.

JOHANSSON-SKÖLDBERG, U.; WOODILLA, J.; ÇETINKAYA, M. Design thinking: past, present and possible futures. *Creativity and Innovation Management*, v. 22, n. 2, p. 121-146, 2013. Disponível em: https://doi.org/10.1111/caim.12023.

KAGERMANN, H.; WAHLSTER, W.; HELBIG, J. *Deutschlands Zukunft als Produktionsstandort sichern*: Umsetzungsempfehlungen für das Zukunftsprojekt Industrie 4.0 [Relatório]. 2013. Disponível em: https://www.bmbf.de/files/Umsetzungsempfehlungen_Industrie4_0.pdf.

KING, K. A. *The complete guide to B2B marketing*: new tactics, tools, and techniques to compete in the digital economy. Upper Saddle River, NJ: Pearson Education, 2015.

KOTLER, P.; KARTAJAYA, H.; SETIAWAN, I. *Marketing 4.0*: Moving from traditional to digital. Hoboken, NJ: Wiley, 2017.

KOWALKOWSKI, C. What does a service-dominant logic really mean for manufacturing firms? *CIRP Journal of Manufacturing Science and Technology*, v. 3, n. 4, p. 285-292, 2010. Disponível em: https://doi.org/10.1016/j.cirpj.2011.01.003.

KOZINETS, R. V. *Netnography*: redefined. Los Angeles, CA: Sage, 2015.

KREUTZER, R. T.; TERRA, K.-H. *Digitaler Darwinismus*: Der stille Angriff auf Ihr Geschäftsmodell und Ihre Marke. 2. ed. Wiesbaden: Springer Gabler, 2016.

LAND, K.-H. Dematerialisierung: Die Neuverteilung der Welt in Zeiten der Digitalen Transformation und die Folgen für die Arbeitswelt. In: BRÜSSEL, C.; KRONENBERG, V. (Eds.). *Von der sozialen zur ökosozialen Marktwirtschaft*. Wiesbaden: Springer VS, 2018. p. 153-166.

LAVALLE, S. et al. Big Data, analytics and the path from insights to value. *MIT Sloan Management Review*, v. 52, n. 2, p. 21-32, 2011. Disponível em: https://sloanreview.mit.edu/article/big-data-analytics-and-the-path-from-insights-to-value/.

LIEDTKA, J. Por que o design thinking funciona? *Harvard Business Review*, v. 96, n. 5, p. 72-79, 2018. Disponível em: https://hbr.org/2018/09/why-design-thinking-works.

LIES, J. *Die Digitalisierung der Kommunikation im Mittelstand*: Auswirkungen von Marketing 4.0. Wiesbaden: Springer Gabler, 2017.

LINDBERG, T.; MEINEL, C.; WAGNER, R. Design thinking: a fruitful concept for IT development? In: PLATTNER, H.; MEINEL, C.; LEIFER, L. (Orgs.). *Design thinking*: understand – improve – apply. Berlin: Springer, 2011. p. 3-18.

LINDEN, E.; WITTMER, A. *Zukunft Mobilität*: Gigatrend Digitalisierung [Monografia]. 2018. Disponível em: https://www.alexandria.unisg.ch/253291/.

LUSCH, R. F.; VARGO, S. L. Service-dominant logic: reactions, reflections and refinements. *Marketing Theory*, v. 6, n. 3, p. 286, 2006.

LUSCH, R. F.; VARGO, S. L. *Service-dominant logic*: premises, perspectives, possibilities. Cambridge: Cambridge University Press, 2014.

MCKINSEY & COMPANY. *O próximo ato da Microsoft* [podcast]. 2018. Disponível em: https://www.mckinsey.com/industries/technology-media-and-telecommunications/our-insights/microsofts-next-act.

MOWER, S. How Christopher Bailey transformed Burberry and redefined brand revivals in the 21st century. *Vogue*, 2017. Disponível em: https://www.vogue.com/article/burberry-christopher-bailey-legacy.

NAISBITT, J. Der Horizont reicht meist nur bis zum nächsten Wahltag. In: BUNDESZENTRALE FÜR POLITISCHE BILDUNG (Ed.). *Megatrends? Aus Politik und Zeitgeschichte*, v. 65, n. 31-32, p. 3-6, 2015. Disponível em: https://www.bpb.de/apuz/209953/der-horizont-reicht-meist-nur-bis-zum-naechsten-wahltag

NEMKO, M. *Marketing é mal*: os profissionais de marketing usam muitos estratagemas psicológicos para fazer você comprar o que não deveria [post de blog]. 2017. Disponívelem:https://www.psychologytoday.com/us/blog/how-do-life/201701/marketing-is-evil.

NORTH, D. C. *Institutions, institutional change, and economic performance*: political economy of institutions and decisions. Cambridge: Cambridge University Press, 1990.

ORTON, K. *Desirability, feasibility, viability*: the sweet spot for innovation [postagem no blog]. 28 mar. 2017. Disponível em: https://medium.com/innovation-sweet-spot/desirability-feasibility-viability-the-sweet-spot-for-innovation-d7946de2183c.

PFEIFFER, S. Industrie 4.0 und die Digitalisierung der Produktion – Hype oder Megatrend? In: BUNDESZENTRALE FÜR POLITISCHE BILDUNG (Ed.). *Megatrends? Aus Politik und Zeitgeschichte*, v. 65, n. 31-32, p. 6-12, 2015. Disponível em: https://www.bpb.de/apuz/209955/industrie-4-0-und-die-digitalisierung-der-produktion.

PFOERTSCH, W. A.; SPONHOLZ, U. *A Nova mentalidade do marketing*: gestão, métodos e processos para o marketing pessoa a pessoa. Wiesbaden: Springer Gabler, 2019.

PIERRE AUDOIN CONSULTANTS. *Holistic customer experience in the digital age*: a trend study for Germany, France and the UK [Artigo técnico]. Disponível em: https://www.pac-online.com/holistic-customer-experience-digital-age.

PLATTNER, H.; MEINEL, C.; LEIFER, L. (Orgs.). *Design thinking*: understand – improve – apply. Berlin: Springer, 2011.

PRAHALAD, C. K.; RAMASWAMY, V. Co-opting customer competence. *Harvard Business Review*, v. 78, n. 1, p. 79-87, 2000. Disponível em: https://hbr.org/2000/01/co-opting-customer-competence.

PRECHT, R. D. *Jäger, Hirten, Kritiker*: Eine Utopie für die digitale Gesellschaft. 6. ed. München: Goldmann, 2018.

REINARTZ, W. Abordagem ao cliente em tempos de transformação digital. In: BRUHN, M.; KIRCHGEORG, M. (Eds.). *Marketing thinking ahead*: future paths for market-oriented corporate management. Wiesbaden: Springer Gabler, 2018. p. 123-138.

REUTEMANN, B. *Service design: Der Turbo für Ihr Business* [Apresentação]. 2017. Disponível em: https://bernd-reutemann.de/wp-content/uploads/2017/02/Servicedesign.pdf.

ROBINSON, P. K.; HSIEH, L. Reshoring: a strategic renewal of luxury clothing supply chains. *Operations Management Research*, v. 9, p. 89-101, 2016. Disponível em: https://doi.org/10.1007/s12063-016-0116-x.

ROSS, J. W.; BEATH, C. M.; MOCKER, M. *Designed for digital*: how to architect your business for sustained success (management on the cutting edge). MIT Press, 2019.

SAAM, M.; VIETE, S.; SCHIEL, S. *Digitalisierung im Mittelstand*: Status Quo, aktuelle Entwicklungen und Herausforderungen [Projeto de pesquisa]. Disponível em: https://www.kfw.de/PDF/Download-Center/Konzernthemen/Research/PDF-Dokumente-Studien-und-Materialien/Digitalisierung-im-Mittelstand.pdf.

SCHLICK, J.; STEPHAN, P.; ZÜHLKE, D. Produktion 2020: Auf dem Weg zur 4. industriellen Revolution. *IM: die Fachzeitschrift für Information Management und Consulting*, v. 27, n. 3, p. 26-34, 2012. Disponível em: https://www.econbiz.de/Record/im-schwerpunkt-industrie-4-0-produktion-2020-auf-dem-weg-zur-4-industriellen-revolution-schlick-jochen/10010019258.

SCHLOTMANN, R. *Digitalisierung auf mittelständisch*: Die Methode "Digitales Wirkungsmanagement". Berlin: Springer, 2018.

SCOTT, W. R. *Institutions and organizations*: ideas and interests. Los Angeles, CA: Sage, 2008.

SHETH, J. N.; PARVATIYAR, A. The evolution of relationship marketing. In: SHETH J. N.; PARVATIYAR, A. (Eds.). *Handbook of relationship marketing*. Thousand Oaks, CA: Sage, 2000. p. 119-148.

SINEK, S. *Start with why*: how great leaders inspire everyone to take action. New York: Penguin, 2009.

SISODIA, R. S.; SHETH, J. N.; WOLFE, D. *Firms of endearment*: how world-class companies profit from passion and purpose. 2. ed. Upper Saddle River, NJ: Pearson Education, 2014.

TEKNOWLOGY. *IoT C&SI Survey 2020* [Relatório de estudo]. 2020. Disponível em: https://75572d19-371f-4ade-aeb6-61dbca89834b.filesusr.com/ugd/f21868_2f8ab8213a00460f8777de2057430fb0.pdf.

VARGO, S. L.; LUSCH, R. F. Evolving to a new dominant logic for marketing. *Journal of Marketing*, v. 68, n. 1, p. 1-17, 2004. Disponível em: https://doi.org/10.1509/jmkg.68.1.1.24036.

VARGO, S. L.; LUSCH, R. F. Service-dominant logic: continuing the evolution. *Journal of the Academy of Marketing Science*, v. 36, n. 1, p. 1-10, 2008. Disponível em: https://doi.org/10.1007/s11747-007-0069-6.

VARGO, S. L.; LUSCH, R. F. Institutions and axioms: an extension and update of service-dominant logic. *Journal of the Academy of Marketing Science*, v. 44, n. 1, p. 5-23, 2016. Disponível em: https://doi.org/10.1007/s11747-015-0456-3.

VARGO, S. L.; LUSCH, R. F. Service-dominant logic 2025. *International Journal of Research in Marketing*, v. 34, n. 1, p. 46-67, 2017. Disponível em: https://doi.org/10.1016/j.ijresmar.2016.11.001.

VERGANTI, R. *Design-driven innovation*: changing the rules of competition by radically innovating what things mean. Boston, MA: Harvard Business Press, 2009.

WILKEN, R.; JACOB, F. Vom Produkt- zum Lösungsanbieter. In: BACKHAUS, K.; VOETH, M. (Eds.). *Handbuch Business-to-Business-Marketing: Grundlagen, Geschäftsmodelle, Instrumente des Indu-striegütermarketing*. 2. ed. Wiesbaden: Springer Gabler, 2015. p. 147-164.

WOLF, T.; STROHSCHEN, J.-H. Digitalisierung: Definition und Reife – Quantitative Bewertung der digitalen Reife. *Informatik Spektrum*, v. 41, n. 1, p. 56-64, 2018. Disponível em: https://doi.org/10.1007/s00287-017-1084-8.

3

Os fundamentos do pensamento H2H

RESUMO

O pensamento H2H é um dos elementos do segundo nível do modelo de marketing H2H e atua como pré-requisito para uma implementação bem-sucedida do marketing H2H tanto no nível corporativo quanto individual. A forma de pensar (mindset) é a lógica dinâmica da inteligência de uma pessoa, codeterminada pelo seu contexto, que desencadeia suas ações. Nas empresas, o pensamento H2H deve estar presente nas etapas mais estratégicas do processo de gestão e na essência corporativa, e deve impactar o contexto e forma de pensar negócios dos colaboradores da empresa. Representa uma forma contemporânea de integrar a lógica do marketing como filosofia corporativa. A partir da orientação para o cliente e/ou mercado, uma mentalidade já consolidada no marketing, o pensamento H2H procura alinhar a perspectiva centrada no consumidor com o modelo SPICE, aumentando a abrangência da visão

> para múltiplos stakeholders. O pensamento H2H no nível corporativo é altamente afetado pela atitude e comportamento da alta administração (C-Level). Por outro lado, uma mudança do marketing clássico para o marketing H2H requer que as pessoas envolvidas também desenvolvam (ou tenham) uma forma de pensamento internalizada e individual. O pensamento H2H individual é fortemente influenciado pelas características do design thinking, S-DL e digitalização, com as respectivas mentalidades. O pensamento H2H caracteriza-se por quatro características: centralidade no ser humano, orientação para serviços, agilidade e experimentação, e o interesse empático no ser humano e suas perspectivas diversas.

O marketing não deveria ser *a favor* das pessoas e *não contra* elas? Todo profissional de marketing pode fazer uma escolha consciente de trabalhar por um mundo melhor ou apenas em seu próprio beneficio. A promoção de um marketing "de humano para humano" (H2H) significa que temos uma base para entender o humano como o centro e não como o meio para um objetivo. O modelo de marketing H2H, ao qual nos referimos, representa os efeitos e implicações que os fatores design thinking, lógica dominante de serviço e digitalização podem ter no marketing se forem direcionados para resolver problemas humanos. Um conjunto de empresas como Airbnb, Bristol-Meyer Squibb, Microsoft, Patagonia, Salesforce e Whole Foods de alguma forma já colocou em prática essa nova abordagem, e outras marcas começaram a trabalhar nela. Alguns países e regiões também estão aplicando certos princípios da abordagem, como a iniciativa da "Vila Digital", implementada pelo primeiro-ministro da Índia Narendra Modi, ou da região chamada de "CoLab Digital", local apoiado pela Fundação Bertelsmann, um grande grupo de mídia e educação da Alemanha. O marketing H2H não precisa ficar restrito às empresas.

 A base do marketing H2H é o pensamento H2H. É o primeiro elemento a ser desenvolvido para a adoção do marketing H2H e precisa estar, necessariamente, vinculado à essência da organização, uma vez que ele define o fundamento desse novo conceito. É um requisito necessário para o sucesso das demais etapas do marketing H2H, tanto das etapas focadas na estratégia empresarial – a gestão H2H – como para a implantação operacional – os processos H2H. O pensamento H2H não deve ser compartilhado apenas por funcionários dos departamentos de marketing e outros executivos sêniores; deve estar profundamente ancorado em todos os níveis e departamentos da empresa. Vejamos primeiro o termo *pensamento* e, em seguida, vamos examinar a forma de pensar o marketing presente no mercado e nas empresas orientadas ao cliente. O marketing H2H entende o próprio marketing como uma forma de pensar (e não apenas um conjunto de práticas).

Procurando uma definição adequada de "pensamento", duas características parecem ser evidentes: em primeiro lugar, uma *função de filtro* que determina como percebemos o mundo ao nosso redor e o que esperamos de nós mesmos e dos outros. A nossa forma de pensar influencia a maneira como percebemos os estímulos ao nosso redor e como agimos sobre eles. Em segundo lugar, há uma função de controle do comportamento que influencia a forma como nos relacionamos conosco e com os outros[1] com base na percepção de mundo resultante da função de filtro.[2] A consultora e mentora de negócios Svenja Hofert propõe uma explicação que combina as duas funções e servirá como definição na abordagem do marketing H2H. Ela afirma:

> O pensamento (mindset) é a lógica de mudança na forma de raciocinar de uma pessoa que desencadeia [suas] ações ou não ações e é codeterminada pelo [seu] ambiente. É a atitude da mente que leva a que algo seja percebido ou não, visto ou não, ouvido ou não, compreendido ou não, sentido ou não, analisado ou não, interpretado ou não, e comunicado ou não de uma determinada maneira – e dessa forma se tenha uma ação ou uma não ação.[3]

A definição mostra que uma mentalidade é modificável, não necessariamente estática, mas sim fluida. A professora de Stanford Carol Dweck, nesse contexto, apresentou a distinção entre *mentalidade fixa* e *mentalidade de crescimento*.[4] Ela descreve que uma mentalidade fixa é encontrada em "pessoas que veem o talento como uma qualidade que possuem ou não possuem", enquanto alguém com uma mentalidade de crescimento "gosta de desafios, se esforça para aprender e consistentemente vê potencial para desenvolver novas habilidades".[5] Com essa distinção, ela deixa claro que as pessoas podem mudar seu mindset se estiverem dispostas a fazê-lo e que é vantajoso para as empresas ter funcionários com mentalidade de crescimento. Hofert, nesse contexto, fala de uma *mentalidade ágil*. Importante mencionar que a ideia de uma mentalidade de crescimento absoluto não é realista; é um equívoco comum que Dweck corrige apontando a natureza mista da mentalidade, sempre consistindo em uma parcela fixa e uma parcela de crescimento, alterando-se apenas na distribuição proporcional de ambas. A mentalidade individual depende do contexto e, em um contexto de negócios, isso implica que uma empresa com sua gestão corporativa pode afetar a forma de pensar de seus colaboradores.

Esse conceito de mentalidade de crescimento, juntamente com a definição de Hofert, é tomado como base para o entendimento do pensamento presente no marketing H2H. O pensamento, dessa forma, é entendido como uma lógica de pensar e agir que determina como os indivíduos ou pessoas como um coletivo nas organizações percebem o mundo e quais ações derivam de sua percepção. O pensamento pode ser mudado sob a condição de que as pessoas ou organizações tenham disposição para a autorreflexão constante e permitam que as mudanças resultantes ocorram. Se um pensamento está ancorado na base organizacional e cultura de uma empresa, ele geralmente pode ser observado em "artefatos", resultados perceptíveis e tangíveis da lógica de pensamento e ação daquela organização. O pensamento das organizações deve ser gerenciado a partir de exemplos e contraexemplos e implementado de forma íntegra, com ações consistentes.

3.1. Orientação para o mercado: uma forma de pensar do marketing tradicional

Com a maioria das empresas já tendo uma orientação estabelecida para o cliente e para o mercado, essa se tornou uma forma de pensar estabelecida para o marketing.[6] Ao ouvir o termo *forma de pensar do marketing*, uma associação comum é "colocar o cliente em primeiro lugar". Enquanto a orientação para o cliente se concentra estritamente no cliente, a orientação para o mercado adiciona a perspectiva da empresa e de seus concorrentes. A perspectiva orientada para o mercado contrasta com a orientação para os recursos, cuja importância pode ser demonstrada com o conceito de *competências centrais (core competences)*, uma ideia que é central não apenas para os recursos, mas também para a gestão corporativa orientada para o mercado, e indica que não há necessariamente uma contradição entre as duas visões. A diferença está apenas na direção em que se analisam os cenários. A *visão baseada em recursos (resource based view*, RBV) procura, como etapa inicial, as competências estrategicamente relevantes dentro da empresa e, em seguida, verifica se essas competências podem ser transformadas em valor para o cliente. A *visão baseada no mercado (market based view*, MBV), por outro lado, primeiro define as competências necessárias sob a perspectiva do mercado e, a partir disso, deriva consequências para a empresa. Em conclusão, no MBV, o mercado define como a posição estrategicamente superior *deve* ser alcançada, enquanto, no RBV, os recursos próprios determinam como essa posição superior *pode* ser alcançada.[7]

Uma abordagem interessante dessa questão pode ser encontrada no trabalho de Matzler, Stahl e Hinterhuber, que propõem um modelo integrado chamado de *visão baseada no cliente (customer based view*, CBV), adicionando a *visão baseada em valor (value based view*, VBV) ao MVB e RBV, sendo bem-sucedido em combinar essas três perspectivas.[8]

A VBV prioriza os interesses dos investidores e clientes – maximizar o valor percebido pelos clientes da empresa se torna o objetivo fundamental da gestão corporativa. O modelo de Matzler et al. baseia-se no pressuposto de que o valor da empresa é uma função da satisfação do cliente, e que a capacidade de criar valor para o cliente é determinada pelos recursos com que uma empresa está equipada e pela eficiência com que os utiliza. As competências centrais necessárias para isso só podem ser alcançadas se os acionistas estiverem dispostos a financiar o seu desenvolvimento, ou seja, buscar o desenvolvimento positivo do valor da empresa, integrando assim o VBV, MBV e RBV. As relações causais entre as três perspectivas são mostradas na Figura 3.1.

Figura 3.1 O modelo integrado da visão baseada no cliente.

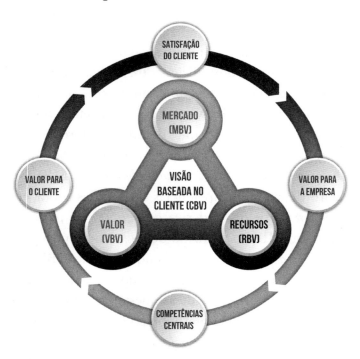

Fonte: adaptada de Matzler, Stahl e Hinterhuber (2009, p. 7).

A integração de valor e a ideia de que o valor do cliente depende da aplicação de competências centrais se encaixa perfeitamente na S-DL utilizada no marketing H2H. O conceito não deve ser confundido com o modelo de valor para o acionista. O modelo integrado propõe que o valor superior para o acionista só pode ser realizado com base na satisfação do cliente, e que parte do valor do acionista deve ser investido no desenvolvimento de competências centrais, a fim de cocriar valor para o cliente.

Um exemplo do modelo CBV seria uma empresa decidir aumentar o desenvolvimento de novos conhecimentos e habilidades. Os novos conhecimentos e habilidades resultantes permitem que ela forneça valor superior aos clientes, resultando em uma vantagem competitiva. Idealmente, essa vantagem competitiva é então transformada em um retorno sobre o capital acima da média, o que atrairia novos acionaistas e forneceria recursos financeiros suficientes para a exploração de novas oportunidades e o desenvolvimento de novas habilidades e conhecimentos.[9]

O Grupo Duerr, uma das principais empresas de engenharia mecânica e de plantas do mundo, implementou e entendeu o modelo CBV de tal forma que ele foi integrado à cultura da empresa, e sustentaria suas práticas mesmo que nem soubesse da existência do conceito. O Grupo Duerr se fundiu às empresas Megtec e Universal, que foram fundadas nos Estados Unidos e cujo tamanho e volume de receitas eram similares aos da Duerr, mas elas passaram a seguir os mesmos princípios do CBV. A Duerr está fornecendo aos clientes conhecimentos e habilidades excelentes e superiores à média dos concorrentes. Isso levou a uma posição de mercado superior e está fortemente correlacionado com uma melhor proposta de valor para o cliente. Consequentemente, a Duerr proporcionou grandes retornos aos seus acionistas. Os seus demais stakeholders também se beneficiaram de diferentes formas das competências centrais desenvolvidas.

Sendo assim, a CBV não apenas alinha duas visões opostas, mas também mostra uma maneira de a influência da orientação ao cliente sobre o valor da empresa ser colocada em prática e mensurada, usando a satisfação do cliente como indicador:

Na visão baseada no cliente [...], recursos e habilidades específicas são fontes de rendas econômicas quando levam a ofertas únicas e valiosas que são reconhecíveis pelos clientes. [...] As empresas devem ser capazes de [...] desenvolver competências e habilidades em um processo de aprendizagem em toda a empresa, a fim de criar maior valor para o cliente do que seus concorrentes.[10]

Enquanto o MBV prioriza o mercado e o RBV dá ênfase à empresa e seus recursos, o CBV integra essas diferentes perspectivas de forma inovadora. Embora incorpore os pontos de vista em nível conceitual, a CBV necessita de instruções claras sobre a forma como a relação entre as diferentes partes interessadas deve ser gerida. Para isso, o modelo de stakeholders SPICE (acrônimo de Sociedade, Parceiros, Investidores, Consumidores e Empregados), introduzido por Sisodia, Sheth e Wolfe[11] em *Firms of Endearment*, pode servir de orientação. Nesse modelo, todos os grupos de stakeholders são interdependentes. Não há apenas um vínculo entre a empresa e seus stakeholders; as partes interessadas estão conectadas entre si (ver Figura 3.2[12]).

Figura 3.2 O modelo de stakeholders SPICE.

Fonte: adaptada de Sisodia, Sheth e Wolfe, 2014.

Sisodia, Sheth e Wolfe[13] mostram o alinhamento bem-sucedido dos interesses de todas as partes como o objetivo final para um negócio sustentável e envolvente.

Um exemplo brilhante da compreensão da interconexão das relações com os stakeholders é a "Declaração de Interdependência" da Whole Foods. Empresas como esta entendem que, com grupos de stakeholders interdependentes, o sucesso sustentável só é possível por meio de esforços colaborativos, o que ajuda seu parceiro a crescer e cria uma vantagem competitiva. Esse princípio orientador de criar valor juntos como uma equipe e não às custas uns dos outros corrobora a ideia da CBV e, juntos, representam a base para o entendimento subjacente ao pensamento H2H.

Essa abordagem também é consistente com a lógica dominante de serviço. Embora a S-DL argumente que as empresas sozinhas não podem criar valor para o cliente, o seu quarto princípio fundamental afirma que "os recursos operativos são a fonte fundamental de benefício estratégico"[14] e está alinhado com a declaração de Matzler, que sublinha a importância do desenvolvimento de conhecimentos e competências para a obtenção e manutenção de vantagens competitivas[15] (ver fragmentos relevantes da "Declaração de Interdependência" da Whole Foods na Figura 3.3).

Figura 3.3 Excertos da Declaração de Interdependência da Whole Foods. Fonte: trechos retirados do site da Whole Foods, disponível em: https://www.wholefoodsmarket.com/mission-values/core-values/declaration-interdependence.

Whole Foods Market
Declaração de Interdependência

Nosso propósito é nutrir pessoas e o Planeta

O Whole Foods Market é um líder dinâmico dos negócios de alimentos de qualidade. Nós somos uma empresa direcionada por propósito e que pretende desenvolver os padrões de excelência do varejo alimentar. Nós estamos construindo um negócio onde o alto nível de exigência permeia todos os aspectos da nossa empresa. Qualidade é uma mentalidade central no Whole Foods Market. Nós reconhecemos nossa interdependência de nossos stakeholders, aqueles que se beneficiam ou que são impactados pela nossa empresa. Nosso sucesso é otimizado por uma estratégia de ganha-ganha, e todos os nossos stakeholders estão simultaneamente sendo beneficiados (...)

Nós satisfazemos e deliciamos nossos consumidores

Nossos consumidores são a força vital do nosso negócio e nosso stakeholder mais importante. Nós nos esforçamos para atender ou exceder suas expectativas em cada experiência de compra. Nós entregamos um serviço ao consumidor excepcional através de nosso conhecimento, técnica, entusiasmos e excelência operacional. Nós continuamente experimentamos e inovamos para oferecer uma experiência de consumo melhor. Nós criamos uma atmosfera de loja que é convidativa, divertida, única, confortável, atraente, estimulante e educativa. Nossas lojas são pontos de encontro da comunidade, onde as pessoas podem se juntar aos seus amigos e fazer novos amigos (...)

Nós praticamos um relacionamento ganha-ganha com nossos fornecedores

Nós somos parte de um ecossistema de negócios interdependente. Nós dependemos de dezenas de milhares de fornecedores para criar uma experiência de compra fora de série para nossos consumidores. Nós percebemos os nossos parceiros como aliados para servir nossos stakeholders. Nós tratamos eles com respeito, integridade e equidade – e esperamos o mesmo deles. Nós os ouvimos de forma empática, nós pensamos cuidadosamente neles e sempre procuramos relacionamento de ganha-ganha com todos os envolvidos no nosso negócio. (...)

Nós nos preocupamos com as nossas comunidades e com o meio ambiente

Nós servimos e suportamos as comunidades locais. As características únicas de cada loja está diretamente refletida nas pessoas, culturas e culinária da comunidade local. Nós celebramos e reforçamos cada comunidade através de empregos, investimento em ONGs locais e comprometimento com nossos produtores locais. Nós colaboramos com a nossa fundação para ampliar nosso impacto comunitário. Nós lideramos educação nutricional para crianças, acesso a alimentos em áreas com poucas opções e microcrédito para os mais pobres. Nós fazemos e desenvolvemos novas práticas de gestão ambiental. Nós balanceamos nossas necessidades com as necessidades do resto do planeta, para que a Terra possa continuar a florescer nas próximas gerações. Nosso padrão de qualidade líder na indústria suporta a agricultura sustentável, bem-estar animal e preservação dos oceanos. Nós estamos comprometidos em reduzir o uso de embalagens, fazer compostagem e conservar água e energia (...)

Uma das empresas facilitadoras para o desenvolvimento da visão baseada no cliente (CBV) é o aplicativo HubSpot, de Boston. A HubSpot é desenvolvedora e comercializadora de produtos de software para marketing inbound, vendas e atendimento ao cliente. Software de marketing, vendas e serviços pode ajudar as empresas a crescer, porque o que é "bom para os negócios" também deve ser "bom para o cliente". Eles oferecem um hub de marketing, que aumenta o tráfego, converte leads e mensura o ROI com um software de marketing integrado, e fornece todas as ferramentas necessárias para executar campanhas completas de marketing inbound. Eles também têm um hub de vendas para cada parte do processo de vendas, que inclui um conjunto completo de ferramentas para a equipe encurtar os ciclos de negócios e aumentar as taxas de fechamento. Além disso, oferecem um hub de serviços e gestão de atendimento e relacionamento com o cliente, que transforma clientes satisfeitos em crescimento de vendas. Eles ajudaram empresas como o aplicativo de videoconferência Zoom a crescer exponencialmente. Soluções de software semelhantes são fornecidas pelo Google, que as aplicou em várias empresas – a FitBit, o app que fornece acompanhamento de saúde, foi uma delas.

Os mercados industriais registram desenvolvimentos semelhantes. A SKF da Suécia é um ótimo exemplo de empresa B2B que se tornou um provedor de soluções. No final da década de 1990, havia três grandes concorrentes na Europa no mercado de rolamentos: a SKF, a INA e a FAG. Naquela época, a SKF era pioneira em negócios industriais, preparada para se tornar uma fornecedora de soluções para os operadores de armazéns e centros de distribuição (fornecendo máquinas e sistemas de armazenamento). A empresa tem consistentemente se tornado mais confiável como parceira de solução para a indústria de armazenagem e gestão de centros de distribuição. Sune Karlsson, CEO da empresa no final da década de 1990, trouxe ao setor de serviços da empresa um foco que gerou crescimento forte e sustentável, e foi apoiado por várias aquisições significativas de empresas de serviços. A SKF atualmente continua expandindo os seus serviços por áreas muito mais amplas que outras empresas industriais, e os colaboradores têm recebido da alta administração o apoio estratégico e operacional necessário para esse crescimento.[16]

Pensando na orientação para o mercado como uma mentalidade já existente, pode-se perguntar por que haveria a necessidade de uma nova forma de pensar. A resposta encontra-se nos fatores influenciadores do modelo de marketing H2H: o pensamento H2H é o produto de uma mentalidade já existente na forma de orientação para o mercado integrado à CBV, adaptado aos novos desenvolvimentos do design thinking, da S-DL e da digitalização (ver Figura 3.4).

Figura 3.4 O processo de desenvolvimento do pensamento H2H.

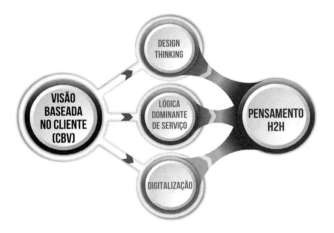

Fonte: elaborado pelos autores.

Essa "modernização" (como mostra a Figura 3.4) da forma de pensar tem seu ponto de partida no modelo integrado da CBV e a expansão da visão dos stakeholders do modelo SPICE, que é então ampliada levando-se em conta os três fatores influenciadores do modelo de marketing H2H e o imperativo de mudanças na mentalidade que eles implicam.

3.2. O pensamento H2H desvendado

O pensamento H2H demanda a adoção de um conjunto específico de visões de mundo, que, ao ser utilizado, leva à prática do novo tipo de marketing sugerido para enfrentar o novo mercado contemporâneo – o marketing H2H. Ele passa a ser, na sua essência, diferente do marketing tradicional pelo uso conjunto dos princípios desvendados a seguir.

3.2.1. A centralidade no ser humano

A orientação para o cliente é um dos pilares do marketing tradicional. A visão baseada no cliente (CBV) vai um passo além. No modelo da CBV, a satisfação do cliente recebe atenção significativa, pois é considerada o pré-requisito para o aumento do valor da empresa.[17] Outro ponto é que os atores econômicos são interdependentes, o que é repetidamente expresso nas obras de Vargo e Lusch sobre a S-DL através de *cocriação de valor* ou *troca recíproca de serviço por serviço*.[18-19]

No marketing H2H, os clientes não são vistos como elementos abstratos, mas compreendidos pelo que são – seres humanos.[20] O ser humano toma as decisões com todo o seu comportamento racional e irracional, emoções, necessidades e desejos. Isso torna necessário colocar-se em sua posição e inevitavelmente pensar de forma centrada no ser humano. As pessoas não devem ser reduzidas a um papel passivo de receptoras de serviços.

O ser humano centrado é essencial para toda a abordagem do marketing H2H. O design thinking e o processo H2H têm seus pontos de partida em um problema *humano* (*problemas H2H*). Uma pessoa que tenha a forma de pensar H2H já internalizou que suas ações e pensamentos são orientados para criar um significado maior, ter um impacto mais filosófico, tanto para si como para os outros. Além disso, com foco humano, o marketing pode enfrentar o processo de "desumanização" causado pela digitalização e automação. A digitalização pode fornecer uma abundância de dados e informações de fácil acesso, mas o uso e a interpretação adequados só são possíveis com o envolvimento humano. Aqui estão dois exemplos.

- *Centramento humano em termos concretos: um exemplo positivo*
  Um gerente de produto de uma empresa de bicicletas suspeita que as pessoas não utilizam bicicletas para suas necessidades diárias porque estas não oferecem conforto suficiente. Em vez de começar a trabalhar em inovações que busquem aumentar o conforto das bicicletas, a equipe de desenvolvimento mergulha no problema de forma empática, examinando a questão do ponto de vista dos usuários. O time descobre que, na verdade, são os engarrafamentos no centro da cidade que fazem com que as pessoas deixem de fazer compras na região e passem a usar o carro para chegar aos grandes supermercados de fora da cidade, que possuem grandes estacionamentos. Como têm esse hábito arraigado, elas nem consideram bicicletas como um meio de transporte alternativo para fazerem suas compras rotineiras. A abordagem centrada no ser humano identificou o problema real e evitou que a empresa de bicicletas desperdiçasse seus recursos desenvolvendo itens de conforto para as bicicletas, os quais seriam vistos como desnecessários pelos consumidores, mas constituiriam a ação tomada caso se mantivesse a hipótese inicial como sendo o problema do produto.

- *Centramento humano em termos concretos: um exemplo negativo*
  Um desenvolvedor de produtos está trabalhando em uma nova bicicleta para pessoas que vivem em grandes cidades. A empresa entende que é especialmente a ergonomia inadequada das bicicletas atuais a razão para o baixo uso de bicicletas no trânsito urbano. Ele solicita ao departamento de desenvolvimento o projeto de um novo modelo mais confortável para resolver esse problema. A partir dessa solicitação, as pessoas passam a ser analisadas somente do

ponto de vista ergonômico, e não como um ser humano completo. Os problemas reais que as pessoas realmente têm com os obstáculos no transporte urbano deixam de ser levados em consideração. A nova bicicleta, mesmo sendo ergonomicamente superior, não tem sucesso no mercado.

3.2.2. Orientação para serviço

O pensamento H2H enfatiza a importância da orientação para o serviço nos termos da S-DL, em que servir significa usar seus próprios conhecimentos e habilidades em benefício dos outros.[21] Assim, vai além do conceito tradicional de serviços, uma vez que não apenas serviços, mas também produtos, softwares, marcas etc. são usados como um veículo de *transporte de conhecimentos e habilidades* de uma pessoa para outra. A mentalidade rígida de produto foi identificada como um obstáculo relevante no caminho da mudança da oferta de uma proposta de produto para a oferta de uma plataforma e prestação de serviços.[22]

A orientação para o serviço seguindo a S-DL tem forte caráter colaborativo e integrador. A S-DL acaba por unificar diversas formas de pensar e organizar o marketing, sendo capaz de integrar, por exemplo, o B2C, B2B, A2A e marketing de serviços, bem como a gestão da experiência do cliente, gestão de relacionamento com o cliente e o marketing digital – passa a entender o objetivo e a forma de pensar o marketing de forma única, que impacta de maneira similar e homogênea as empresas e supera todo esse conjunto de fragmentações anteriores. Esse impulso integrador é fortemente defendido pelo marketing H2H. Todas essas formas têm seu direito de coexistir e contribuir sobre como projetar o marketing para um contexto específico, algo que Gummesson aborda quando diz: "O momento agora parece maduro para a integração, para se concentrar nas semelhanças – mas continuando a permanecer contextualmente fundamentado, mantendo a especificidade da aplicação prática e das mudanças que virão".[23]

Um impulso adicional para a colaboração e um foco mais forte na coprodução e cocriação de valor é fornecido pela digitalização conectando tudo e todos, capacitando os clientes em seu papel como participante do desenvolvimento dos serviços. O envolvimento com os clientes deve ser visto como um diálogo entre iguais e não a partir de uma perspectiva superior da empresa que considera o cliente inferior.[24] A orientação para o serviço também influencia a forma como a inovação é pensada:

> Argumentamos que a premissa da S-DL de que todas as economias são economias de serviços e todas as empresas são negócios de serviços libera os profissionais de marketing para pensar a inovação de maneiras novas e inovadoras [...]. Assim sendo, a inovação não é definida pelo que as empresas produzem como produto, mas como as empresas podem servir melhor.[25]

Portanto, a motivação de atender o cliente da melhor maneira possível, com conhecimentos e habilidades próprias, é parte fundamental do pensamento H2H. Aqui estão mais dois exemplos.

- *Orientação para o serviço em termos concretos: um exemplo positivo*
  O representante comercial de uma pequena empresa que oferece serviços de produção para clientes que desejam produzir pequenos itens eletrônicos visita um possível cliente que quer saber se a empresa pode oferecer-lhe um produto específico que ela tem em mente. Infelizmente, a empresa do representante não possui o maquinário necessário para atender as necessidades do cliente. No entanto, o representante lembra que uma empresa parceira (com o qual a empresa havia se associado em projetos anteriores) tem o maquinário necessário. O vendedor encaminha o cliente para esse fornecedor parceiro, apontando que sua própria empresa não tem condições de prestar os serviços solicitados. Com essa atitude, o re-

presentante prestou um serviço a partir do seu conhecimento sobre as instalações de produção da outra empresa em benefício do cliente, resultando em uma vitória tripartite para todos.

- *Orientação para o serviço em termos concretos: um exemplo negativo*
  O representante comercial, quando questionado se sua empresa poderia produzir o produto em que o cliente está pensando, garante ao cliente que a produção é viável com o maquinário que a empresa possui atualmente. Embora o representante não tenha certeza disso, ele se lembra de ter produzido um produto um pouco semelhante há alguns meses. Seis semanas depois, após muitas horas de trabalho que já entrou em planejamento de produção, o gestor da fábrica confronta o representante sobre o pedido e finalmente entende que a empresa não tem o maquinário necessário para realizar a solicitação. O representante tem que ligar para o cliente para dar a notícia da negativa da produção, e o cliente, como esperado, fica muito irritado. O representante comercial, na tentativa de evitar que a culpa caia sobre si, inventa desculpas e não informa o cliente sobre um parceiro que possui o maquinário necessário, resultando em uma perda tripla para todos.

3.2.3. Agilidade e experimentação

Como discutido anteriormente, a digitalização aumentou drasticamente a velocidade da mudança, e continuará a fazê-lo no futuro. Para as empresas, isso significa que elas precisam de novos princípios de gestão, estruturas organizacionais e processos. Acima de tudo, as pessoas precisam de novas competências e habilidades para acompanhar a velocidade da digitalização. As repercussões das mudanças podem ser vistas na delegação de tarefas. Elas ficam cada vez menos na mão dos indivíduos (chefes) e são gerenciadas por equipes auto-organizadas capazes de lidar com sua crescente complexidade.

A grande autonomia dos colaboradores é cada vez mais considerada uma obrigação, em decorrência da crescente velocidade das mudanças. Simplesmente não há tempo suficiente para processos de tomada de decisão complexos com muitos níveis de aprovação (estruturas verticalizadas) ou colaboradores que não estão atualizados sobre a visão e o propósito da empresa nas hierarquias mais horizontalizadas. Os colaboradores, nesse contexto, têm mais liberdade de decisão e podem encontrar mais propósito no seu trabalho do que antes. Por outro lado, também acumulam maior responsabilidade pessoal e devem ter interesse em se adaptar às mudanças.[26]

A *forma de pensar ágil*, tal como apresentada por Hofert, pode constituir a base para esses desdobramentos. "Um mindset ágil é flexível e sempre capaz de se atualizar quando novas informações e experiências o fazem necessário. Quanto mais ágil for a forma de pensar de uma pessoa, mais efetivamente ela poderá agir em diferentes situações."[27] Em seu trabalho, Hofert propõe quatro afirmações que mostram os pressupostos básicos subjacentes à mentalidade ágil. Esses pressupostos são flexíveis e abertos para elaborações – o leitor pode adicionar ideias próprias à lista:[28]

- "A digitalização exige flexibilidade da nossa parte."
- "Flexibilidade significa que todos devem assumir a responsabilidade."
- "As pequenas unidades organizacionais (equipes) são mais flexíveis que as maiores."
- "Sem o uso de estruturas hierárquicas rígidas, as pessoas podem ser mais inovadoras."

Uma pessoa com mentalidade ágil percebe a mudança como algo fundamentalmente positivo e não ameaçador. É melhor ter iniciativa, mesmo que ela seja malsucedida, do que se esconder atrás de procedimentos e manuais. Essa mentalidade é caracterizada pela coragem de abraçar o lema "tentativa e erro", cometendo erros e aprendendo com eles, uma abordagem profundamente enraizada no processo iterativo de design thinking e expressa no experimentalismo característico do pensamento H2H. O exemplo a seguir nos dá uma boa visão sobre isso.

- *Agilidade e experimentação em termos concretos: um exemplo positivo*
  À noite, um funcionário de relacionamento com o cliente de uma empresa B2B liga para a central de atendimento e diz que está, naquele momento, na linha de montagem de um cliente. A empresa em questão precisa urgentemente substituir um componente de uma máquina que quebrou no momento em que o operador chegou para trabalhar. A central de atendimento informa que as peças necessárias não estarão disponíveis antes do fim de semana e que o cliente terá que esperar até segunda-feira. O funcionário responsável pelo relacionamento verifica, então, se ele mesmo conseguiria reparar o componente da máquina que precisa ser substituído, diminuindo o tempo de máquina parada até que a peça de reposição chegue. Como o reparo da peça é simples e não pode acarretar qualquer consequência grave se a tentativa falhar, o gerente de produção do cliente concorda com o cálculo de custo, e o funcionário faz o reparo emergencial da peça, mantendo a fábrica operando durante o final de semana. Na segunda-feira, ele entra em contato com o gerente de produção do cliente e pergunta se o componente reparado conseguiu manter a produção e se a peça de reposição havia chegado. Contente com o resultado, o gerente de produção afirma que tudo correu bem e que ele fez um ótimo trabalho. De forma criativa e experimental, assumindo riscos e tendo autonomia, o funcionário de relacionamento com o cliente proporcionou uma solução rápida e direta para o problema do cliente, agindo de forma autônoma e responsável.

- *Agilidade e experimentação em termos concretos: um exemplo negativo*
Após ser informado pela central de atendimento que a peça de reposição não estará disponível por pelo menos mais três dias, o funcionário do serviço informa ao gerente de produção que não poderá ajudá-lo hoje e que precisará esperar até segunda-feira. Embora o gerente de produção expresse desesperadamente que o tempo de inatividade da máquina em questão resultaria em dificuldades financeiras e organizacionais para a empresa, o funcionário de atendimento ao cliente insiste que nada pode ser feito e que o contrato celebrado entre as empresas garante esse tempo para que eles arrumem os equipamentos, mostrando total falta de empatia. Ele diz que esse é o processo da empresa, e que o cliente deve entender que não pode fazer nada por ele além de encomendar a peça de reposição.

3.2.4. Interesse empático em diferentes perspectivas

Conseguir mudar a perspectiva de análise é um elemento essencial para o entendimento do marketing H2H, como já foi exposto anteriormente. Em vez de apenas examinar um problema a partir de seu próprio ponto de vista, várias perspectivas devem ser levadas em conta, uma forma de pensar inerente ao design thinking e ao processo H2H (mais sobre isso no Capítulo 6).

No design thinking, isso significa que o *desafio de design* deve ser visto a partir de pontos diferentes, a fim de decidir conscientemente sobre uma perspectiva sob a qual o problema deve ser resolvido primeiro, como ilustrado no modelo do duplo diamante (para recapitulação, ver Capítulo 2) com suas fases alternadas de divergência e convergência. Na S-DL, essa mudança de perspectiva também é exigida pela alternância permanente entre a visão baseada no mercado (MBV) e a visão baseada em recursos (RBV) para esclarecer quais conhecimentos e habilidades a própria empresa possui (RBV) que nem os clientes nem os concorrentes possuem (MBV), conforme discutido anteriormente.

A mudança de perspectiva no marketing H2H envolve a observação e análise de um problema a partir de várias perspectivas, ou seja, das perspectivas específicas de cada stakeholder. Em relação à sequência de análises, é importante sempre partir primeiro da perspectiva do usuário ou do "dono do problema". Para que essa mudança de perspectiva tenha sucesso, um colaborador com pensamento H2H deve estar munido de empatia suficiente para entender a dinâmica do problema. O estímulo à empatia, principalmente no sentido emocional, é um elemento decisivo na hora de desenvolver soluções que sejam desejáveis para o usuário e lucrativas e tecnicamente viáveis para o provedor.[29]

Para um exemplo positivo e negativo, referimo-nos ao caso do desenvolvimento da bicicleta narrado previamente e utilizado para ilustrar a característica *centralidade no ser humano*, porque também serve para a demonstração do que significa fazer uma mudança empática de perspectiva. Ao se olhar sob a óptica do consumidor (ou outro stakeholder), o problema se altera – e também se altera a proposta de solução.

3.3. Pensamento H2H dentro do modelo de marketing H2H

Como base para o marketing H2H, vimos que ter um pensamento H2H significa:

- Considerar, em todas as formas de imaginar soluções e em todas as ações, a conveniência das pessoas envolvidas e seu senso de propósito, e lembrar que o valor não pode ser criado unilateralmente, mas só pode ser oferecido na forma de uma proposta de valor.
- Atuar de forma orientada a serviços, utilizando habilidades e conhecimentos em benefício de outras pessoas.

- Ser adaptável, reflexivo, reconhecer problemas e mudanças que surgem, e contribuir de forma rápida e pragmática para sua solução.
- Ouvir com empatia as pessoas envolvidas e entender sua situação específica.

A Figura 3.5 resume as consequências que os três fatores influenciadores do modelo de marketing H2H têm para o pensamento H2H e como essas consequências se manifestam nos traços de caráter do pensamento H2H.

Figura 3.5 Fatores determinantes do pensamento H2H no modelo de marketing H2H.

Fonte: elaborado pelos autores.

É importante lembrar que o pensamento H2H é um *estado mental individual*, que se baseia no contexto das experiências individuais de um ser humano ao longo da vida, e que é um traço de personalidade com base na motivação pessoal para mudar ou crescer. As empresas podem influenciar o pensamento H2H de seus colaboradores por meio de dois meios principais:

1. Prestar a atenção à forma de pensar H2H dos novos colaboradores durante o processo de recrutamento. A tarefa é descobrir se um potencial funcionário tem o traço de personalidade para desenvolver individualmente essa mentalidade. Além disso, a empresa deve verificar com um teste como o Inventário de Personalidade NEO PI-R[30] se um potencial funcionário já possui características do pensamento H2H.
2. Desenvolver e estabelecer uma cultura corporativa (ou mentalidade corporativa) que permite que os funcionários existentes vivam a forma de pensar H2H. Consulte o Modelo CBV (Figura 3.1) e o modelo SPICE (Figura 3.2).

Na prática, isso significa que as empresas que desejam utilizar o marketing H2H precisam ter ambos: colaboradores com o pensamento H2H individual e uma cultura corporativa que possibilite e facilite que os colaboradores utilizem essa forma de pensar para a implementação do marketing H2H.

Os aspectos que examinamos não estão isolados, e devem ser considerados como interligados. Trata-se de uma mentalidade que não é benéfica apenas para o departamento de marketing, mas para todos os funcionários que querem dominar os desafios da digitalização. A mensagem central é que, quanto mais houver pessoas que tenham o pensamento H2H, melhor o marketing H2H pode ser implementado. Colocar o ser humano no centro das atenções no pensamento H2H é um pré-requisito fundamental para o sucesso das etapas estratégicas e operacionais do marketing H2H.

Nos últimos anos, algumas empresas aplicaram alguns desses princípios; entre elas, um bom exemplo é a marca Panera Bread, uma rede de padarias presente nos Estados Unidos e Canadá especializada em itens forneados feitos de maneira artesanal. Seus diversos tipos de pães, bolos, doces e outros produtos são produzidos frescos, logo pela manhã, por um padeiro treinado (algo comum no Brasil, mas não nos Estados Unidos, onde a maioria desses produtos é entregue pronto e industrializado para os consumidores). Eles também servem refeições rápidas durante todo o dia. O ingrediente-chave para a cultura da Panera é o cuidado, o que significa que a gestão se preocupa com o sucesso da comunidade, dos indivíduos e do futuro de seus funcionários. Mesmo operando mais de 2 mil lojas, eles conseguem ter um cuidado individualizado com cada um de seus colaboradores, e isso se faz notar, pois a marca é conhecida por oferecer as melhores remunerações e benefícios do segmento. O foco em ter colaboradores felizes ajuda no seu envolvimento e dedicação para cumprir a sua promessa para os consumidores: "entregar pão artesanal fresco e autêntico servido em um ambiente acolhedor por colaboradores envolvidos com os clientes". A Panera Bread tem o mais alto nível de fidelidade do cliente entre os restaurantes do tipo "fast-casual" e está consistentemente no topo de rankings que avaliam o atendimento ao cliente desse tipo de negócio. Além disso, a Panera doa todo o estoque de pão e outros produtos não vendidos para ONGs locais de combate à fome e outras instituições de caridade. Eles também têm um programa chamado Panera Cares ("a Panera se importa", em tradução livre), que visa combater a fome, permitindo que os clientes de baixa renda paguem o quanto conseguem pelos itens de que precisam.

Outro exemplo, dessa vez da Dinamarca, é a empresa farmacêutica Novo Nordisk, fundada em 1923 na cidade de Bagsvaerd, perto de Copenhague. O principal objetivo da Novo Nordisk é muito claro: "derrotar o diabetes", o que inclui prevenir, tratar e, finalmente, curar a doença. Possui, atualmente, escritórios em 79 nações e comercializa seus produtos em mais de 185 países. A empresa é reconhecida em virtude do compromisso com a ética e a qualidade, além de uma cultura construída pelo respeito e pela prestação de contas. A Novo Nordisk foi uma das primeiras a adotar a abordagem de *triple bottom line* para os negócios e tem se esforçado para criar valor para todos os seus stakeholders. O "Jeito Novo Nordisk" é um material da empresa que descreve "quem somos, para onde queremos ir e como trabalhamos". A empresa usa funcionários seniores como facilitadores que viajam ao redor do mundo observando suas operações para garantir que elas aderem ao "Jeito Novo Nordisk", bem como para compartilhar as melhores práticas em toda a empresa.

A forma de pensar H2H pode ser também notada em novos negócios que tentam olhar com profundidade e empatia para o problema dos seus clientes. Na pequena cidade de Holstebro, na Dinamarca, surgiu uma empresa chamada Det Gode Køkken ("A Boa Cozinha", em tradução livre). A ideia do empreendimento era resolver o problema de uma faixa demográfica crescente – a alimentação dos idosos que vivem em casa. A pergunta-problema ficou estruturada da seguinte forma: "Como garantir que os idosos ainda possam comer o que quiserem quando já não conseguirem cozinhar sozinhos os seus próprios alimentos?". A ideia era resgatar o bem-estar e a satisfação com o comer de um número cada vez maior de idosos.

Com um processo de inovação orientado pelo design que envolveu idosos, motoristas, equipe de cozinha, equipes de gestão, programadores e designers, eles chegaram a uma solução eficiente. Foi desenvolvido um sistema de pedidos digital amigável para os idosos com base num aplicativo acessível por tablets, de modo que os cozinheiros possam entender as necessidades na maneira que o idoso consegue expressar e os motoristas possam entregar pedidos da forma que é necessária para eles – que, às vezes, apresentam dificuldades de locomoção. A solução foi encontrada a partir do olhar no ser humano – nesse caso, no idoso daquela localidade e seus problemas e necessidades específicas. A abordagem usou os três princípios da mentalidade H2H (design thinking, S-DL e digitalização) de acordo com a forma de pensar "de humano para humano".

Avançando na trajetória do livro

Depois de percorrer a "Grande Jornada" com os elementos de design thinking, lógica dominante de serviços e digitalização na primeira camada do nosso modelo de marketing H2H, neste capítulo entramos na fase das "ações corajosas". Essa parte da história começa dando protagonismo ao "pensamento H2H", que deve atuar no nível individual, internalizando a forma de pensar o H2H, e também no nível corporativo, com o uso coletivo de ideias e práticas que discutimos em profundidade. No nível corporativo, procuramos mostrar que o pensamento H2H é uma forma de desenvolver conjuntamente o modelo do *customer based view* (a visão de pensamento estratégico com base no cliente) junto com o modelo SPICE de stakeholders, dando uma multiplicidade de visões necessárias para implantar o marketing H2H. Com isso, entendemos que essa etapa da jornada termina com o entendimento de como o pensamento H2H se encaixa no modelo de marketing H2H. Na próxima etapa, detalharemos as quatro características do pensamento H2H individual, e o protagonismo passa a ser das técnicas para a implantação da gestão H2H.

Perguntas

1. Quais são as características fundamentais do termo "pensamento H2H" de acordo com o marketing H2H?
2. Como a mentalidade dos indivíduos (colaboradores) e das organizações (empregadoras) estão interligadas? Qual delas é gerenciável? Como você administraria isso?
3. Quais são os quatro elementos característicos do pensamento H2H individual? Encontre exemplos positivos e negativos que

você tenha vivenciado (como gestor, como cliente ou como outro stakeholder).
4. O que significa orientação de serviço para você? Por que é importante diferenciar orientação de serviço na ideia da S-DL de orientação de serviço na visão de atendimento ao cliente?
5. Como as empresas podem implementar um mindset ágil em sua organização? É possível encontrar exemplos reais na área que já dão exemplo de mindset ágil para os colaboradores?
6. Quais são os atributos do pensamento H2H impulsionado por design thinking, S-DL e digitalização (lembre-se do primeiro nível do modelo de marketing H2H)? Por que a vontade de colaborar e cocriar é tão importante para o pensamento H2H?

Referências

BATHEN, D.; JELDEN, J. *Marketingorganisation der Zukunft* [Relatório]. 2014. Disponível em: https://www.marketingverband.de/marketingkompetenz/studien/marketing organisation-der-zukunft/.

BROOKS, R.; GOLDSTEIN, S. The mindset of teachers capable of fostering resilience in students. *Canadian Journal of School Psychology*, v. 23, n. 1, p. 114-126, 2008. Disponível em: https://doi.org/10.1177/0829573508316597.

BROWN, T. Design thinking. *Harvard Business Review*, v. 86. n. 6, p. 84-92, 2008. Disponível em: https://hbr.org/2008/06/design-thinking.

COSTA, P. T.; MCCRAE, R. R. *The revised NEO personality inventory (NEO-PI-R)*. London: Sage, 2008.

DWECK, C. S. *Mindset*: the new psychology of success. New York: Random House, 2006.

GUMMESSON, E. 2B or not 2B: That is the question. *Industrial Marketing Management*, v. 40, n. 2, p. 190-192, 2011. Disponível em: https://doi.org/10.1016/j.indmarman. 2010.06.028.

HOFERT, S. *Das agile Mindset*: Mitarbeiter entwickeln, Zukunft der Arbeit gestalten. Wiesbaden: Springer Gabler, 2018.

HOW Companies Can Profit from a "Growth Mindset". *Harvard Business Review*, 2014. Disponível em:.

KOTLER, P.; KARTAJAYA, H.; SETIAWAN, I. *Die neue Dimension des Marketings*: Vom Kunden zum Menschen. Trad. P. Pyka. Frankfurt: Campus, 2010.

KUMAR, V. et al. Is market orientation a source of sustainable competitive advantage or simply the cost of competing? *Journal of Marketing*, v. 75, n. 1, p. 16-30, 2011. Disponível em: https://www.researchgate.net.

MATZLER, K.; STAHL, H. K.; HINTERHUBER, H. H. Die customer-based view der Unternehmung. In: HINTERHUBER, H. H. ; MATZLER, K. (Eds.). *Kundenorientierte Unternehmensführung: Kundenorientierung – Kundenzufriedenheit – Kundenbindung*. 6. ed. Wiesbaden: Gabler, 2009. p. 4-31.

NOLTE, H. Aspekte ressourcenorientierter Unternehmensführung. In: NOLTE, H. (Ed.). *Aspekte ressourcenorientierter Unternehmensführung*. München: Rainer Hampp, 1998. p. III-VIII. Disponível em: http://hdl.handle.net/10419/116857.

PAYNE, A. F.; STORBACKA, K.; FROW, P. Managing the co-creation of value. *Journal of the Academy of Marketing Science*, v. 36, n. 1, p. 83-96, 2008. Disponível em: https://doi.org/10.1007/s11747-007-0070-0.

PFOERTSCH, W. A.; SPONHOLZ, U. *Das neue marketing-mindset*: Management, Methoden und Prozese für ein Marketing von Mensch zu Mensch. Wiesbaden: Springer Gabler, 2019.

SCHULZ, M. *New mindsets for service-orientated marketing*: understanding the role of emotions in interpersonal relationships [Tese de doutorado]. 2011. Disponível em: https://ourarchive.otago.ac.nz/handle/10523/1928.

SISODIA, R. S.; SHETH, J. N.; WOLFE, D. *Firms of endearment*: how world-class companies profit from passion and purpose. 2. ed. Upper Saddle River, NJ: Pearson Education, 2014.

VARGO, S. L.; LUSCH, R. F. Evolving to a new dominant logic for marketing. *Journal of Marketing*, v. 68, n. 1, p. 1-17, 2004. Disponível em: https://doi.org/10.1509/jmkg.68.1.1.24036.

VARGO, S. L.; LUSCH, R. F. Service-dominant logic: continuing the evolution. *Journal of the Academy of Marketing Science*, v. 36, n. 1, p. 1-10, 2008. Disponível em: https://doi.org/10.1007/s11747-007-0069-6.

VARGO, S. L.; LUSCH, R. F. Institutions and axioms: an extension and update of service-dominant logic. *Journal of the Academy of Marketing Science*, v. 44, n. 1, p. 5-23, 2016. Disponível em: https://doi.org/10.1007/s11747-015-0456-3.

VARGO, S. L.; LUSCH, R. F. Service-dominant logic 2025. *International Journal of Research in Marketing*, v. 34, n. 1, p. 46-67, 2017. Disponível em: https://doi.org/10.1016/j.ijresmar.2016.11.001.

ZHU, F.; FURR, N. Products to platforms: making the leap. *Harvard Business Review*, v. 94, n. 4, p. 72-78, 2016. Disponível em: https://hbr.org/2016/04/products-to-platforms-making-the-leap.

4

Gestão H2H: colocando a confiança e a marca em foco

RESUMO

Existe uma crise de confiança das pessoas em relação a empresas e outras instituições, como governos, ONGs e mídia. A gestão H2H, o segundo componente do segundo nível do modelo de marketing H2H, procura agir sobre esse problema. A gestão H2H é composta por diferentes conceitos que visam gerenciar a confiança como um elemento fundamental para as empresas inseridas em ecossistemas altamente interconectados. O ativismo de marca, que se desenvolveu a partir do conceito de responsabilidade social corporativa (*corporate social responsability* – CSR), cada vez mais se movimenta de práticas que poderiam ser chamadas de *greenwashing* para um verdadeiro *walk the talk* (algo como "aja de acordo com seu discurso") sobre sustentabilidade e responsabilidade social. O marketing H2H entende que a confiança é o principal ativo de uma marca, e ela é apenas parcialmente gerenciável/

> controlável nas dimensões de reputação e experiências. Por isso, a gestão H2H inclui o modelo de gestão de experiência do cliente (CXM) e a gestão de reputação, e integra ambas as partes em um modelo para a construção de confiança. O CXM usa modelos dinâmicos de jornada do cliente para projetar e gerenciar a experiência em cada ponto de contato ao longo dessa jornada, a partir da perspectiva do cliente. A gestão proativa de expectativas é fundamental para a gestão da reputação e representa uma nova abordagem na construção de relacionamento com múltiplos stakeholders. Um último conceito central da gestão H2H é a gestão da marca H2H. A abordagem CBBE (*costumer based brand equity*, ou valor de marca com base no cliente), amplamente utilizada hoje, é aprofundada a partir das novas descobertas do design thinking, da lógica dominante de serviços e da digitalização, a fim de servir como âncora de confiança para pessoas e comunidades. O significado da marca deve se ater a um problema humano e ser cocriado. As empresas precisam estar cientes de que suas opções para determinar a identidade da marca são limitadas – e, para isso, usamos o conceito de O-Zone. Por fim, a gestão de marca H2H usa o conceito de design formador de marca (*brand-formative design*) para integrar design e marketing na formação do significado da marca, projetando experiências do cliente que se encaixam ao seu contexto e às suas necessidades específicas.

A confiança tornou-se a moeda corrente para o marketing no mundo de hoje. Neste capítulo, vamos nos concentrar no nível estratégico do marketing H2H, dando ênfase especial à gestão de confiança e reputação. Em seguida, ilustraremos o novo pensamento em gestão de marcas (branding), com base no novo referencial teórico trazido pelo modelo de marketing H2H. Isso tem implicações para o novo marketing em geral e para o desenvolvimento de uma mentalidade centrada no ser humano. Ele vai tornar possível a correta implementação estratégica e operacional do marketing H2H.

Hoje, estamos vivendo em uma *economia de reputação* (*reputational economy*),[1] em que a confiança é o principal instrumento para fazer negócios (veja também o *TED talk* "How to build and rebuild trust", de Francisca Frei). O mundo vive debates emocionais e polarizadores, com a confiança nos governos diminuindo drasticamente nos últimos anos. Em um mundo caótico e turbulento, as pessoas que buscam orientação estão cada vez mais olhando para as empresas e seus líderes como referências. Espera-se que as empresas líderes e seus CEOs não apenas naveguem por tópicos de negócios, mas também abordem questões sociais, econômicas e políticas. A marca da empresa desempenha um papel especial porque pode servir como uma âncora de confiança, um ponto de orientação. A marca é o elemento que estabelece a relação de confiança entre empresas e clientes, o que é prioridade máxima do marketing H2H.

O marketing estratégico H2H está dividido em dois pilares principais: gestão de confiança e gestão de marca. Esses pilares dão às empresas as ferramentas para criar confiança por meio de várias alavancas, como ativismo de marca (fruto da *CSR – corporate social responsability*), gestão da experiência do cliente, gestão de reputação e gestão de confiança.

A confiança tem um impacto positivo em muitas áreas diferentes e é terreno fértil para que sejam construídos a lealdade e o *brand advocacy* (a defesa da marca pelos stakeholders). Esses elementos são essenciais na era da conectividade, em que as empresas perderam o controle direto sobre suas marcas.

Ainda há uma imensa discrepância entre as promessas feitas pelas empresas em comparação com o desempenho real das entregas, ou aquilo que é percebido pelas pessoas. A Edelman,[2] em seu relatório especial *Trust Barometer* ("Barômetro de confiança", em tradução livre), de 2019, registrou que 53% dos entrevistados afirmaram que "a marca tem a responsabilidade de se envolver em pelo menos uma questão social que não impacta diretamente seus negócios", enquanto apenas 21% dos entrevistados concordaram com a afirmação "as marcas que uso têm em mente os melhores interesses para a sociedade". Consequentemente, este capítulo destina-se a fornecer às empresas ferramentas e abordagens sobre a forma como a confiança pode ser fomentada, mas também a funcionar como um alerta para as empresas (ver Figura 4.1).

Figura 4.1 As recompensas da confiança.

Fonte: Edelman, 2019, p. 11.

No setor de varejo, marcas que conquistam confiança conseguem se fortalecer e continuam a focar intensamente na gestão da confiança. Em 2019, o Walmart teve receitas superiores a US$ 500 bilhões, e outros varejistas que detêm alta confiança, como Aldi (rede de supermercados da Alemanha), Ikea (marca sueca de móveis) e a Amazon estão superando os concorrentes locais. Nos últimos 50 anos, a Aldi criou um conceito de branding que pode ser resumido como "ser completo e ser real" e oferece produtos sem frescuras e com preços baixos.[3] Sua abordagem de branding é baseada na crença apaixonada de que, sem identidade genuína e autêntica, não há visão de marca a longo prazo.

4.1. Gestão de confiança H2H

4.1.1. A grande crise de confiança: uma oportunidade para as empresas prosperarem

"Estamos em uma crise de confiança total."[4] Essa afirmação não é apenas uma opinião pessoal; a é respaldada por dados confiáveis. Em 2020, o *Edelman Trust Study* detectou a queda mais acentuada na confiança geral nos Estados Unidos já medida.[5] Dos entrevistados, 56% acreditam que o capitalismo na forma atual não é o sistema econômico correto.[6]

A crise do coronavírus melhorou a posição de confiança da mídia tradicional e de muitos governos ao redor do mundo. O fenômeno da desinformação não é novo, mas a distribuição de meios de comunicação mudou radicalmente em razão das novas tecnologias, de modo que o papel de *gatekeeper* (o editor das notícias) que o jornalista profissional deveria ter ao realizar verificações de fatos enfraqueceu. Além disso, o público de hoje não atua apenas como mero consumidor de informação; ele está ativamente envolvido como produtor de informação, por exemplo, com postagens em blogs ou mídias sociais. À semelhança dos desenvolvimentos em branding, também podemos falar de democratização na área da produção de informação sobre a empresa, já que os consumidores também desenvolvem conjuntamente mais conteúdo sobre as empresas do que ela própria é capaz de produzir.

Com tal cenário, não é surpresa que a "perda da verdade", afirmação com o qual 59% dos entrevistados concordam, foi identificada como principal consequência da tendência de queda da confiança na mídia no *Edelman Trust Study* de 2018. Essas mudanças sociais na confiança são acompanhadas por uma crescente responsabilidade dos empregadores e expectativas de que as empresas liderem as mudanças necessárias. Construir confiança é a expectativa mais valorizada (69% dos entrevistados) que as pessoas têm para o CEOs, enquanto

"64% [...] dizem que os CEOs devem assumir a liderança nas mudanças em vez de esperar que o governo a imponha".[7] Em 2019, esse número subiu ainda mais, de 64% para os atuais 76%. Entre os funcionários, 71% concordam que os CEOs devem tomar uma posição clara sobre questões do setor de atuação da empresa, eventos políticos e crises nacionais.

O empregador é visto como um "parceiro confiável para a mudança" que identifica a importância de as empresas se tornarem ativas em questões sociais, políticas e econômicas. Os dados mais recentes mostram que confiar em uma empresa para fazer a coisa certa está entre os cinco principais critérios de compra, com 81% dos consumidores entrevistados expressando sua concordância.[8] Essa demanda por comprometimento precisa ser reconhecida pelas empresas. Aqueles que abraçam esses desenvolvimentos, engajando-se ativamente no ativismo de marca, podem colher benefícios estratégicos e econômicos dele, enquanto outros que ficam quietos estão sujeitos a consequências negativas. "Em um mundo altamente polarizado, já não basta ser neutro."[9]

4.1.2. Gestão de confiança H2H na prática

Um processo de rebranding pode ser necessário para uma empresa se manter viva, mas nem sempre é bem-sucedido.[10] O Yahoo desapareceu apesar de grandes esforços de rebranding. Depois de ficar para trás em relação aos concorrentes, em especial o Google, suas tentativas de recuperar o atraso não convenceram os clientes de que poderia ser confiável novamente. Em outros casos, precisa-se de tempo e investimentos substanciais para se reconquistar a confiança dos clientes. A British Petroleum (BP) tentou fazer sua mudança de marca para Beyond Petroleum, mas o desastre da Deep Horizon impediu seu esforço, e a transição levará muito mais tempo para que a marca mude a forma como é percebida no mercado.

Um exemplo global bem-sucedido de rebranding é a Mastercard, que é a número dois mundial no mercado global de cartões de crédito. Embora seja um negócio de transações de dinheiro na sua essência, ela optou por adotar o slogan "dinheiro não é tudo" e lançou a campanha "Não tem preço... Tem coisas que o dinheiro não compra. Para todas as outras, existe Mastercard". Com esse movimento, distinguiu-se de sua grande rival, a Visa, como uma empresa mais "humana" e dobrou o volume de transações. Agora, a Mastercard está trabalhando em um "mundo além do dinheiro" para se adaptar ao novo mundo de compras digitalizado. A empresa é muito bem classificada em diversidade e treinamento de seus funcionários e tem a reputação de ser uma boa empresa para se trabalhar. O futuro mostrará como a Mastercard pode manter sua confiança na marca aplicando o conceito de gestão de confiança H2H. Raja Rajamannar, diretor de marketing e comunicação da Mastercard, está trabalhando nisso diligentemente desde 2013 e sabe que a construção da marca nunca para, especialmente no atual cenário de mudanças constantes.

A gestão de confiança no marketing H2H pode fornecer soluções para os desafios atuais. A Figura 4.2 mostra as relações de causa e efeito entre o ativismo de marca (ver Seção 4.1.3), reputação, confiança reputacional, troca de serviços, experiência do cliente, confiança na experiência, compromisso, intenção de recompra e boca a boca como as variáveis-chave da gestão de confiança H2H. Pfoertsch e Sponholz desenvolveram esse modelo, que adapta e integra vários paradigmas existentes e outros fatores impactantes e empiricamente comprovados na confiança reputacional e experiencial.[11] Três fatores empiricamente comprovados estão conectados à *confiança reputacional*: a percepção da imagem da marca, o tamanho da empresa e o setor ao qual a empresa pertence. Já para a *confiança experiencial*, os fatores impactantes são o comportamento de comunicação, o processo de tratamento de conflitos, a cooperação e a orientação para a solução das pessoas diretamente envolvidas na experiência do cliente. Além disso, existem fatores conectados às atividades da empresa que está fornecendo os serviços, como investimentos em relacionamento, integração com clientes e o uso de preços baseados em valor. Finalmente, a satisfação do cliente desempenha um papel fundamental na confiança experiencial. Todos esses aspectos representam uma estrutura de ação que ajuda as empresas a reforçar a confiança na sua marca. Adicionamos o ativismo de marca ao modelo original para uma versão atualizada das iniciativas de CSR.

Figura 4.2 Modelo de causa e efeito para a gestão integrada da confiança.

Fonte: elaborado pelo autor.

Três desses conceitos e fatores são de especial interesse e serão examinados no decorrer deste capítulo: ativismo de marca, gestão da experiência do cliente e gestão de reputação (ver Figura 4.2).

A gestão de confiança H2H baseia-se em um conceito de confiança composto por quatro partes: propensão à confiança, confiança afetiva, confiança reputacional e confiança experiencial. Também se baseia na percepção de que apenas a confiança experiencial e reputacional pode ser gerenciada diretamente. Por essa razão, o capítulo seguinte, sobre gestão da confiança, destacará os mecanismos relevantes para fortalecer a confiança reputacional através da CSR e de um modelo integrado de gestão da reputação e confiança experiencial através do CXM.

Como resposta aos clientes, as empresas são obrigadas a fazer o progresso social acontecer e a responsabilidade social corporativa precisa ser repensada drasticamente. Vamos ver como as empresas, ao fazerem o bem para a sociedade, também podem fazer o bem aos seus acionistas. No contexto de "democratização da marca", a gestão de reputação também ganha importância. Com uma maior quantidade de pontos de contato para lidar do que jamais houve (online e offline), a gestão da experiência do cliente representa um pilar essencial do marketing H2H e receberá atenção adicional (no Capítulo 5) com o uso do conceito de omnicanalidade.

4.1.3. Ativismo de marca: repensando a CSR

Colocar consistentemente as pessoas no centro das atividades empreendedoras significa abordar ativamente os problemas. Para isso, não basta perceber a responsabilidade social corporativa (CSR) como um exercício obrigatório. Não é mais suficiente fazer o bem apenas para não parecer ruim. Durante muito tempo, a CSR foi utilizada para divulgar e mostrar publicamente as "boas ações" das empresas. Foi desenvolvida uma ampla gama de auxílios superficiais a projetos sociais. Essa abordagem de CSR pode ter funcionado no passado, mas está ultrapassada e não é mais adequada para o mundo de hoje.[12]

Em 2018, o *ativismo de marca* foi apresentado como um amadurecimento do conceito de CSR para responder às novas demandas dos clientes: "O ativismo de marca consiste em esforços empresariais para promover, impedir ou direcionar reformas sociais, políticas, econômicas e/ou ambientais com o desejo de melhorar a sociedade".[13] A integração do ativismo de marca na gestão de confiança H2H segue a ideia de fortalecer a reputação por meio do ativismo para melhorar a sociedade. Ao mesmo tempo, o ativismo de marca se encaixa em nosso modelo de marketing H2H pela sua correlação com a gestão de marca H2H.

Essa nova forma de pensar é urgentemente necessária, já que pesquisas indicam que 66% dos consumidores americanos consideram "importante que as marcas se posicionem publicamente sobre questões sociais e políticas [...]",[14] sendo as redes sociais o meio de escolha principal para demonstrar a posição da empresa sobre essas questões. Os ativistas da geração Z estão exigindo ainda mais. Eles são "um grupo de adotantes iniciais [early adopters], nativos digitais e defensores enérgicos".[15] Desde 2020, o grupo demográfico da geração Z representa quatro em cada dez consumidores, e é esse grupo que tem a maior propensão (94%) a considerar as atividades de ativismo de marca cruciais e, mais que as gerações anteriores, perceber as empresas como parceiras de colaboração para trazer mudanças.[16]

Esses desdobramentos envolvem um imperativo para as empresas agirem, o que pode incomodar profissionais de marketing e executivos. Contudo, uma vez compreendida, a nova dinâmica do ativismo de marca pode abrir um caminho para se conectar com os clientes dentro de suas comunidades, um processo que, como demonstrado no modelo O-Zone (Figura 4.18), geralmente está completamente fora do alcance da empresa. O ativismo dá às marcas a oportunidade de se engajarem em um diálogo orientado por propósito e significado com os clientes, o que traz um grande benefício – a interação ocorre de forma social, não intrusiva, e totalmente alinhada com o *marketing de permissão* como abordado por Seth Godin.[17] Como mostra o estudo da Sprout Social (empresa especializada em monitoramento e gestão de redes sociais): "As marcas têm um convite de seus públicos para se envolverem e o espaço para fazer isso via (rede) social [...]".[18] O estudo de CSR da Cone Communications de 2017 dá ainda mais ênfase ao declarar que as empresas "não só [têm] o convite, mas a incumbência de se esforçarem para resolver as questões sociais e ambientais mais complexas da atualidade".[19] Além disso, com as mídias sociais, há várias maneiras de iniciar processos de ativismo de marca (ver Figura 4.3).

Figura 4.3 Formas mais eficazes para as marcas se posicionarem sobre uma causa específica nas redes sociais.

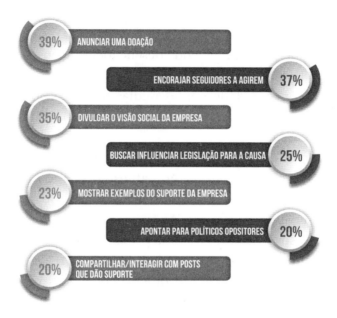

Fonte: Sprout Social, 2017, p. 15.

Os profissionais de marketing devem se perguntar: "Minha empresa cumpre as responsabilidades do mandato que foi conferido a ela?" e "Minha empresa está ativamente envolvida em atividades que promovem o bem maior?" Algumas empresas podem sentir um forte desejo de começar, mas temem que as consequências do ativismo de marca deem errado.[20] Para aqueles que estão em dúvida sobre o ativismo da marca, um olhar sobre a relação risco-recompensa pode ajudar. O estudo da Sprout Social revelou que as recompensas para a marca superam o risco, constatando que, quando as crenças pessoais dos consumidores se alinham com o que as marcas estão dizendo,

28% elogiam publicamente uma empresa. Quando os indivíduos discordam da postura da marca, 20% criticam publicamente uma empresa.[21] Portanto, um posicionamento claro sobre questões críticas pode servir como impulsionador eficaz da defesa da marca, uma vez que as pesquisas indicam que a defesa positiva da marca superará a negativa.

Mesmo a defesa negativa pode culminar em um resultado positivo para a marca, já que a crítica pode desencadear defensores da marca que, de outra forma, poderiam ter permanecido adormecidos.[22] Além disso, com a conectividade que as mídias sociais proporcionam, as empresas têm excelentes maneiras de começar a executar ações de ativismo de marca.

O ativismo de marca coloca o foco não em declarações de visão, mas em ações concretas. O termo "ativismo" pode indicar pensamento de curto prazo. Entretanto, estamos usando os termos no sentido de envolvimento social. As empresas devem procurar "problemas perversos" (*wicked problems*, problemas com tantos fatores interdependentes que parecem ser impossíveis de resolver). Para enfrentar esse tipo de problema, é preciso colocar as necessidades e desejos humanos no centro das atenções.[23] Os clientes vão acabar reconhecendo e remunerando as empresas que possuem foco em ajudar a sociedade e permitir que as empresas prosperem com a confiança que ganham ao longo do caminho.[24] Como exemplo positivo, podemos citar The Body Shop novamente, com sua ênfase em ingredientes naturais e sem testes em animais. Eles estão trabalhando para uma proibição mundial de cosméticos testados em animais. Mesmo empresas tradicionais, como a Unilever, estão aumentando o impacto social positivo de seus negócios e liderando esforços de sustentabilidade. Alguns deles codesenvolveram um modelo de negócio circular, criando um loop de processo infinito para usar os recursos de forma mais eficiente. A Ernst & Young comprometeu-se a apoiar o "capitalismo inclusivo" e redirecionar os investimentos em ativos que estão indo nessa direção. Além da Ernst & Young, muitos outros exemplos podem ser encontrados no livro *Brand activism: from purpose to action* ("Ativismo de marca: do propósito à ação", em tradução livre), de Sarkar e Kotler.[25]

4.1.4. Otimização de resultados com a gestão da experiência do cliente

O artigo publicado na *Harvard Business Review* intitulado "Welcome to the experience economy" ("Bem-vindo à economia da experiência", em tradução livre)[26] descreve a evolução de um serviço para uma economia da experiência, em que a experiência do cliente recebe atenção crescente para evitar que a comoditização de bens e serviços leve à erosão dos modelos de negócios. Agora, mais de 20 anos depois, uma boa gestão da experiência do cliente (CXM) é mais crítica do que nunca. Com novos canais online e offline, e o cliente conectado alternando constantemente entre eles, a experiência do cliente tornou-se mais complexa e dependente de um número crescente de fatores de influência.[27] Uma CXM eficaz é crucial para promover a confiança experiencial, um dos componentes gerenciáveis da confiança.

Para avançarmos, devemos primeiro definir experiência do cliente (customer experience – CX), já que é um termo bastante ambíguo. "Customer Experience é a percepção cumulativa e reflexo de todas as experiências a partir das interações únicas ou múltiplas do cliente com os pontos de contato de um provedor ao longo do período de um ou mais processos de troca [...]."[28] Mapear toda a jornada do cliente ao longo de todos os pontos de contato e canais pode fornecer esclarecimentos para que os profissionais de marketing entendam melhor a complexidade do CX. Seguindo a abordagem 5As (*aware, appeal, ask, act, advocate*, ou assimilação, atração, arguição, ação e apologia) A Figura 4.4 fornece uma visão geral dos típicos pontos de contato.

Figura 4.4 Pontos de contato físicos e digitais ao longo do caminho do cliente segundo o modelo 5A.

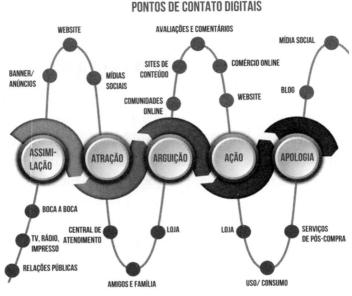

Fonte: pontos de contato adaptados de Hansen, 2018; conceito de caminho do cliente 5A de Kotler, Kartajaya e Setiawan, 2017.

A constante alternância e interação entre canais online e offline e pontos de contato que são controlados pela empresa e aqueles que estão fora da esfera de influência da empresa cria desafios para as empresas que desejam fornecer uma experiência perfeita em todos os canais e pontos de contato.[29] Os pontos de contato mostrados na Figura 4.4 exibem as mudanças no comportamento do cliente que levam ao novo caminho do cliente. Por exemplo, as decisões de compra individuais estão cada vez mais sendo determinadas com base na opinião dos outros, o que se manifesta nos pontos de contato da fase de arguição (*ask*), como as comunidades e avaliações online, onde "o caminho do cliente muda de individual para social".[30]

Há um ótimo exemplo para um aprimoramento de ponto de contato B2B nas mídias sociais. Em 2013, a Volvo Trucks colocou no YouTube um filme com o ator e praticante de artes marciais belga Jean-Claude Van Damme, reconhecido por seus filmes de ação. O vídeo demonstrou a precisão do novo sistema de direção dinâmica da Volvo ao fazer com que o ator realizasse entre dois caminhões da marca o seu espacate, um movimento pelo qual ele é amplamente conhecido. Esse vídeo elevou a Volvo a uma marca ícone no YouTube.[31] A empresa conseguiu melhorar sua imagem de marca e acelerar as vendas nos anos seguintes. A exposição ampla e viral da propaganda fez com que a marca ganhasse relevância no público geral. Além deles, muitos motoristas de caminhão e proprietários de caminhões que assistiram ao vídeo para ver a façanha de Van Damme ficaram extremamente interessados na solução de direção de precisão dos caminhões Volvo. O filme se tornou conectado à cultura pop, mas, ao mesmo tempo, chamou a atenção para os benefícios do produto.

Este é um bom exemplo da flexibilidade entre pontos de contato físicos e digitais com o cliente. Os clientes em potencial usam a maior transparência das marcas que a internet oferece para revisitar completamente as ofertas de produtos e serviços. Isso transforma a estrutura da "jornada do cliente" de um caminho linear em um "ciclo do cliente" com ciclos de feedback iterativos.[32] Isso se reflete na trajetória do cliente 5A que não é necessariamente linear. Algumas etapas podem ser ignoradas, enquanto outras são mais intensas de acordo com o produto, mercado e marca.

Por exemplo, um cliente pode *agir* por impulso sem pesquisar mais a fundo, pulando assim a fase de *arguição*, enquanto outros podem fazer *apologia* a uma marca sem realmente comprá-la (por exemplo, carros de luxo). O caminho também pode assumir a forma de um loop quando os clientes voltam para as etapas anteriores, como é descrito na Figura 4.5. A figura mostra o conceito de "jornada espiral de decisão do consumidor" introduzido por Court et al.[33] em um artigo publicado na *McKinsey Quarterly*, em que o caminho do cliente começa com um conjunto inicial de marcas, que depois passam por avaliação ativa. Para criar uma imagem consistente, a jornada de decisão do consumidor de Court foi combinada com o caminho do consumidor do modelo 5A. Depois de ter decidido qual marca comprar, as experiências pós-compra acontecem.

Figura 4.5 A jornada espiral de decisão do consumidor.

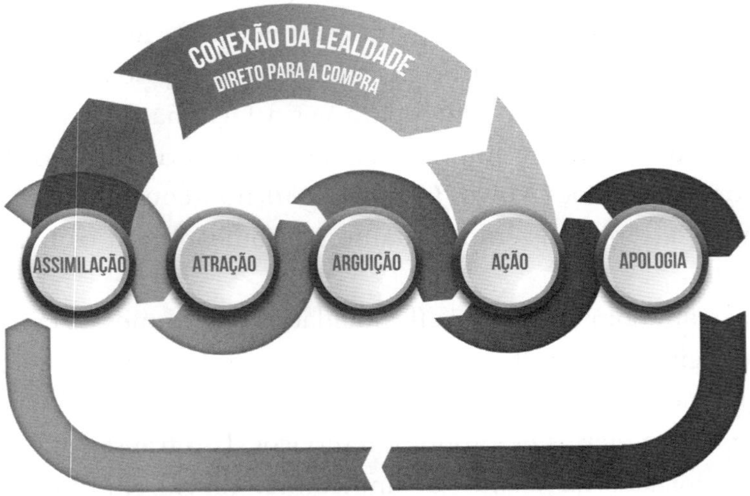

Fonte: forma espiral da jornada decisória com o loop tradicional e de lealdade adaptada de Court et al., 2009. Conceito de caminho do cliente 5A adaptado de Kotler, Kartajaya e Setiawan, 2017.

A Amazon é, sem dúvida, um ótimo exemplo de amplo suporte pós-compra. Como as experiências pós-compra são a parte mais memorável da experiência geral com a marca, ela acompanha cada compra com e-mails, banners e exposição de produtos. A IBM pode ser citada como um bom exemplo da área B2B. Ao atender grandes empresas ou instituições governamentais, ela destaca um colaborador para ser o gestor de relacionamento para o cliente e adapta todas as interações digitais a essa forma de relacionamento comercial. A Starbucks recompensa a fidelidade dos usuários com programas de indicação usando cartões físicos e interação digital.

A jornada de decisão circular tem uma peculiaridade semelhante ao caminho do cliente no modelo 5A. Ela não se apega à estrutura clássica do funil. Ela inclui loops de feedback que podem até levar à expansão da trajetória do cliente, em vez de apenas estreitar as opções como um funil. Um exemplo disso é a expansão do conjunto de marcas inicialmente considerado após ter avaliado outras marcas. É importante ter em mente o quanto é essencial a interconexão de todas as etapas. Uma experiência agradável com uma marca após a compra, incluindo uso/consumo e os serviços pós-compra, pode criar defensores da marca, pessoas que elogiam e defendem publicamente a marca por meio do boca a boca positivo. As marcas que são avaliadas positivamente no pós-compra aumentam a probabilidade de estar no conjunto de marcas de consideração inicial num processo de recompra.[34] Os profissionais de marketing devem identificar os pontos de contato com o cliente e os canais usados para criar uma experiência consistente entre os canais e alocar recursos onde eles são mais necessários.

4.1.5. Construção de uma reputação forte

A reputação ganhou importância nos últimos anos, especialmente em razão da transparência sem precedentes[35] e da crise de confiança que empresas, governos e mídia estão sofrendo.[36] O The Reputation Institute, no seu estudo RepTrak 2019® 100, avalia a situação da seguinte forma: "[...] as empresas estão sendo julgadas no Tribunal da Opinião Pública. É uma situação de 'dia do julgamento' para a reputação, quando as empresas são escrutinadas em todos os aspectos de sua organização – ética, liderança, valores e muito mais".[37]

Na "economia da reputação", a reputação e a confiança ganhas pelas marcas ao enfrentar "os maiores e mais urgentes problemas da sociedade"[38] são uma condição essencial para o sucesso. Confiança e reputação não podem ser vistas separadamente, como mostram análises recentes.[39] O estudo Trust Barometer da Edelman observou que a confiança serve como um escudo protetor contra danos reputacionais, suavizando o impacto de más notícias enquanto aumenta a reação positiva a boas notícias (ver Figura 4.6).

Figura 4.6 Confiança protegendo a reputação.

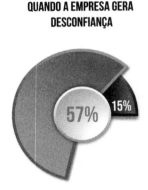
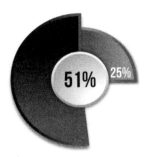

Fonte: elaborado pelos autores.

Esses achados apontam uma avaliação clara da importância da construção de confiança e reputação. A reputação tem um significado estratégico crucial; é uma tarefa para a alta administração e deve fazer parte de uma estratégia de negócios mais abrangente.

Nas fontes atuais da literatura de marketing não há um consenso sobre uma definição uniforme de reputação, nem uma clara separação entre gestão da reputação de outras áreas, como a gestão de marcas. Os pontos de separação entre os conceitos não são precisos, pois a gestão da reputação se baseia em conceitos semelhantes ao branding, tendo a identidade como ponto de partida e as imagens que os stakeholders têm da marca como base para a gestão da reputação.[40] Imagem e reputação, nesse contexto, precisam ser distinguidas com clareza: "[...] enquanto a imagem reflete o que uma empresa representa, a reputação reflete o quão bem ela se saiu aos olhos do mercado".[41]

Reputação é a soma das imagens dos múltiplos stakeholders, resultado das congruências e discrepâncias entre as expectativas deles e as ofertas da empresa para eles. Além disso, as imagens são mais voláteis, pois são facilmente influenciadas por fatores externos, enquanto a reputação, sendo uma avaliação de todas as imagens, requer um olhar de longo prazo. Dependendo das partes interessadas, as imagens de uma mesma empresa podem variar substancialmente. Enquanto um fabricante de armamentos pode ser uma excelente empresa em termos econômicos e, portanto, ter uma boa imagem aos olhos dos analistas financeiros, a imagem pública da empresa e de seus produtos pode ser o oposto. No entanto, o que determina exatamente uma excelente gestão de reputação? Para o marketing H2H, usamos a seguinte descrição dada por Cornelia Wüst:

> A tarefa central de uma gestão sistemática de reputação é, portanto, construir, manter e proteger a boa reputação de uma empresa em sinergia com a identidade, a marca e a imagem na forma desejada, para alcançar uma atitude positiva em relação à empresa e seus serviços, em todos os stakeholders, integrada e avaliada nos objetivos estratégicos, operacionais e financeiros de uma organização.[42]

Ela descreve a "gestão de expectativas proativa considerando os acionistas relevantes e, portanto, sujeita a um processo de mudança permanente"[43] como o núcleo da gestão de reputação. Portanto, as empresas devem identificar exatamente os stakeholders, suas necessidades, expectativas e influência na reputação geral para entendê-las e tomar ações para atender às suas demandas, sempre levando em consideração a identidade da marca.

Para isso, o conceito de persona[44] pode ser útil, ao se criar uma persona típica para cada grupo de stakeholders. Na forma de uma persona, as empresas podem condensar grupos-alvo de um serviço ou produto e grupos de stakeholders em avatares que exemplificam de forma concreta suas necessidades e interesses, levando em conta o ambiente social, as expectativas e os desejos dos diferentes grupos. O conceito não é cientificamente fundamentado, mas é um método proveitoso para entender melhor os clientes e outros grupos de partes interessadas.[45] "Embora não haja um entendimento comum na literatura sobre a utilização de personas, todas as abordagens metodológicas perseguem o objetivo de obter uma compreensão mais profunda dos usuários."[46]

Em consonância com a S-DL, a exploração do background das personas pode ajudar a entender como os grupos de stakeholders cocriam valor com a empresa. "Personas eficazes são baseadas no tipo de informação que você não pode obter de dados demográficos, dados de pesquisa ou suposições, mas apenas observando e entrevistando pessoas individuais em seus próprios ambientes."[47] Obter essas informações fundamentais de contexto pode ajudar na gestão ativa de expectativas e foi consolidado no modelo integrado de gestão de reputação (mostrado na Figura 4.7).

Figura 4.7 Modelo integrado de gestão de reputação.

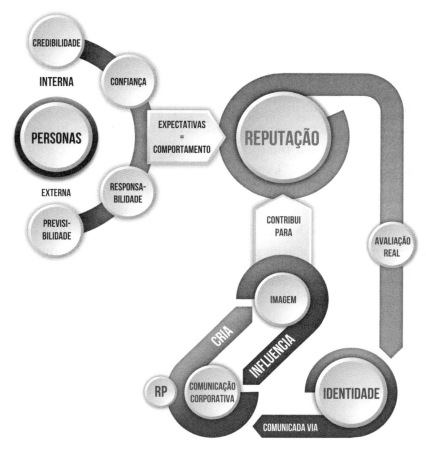

Fonte: elaborado pelos autores.

No modelo, o ponto de partida são os valores da identidade, nas formas de valores e ações da empresa que são comunicadas aos stakeholders por especialistas em comunicação. A comunicação tem papel decisivo no processo, recomendando-se organizar "uma equipe de relacionamento com stakeholders cuja tarefa permanente é traduzir expectativas externas em medidas e processos internos. A gestão das partes interessadas torna-se, assim, uma tarefa estratégica da gestão empresarial".[48]

Em resumo, pode-se dizer que a gestão de reputação é um processo de gestão da comunicação e das expectativas dos stakeholders internos e externos, que vai moldando a reputação durante um longo período. A reputação, no pensamento H2H, precisa de valores, normas, princípios e ética, e deve fornecer orientação para ajudar a traduzir esses valores e normas em palavras e atos que colocam o foco na ação, não apenas em conceitos.[49] Embora a reputação seja difícil de medir e quantificar em termos monetários, ela certamente tem impacto sobre a boa vontade em relação a uma empresa e, portanto, sobre seu valor real de mercado. "Uma boa reputação funciona como um ímã. Atrai os que também a têm."[50] Esse efeito de ímã em diferentes partes interessadas (como mostrado na Figura 4.8[51]) pode explicar a função econômica criadora de valor da reputação. Por exemplo, uma boa reputação terá consequências positivas para a capacidade da empresa de levantar capital de investidores, o qual pode, então, ser usado para criar valor econômico real por meio de inovações e investimento no crescimento do mercado.

Figura 4.8 Reputação como ímã que atrai stakeholders.

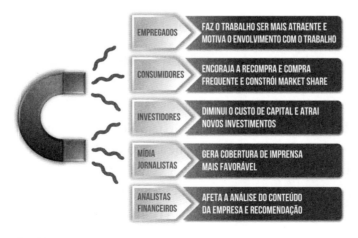

Fonte: elaborado pelos autores.

4.2. Gestão da marca H2H

O marketing H2H segue uma abordagem altamente integradora e colaborativa. Por conseguinte, a marca não pode ser vista separadamente, mas sim integrada ao sistema de marketing H2H. Quando publicamos o livro *Gestão de marcas em mercados B2B*, definimos "a marca com uma abordagem holística". Agora, o impacto dos três fatores de influência do modelo de marketing H2H na gestão da marca H2H será explorado, e ferramentas estratégicas e operacionais concretas serão apresentadas para enfrentar os desafios atuais na gestão de marcas.

O futuro do marketing e da gestão de marcas é centrado no ser humano. No *Marketing 3.0*,[52] o marketing centrado no ser humano foi introduzido. Ainda hoje, esse é considerado o próximo passo evolutivo após o marketing centrado no cliente. A orientação centrada no ser humano está crescendo em importância em tempos cada vez mais "tecnológicos", caracterizados por inteligência artificial, automação, robótica etc., e as marcas precisam se adaptar a isso tornando-se mais humanas. "O marketing centrado no ser humano [...] ainda é a chave para construir atração de marca na era digital, pois marcas com caráter humano serão indiscutivelmente as mais diferenciadas."[53]

A proposta da gestão de marcas H2H combina três componentes: a gestão holística da marca constitui o ponto de partida ao qual os dois pilares *design formador de marca (DFM)* e *branding colaborativo (BC)* são adicionados. Enquanto o design formador de marca é um novo meio comunicativo multidimensional, que integra e cria sentimentos, emoções, associações ou desejos com os consumidores, ele, em conjunto com o branding colaborativo, ajuda a definir como uma empresa pode mobilizar os recursos dos consumidores, envolvendo-os em processos criativos e de inovação (como ilustrado na Figura 4.9).

Figura 4.9 O processo de desenvolvimento da gestão da marca H2H.

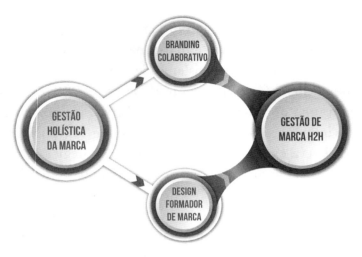

Fonte: elaborado pelos autores.

A gestão holística da marca tem a tarefa de criar uma marca consistente e autêntica em escala regional, nacional, internacional e global, e se adaptar dinamicamente às novas exigências ambientais para se manter relevante em todos os contextos em que atua. Nesse momento, a empresa deve determinar estrategicamente a *identidade de marca* e suas propostas de valor para se diferenciar da concorrência aos olhos do cliente, gerando uma *imagem de marca*.

A gestão da marca H2H está intimamente ligada ao processo H2H, integrando e reagindo constantemente aos insights humanos, propostas de valor, conteúdo, acesso ao cliente e confiança. Em nível operacional, o objetivo é a implementação consistente da identidade da marca em colaboração com os clientes e as redes e comunidades integradas no ecossistema da marca. Essa cocriação da marca é uma das inovações essenciais incorporadas no marketing H2H.

Ademais, as empresas precisam se adaptar ao novo mundo em rede, onde o controle sobre a percepção da marca está apenas parcialmente em suas mãos, enquanto o boca a boca de amigos e familiares ou os sistemas de classificação da comunidade online (o *fator f*) estão se tornando cada vez mais importantes para as decisões de compra e para a percepção da marca.[54] O terceiro componente é o design para a caracterização da marca, em que produtos, serviços e experiências são projetados a partir da perspectiva da marca, levando em conta detalhes do produto, do cliente e do contexto.

4.2.1. Gestão holística da marca

Quando se busca definir o que uma marca realmente é, os resultados são diversos. A definição clássica da American Marketing Association define marca como "um nome, termo, sinal, símbolo ou design, ou uma combinação destes, que identifica o fabricante ou vendedor de um produto ou serviço".[55] Outras definições vão desde uma marca ser uma promessa ou um conceito emocional intangível de experiências até a soma de percepções ligadas a um produto ou uma empresa.[56] Para este trabalho, vamos integrar ambas as definições e considerar uma marca como "um pacote de benefícios funcionais e não funcionais, cujo design, do ponto de vista dos grupos-alvo da marca, se diferencia de forma sustentável das ofertas concorrentes".[57] Isso adiciona uma visão *de dentro para fora* (orientação para identidade de marca) à visão *de fora para dentro* (orientação para a imagem da marca). Com essa definição, combinamos a visão do fornecedor (*identidade de marca*) com a visão do cliente (*imagem de marca*), e os benefícios pretendidos com a real percepção do mercado sobre a marca. Assim, a marca se torna uma proposta de valor centrada no cliente.

Para entender a abordagem de marca baseada em uma identidade que remonta aos estudos dos anos 1990 de Meffert e Burmann,[58] é necessário um olhar sobre os seus princípios. O conceito de identidade vai além da visão de fora para dentro. Em vez de apenas encontrar as necessidades dos clientes e orientar a empresa adequadamente, a perspectiva de dentro para fora analisa a autoimagem da marca do ponto de vista de todos os públicos-alvo internos e integra essa autoimagem à identidade. Essa autoimagem é a *identidade de marca*, composta pelos atributos que, aos olhos dos públicos-alvo internos, são característicos da marca. De forma contrária à identidade da marca está a *imagem de marca*, conforme ilustrado na Figura 4.10.[59]

Figura 4.10 Identidade de marca e imagem de marca no conceito de branding com base em identidade.

Fonte: Burmann et al., 2015, p. 30.

A identidade de marca pode ser ativamente desenvolvida e consolidada; a imagem de marca, por outro lado, emerge com uma certa demora, pois demanda a percepção das pessoas sobre ela. Dessa forma, a imagem de marca é uma consequência indireta da gestão da identidade de marca, já que a imagem vem dos estímulos produzidos pela empresa detentora da marca no mercado. O primeiro passo para criar uma marca forte é o desenvolvimento de uma *promessa de marca* (*brand promise*), condensando a identidade da marca em declarações tangíveis e compreensíveis sobre sua utilidade. A promessa de marca deve cumprir duas funções: atender a uma *necessidade do cliente* (*brand needs*) e oferecer diferenciação em relação à concorrência.

Na etapa de *comportamento da marca* (*brand behavior*), a prestação de serviços ou benefícios de produtos e da marca é percebida a partir do comportamento dos representantes da marca em contato direto com os clientes, além de todos os outros contatos possíveis com o cliente, por exemplo, a publicidade. Do outro lado há a *experiência de marca* (*brand experience*), as interações entre cliente e marca que se refletem no resultado da *imagem de marca para o consumidor*.

Para que a gestão de marca aqui proposta seja bem-sucedida, é necessária que ela seja realmente autêntica, e deve oferecer experiências de marca que atendam às necessidades do cliente em todos os pontos de contato. Isso significa que a promessa de marca que foi dada e o comportamento real da marca precisam estar alinhados. Caso contrário, é de se esperar uma má imagem de marca e um boca a boca negativo. Ao definir a identidade da marca, a empresa deve considerar quatro características, que são mostradas no Quadro 4.1.

Quadro 4.1 Características da identidade e suas implicações para a gestão da marca

Característica	Implicações
Reciprocidade	A identidade de marca só se desenvolve ao se comparar a própria marca com outras marcas: a marca deve ser algo em relação às outras e ser capaz de se diferenciar
Continuidade	Manter as características essenciais da marca ao longo do tempo
Consistência	Evitar contradições no design e percepção da marca em todos os pontos de contato da marca e no comportamento dos executivos e colaboradores da marca; coordenação contínua e coerente das características essenciais da marca
Individualidade	Particularidades das características essenciais da identidade em comparação com as marcas concorrentes

Fonte: adaptado de Burmann et al., 2015, p. 36 (quadro original em alemão).

As quatro características da identidade foram derivadas da análise do conceito de identidade da psicologia humana, que é similar ao conceito de identidade de marcas proposto no branding com base em identidade. Para as marcas, isso significa que a diferenciação em comparação às outras marcas é um pré-requisito para a construção de uma marca (*reciprocidade*). Indivíduos procuram por *continuidade* e tendem a se ater a características essenciais por muito tempo. O mesmo vale para as marcas. Além disso, *consistência* é primordial; a identidade interna e a imagem externa precisam ser coerentes – é o famoso *walk your talk*. A *individualidade* em um nível pessoal é determinada pela singularidade biológica e sociológica. Para as marcas, é um esforço consciente para alcançar uma percepção de individualização da marca, de ela ser percebida como única. Isso é feito de duas formas: ou enfatizando características da marca ou oferecendo uma combinação singular de características que não seriam necessariamente consideradas diferenciadas independentemente.[60]

Além disso, algumas características da marca são significativas e devem ser consideradas quando a empresa define sua identidade de marca. De acordo com a gestão de marcas H2H, relacionar a marca à solução de um problema humano (problema H2H) é a melhor maneira de criar uma identidade de marca significativa. A essência da marca é derivada desse processo, e uma proposta de valor específica para os clientes é o resultado dessas definições. A proposta de valor, assim como todas as operações nos pontos de contato da marca, deve ser permeada pelo pensamento H2H. A proposta de valor da marca deve inspirar o comportamento da marca e influenciar a imagem da marca percebida pelo cliente. Essa imagem deve ser constantemente reavaliada e, em caso de necessidade de mudança, alteram-se etapas da experiência da marca nos pontos de contato e/ou as características de uso dos produtos e serviços. Os produtos e serviços devem provar que suportam as promessas da marca que deu origem à interação entre o cliente e a empresa. Nesse processo (ver Figura 4.11), a marca serve como mediadora entre a identidade pretendida de uma empresa e a imagem de marca do cliente. A identidade da marca, portanto, é resultado da visão e missão, dos objetivos corporativos, da proposta de valor e das operações de uma empresa. O cliente absorve isso através de sua percepção e das experiências que teve com a marca e traduz isso no uso da marca para atender às suas necessidades.

Figura 4.11 A relação entre empresa, marca e cliente.

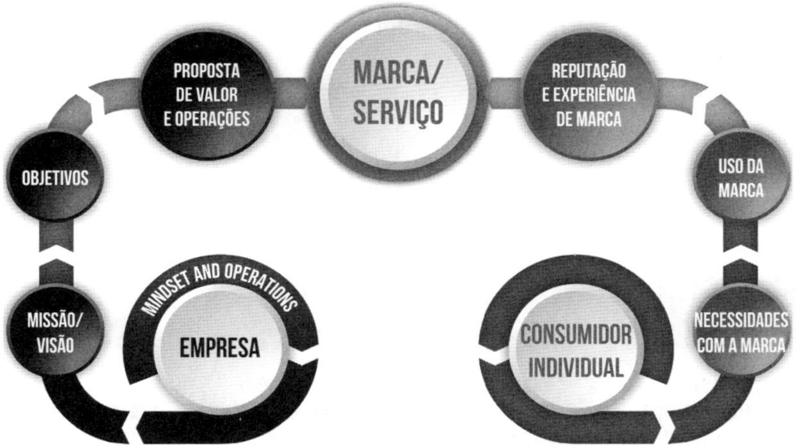

Fonte: elaborado pelo autor.

No caso de discrepâncias entre imagem e identidade, ajustes devem ser aplicados para manter a consistência. Uma função essencial do marketing H2H é construir uma marca que forneça *orientação e segurança aos stakeholders* como âncora em um mundo cada vez mais dinâmico e em rede. Isso pode ser feito com base na compreensão dos processos do cliente, que facilitam a detecção de oportunidades, com insights que podem ser aplicados para inspirar e envolver os clientes de forma emocional e cognitiva, algo que chamamos de *antropologia digital*.[61] Nesse sentido, a gestão da marca H2H é a mais importante forma de interação comunicativa.

4.2.2. O fator S-DL: desenvolvimento de uma nova lógica de marca

Paralelamente à mudança do pensamento G-DL para o pensamento S-DL, o branding também experimentou uma lógica de mudança.[62] Atualmente, o branding é considerado um processo colaborativo de cocriação.[63] A evolução da lógica da marca ao longo do tempo pode ser vista na Figura 4.12.[64]

Figura 4.12 A lógica de marca em evolução.

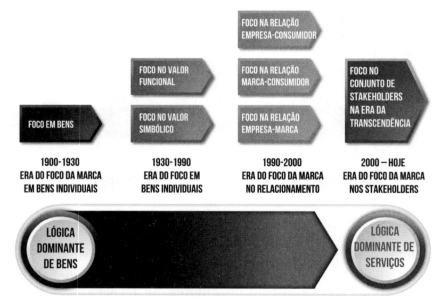

Fonte: elaborado pelo autor.

O branding, em seus primeiros anos, era altamente orientado para bens e produção, e as marcas serviam como identificadores para os clientes reconhecerem os produtos visualmente. O cliente tinha um papel passivo, como mero destinatário do *valor da troca*, e o valor da marca era embutido nos produtos vendidos; assim, juntamente com a marca, ele permaneceu um recurso da operação – "recursos sobre os quais uma operação ou ação é realizada para produzir um efeito".[65]

Na década de 1930 até a década de 1990, as marcas tornaram-se vetores de valores funcionais e simbólicos, a partir dos quais os clientes adquiriram conhecimento sobre a capacidade da marca de satisfazer suas necessidades utilitárias ou simbólicas. As marcas passaram a focar não só os benefícios funcionais (externos), mas também os benefícios simbólicos (internos) para os clientes. Isso era indiscutivelmente necessário para alcançar a diferenciação dos concorrentes, cujas ofertas estavam se tornando cada vez mais semelhantes funcionalmente. As marcas foram consideradas recursos operativos, percebidas como entidades separadas da oferta de produtos. Nessa época, os clientes ainda permaneceram com recursos da operação, *recebedores passivos* dos produtos que eram "marcados" (*branded*). Nas décadas de 1990 e 2000, a marca passa a ter foco no relacionamento: "o foco geral do branding mudou: não era mais a imagem da marca o principal impulsionador do seu valor, mas sim o envolvimento do cliente como um ator significativo no processo de criação de valor da marca".[66] Clientes externos e colaboradores internos passaram a ser vistos como participantes da cocriação cada vez mais interativa da marca. O branding deixou de ver os clientes como recursos da operação, ou seja, recebedores passivos, para serem considerados recursos operativos, cocriadores ativos de valor de marca. Isso levou à determinação de que o valor da marca deveria mudar do valor percebido durante o processo de troca (a compra da marca pelo consumidor) para uma percepção de valor baseada no resultado do uso dos clientes (o uso da marca pelo consumidor).[67] Abolir a perspectiva de valor apenas durante a troca também teve implicações para o marketing estratégico. Enquanto antes o ponto de venda recebia grande atenção por ser o local em que a troca acontecia, o atendimento e construção de relacionamento entrou no centro das atenções, com o valor da marca sendo determinado pelo uso *depois* da compra. Isso criou o efeito de que "a *lógica do tempo de troca* de marketing torna-se aberta",[68] uma vez que o valor está sendo produzido durante o uso (um tempo aberto), e não no momento da compra (um momento fechado de tempo).

Além disso, ocorreu a mudança de uma orientação para o resultado para uma orientação para o processo. Os funcionários das empresas foram identificados como clientes internos e como importantes impulsionadores na cocriação de valor, e não meros fabricantes do produto físico, mas sim provedores de serviço. As marcas passaram a ser uma promessa para os clientes externos, com os clientes internos desempenhando um papel fundamental.[69] Essa perspectiva do cliente interno e o consequente foco no atendimento estão em congruência com a lógica S-DL: "A lógica S-D [...] sugere que são as experiências de serviço dos clientes aquelas que mais frequentemente impactam no valor da marca, por meio do reconhecimento da marca e da memória da marca".[70]

Com o próximo movimento em direção a uma perspectiva de rede, o conceito de uma relação dicotômica (empresa-cliente) é substituído por uma *rede* de relações, conectando a empresa com as comunidades da marca e outros stakeholders e de relações *sociais* entre clientes ou outros stakeholders (ver Figura 4.13).

Figura 4.13 Da dicotomia (1990-2000) às relações em rede (2000 em diante).

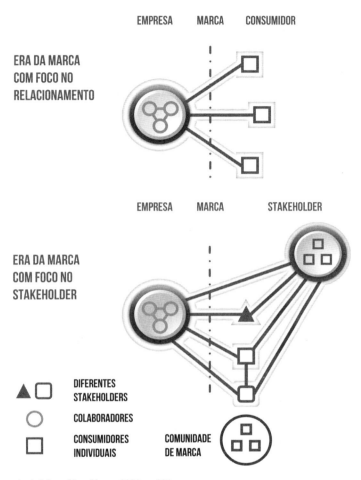

Fonte: adaptado de Merz, He e Vargo, 2009, p. 337.

Agora que estabelecemos que as marcas são cocriadas e criam relações em rede, quais implicações isso gera do ponto de vista da S-DL? As marcas de hoje são meios de identificação, transmitem informação, possuem significado simbólico e têm função de interação social. Os vários tipos de marcas de serviços oferecidos aos clientes podem ser distintos:[71]

- *A marca como serviço para facilitar o processamento de informações dos consumidores*
  Esse tipo de serviço baseia-se na função de identificação e fornecimento de informação das marcas. Os produtos que detêm uma marca reconhecida podem ser identificados e distinguidos mais facilmente de produtos com pouco reconhecimento. Essa função tem suas origens na época de forte foco no produto com o foco na G-DL. Na visão da S-DL, esse tipo de marca constitui um serviço ao cliente, facilitando o processamento de informação durante o processo de compra. Nesse contexto, a marca tem também a função de transmitir essa informação. Clientes com experiências anteriores podem usar seu conhecimento (um recurso operativo) para simplificar a coleta e o processamento de informações diante de ofertas complexas do mercado.[72]

- *A marca como serviço para influenciar a percepção de autoconceito do cliente*
  Esse tipo de serviço remonta ao aspecto simbólico da marca, que pode emergir das medidas de marketing da empresa ou ser determinado por atores externos, como os clientes, a mídia, outras organizações etc. Essas associações cocriadas vão além do valor funcional e impactam as necessidades simbólicas internas dos clientes.[73] A função simbólica é mais bem vista em bens de luxo. Um cliente compra um carro de luxo não apenas pelo benefício funcional do transporte, mas principalmente pela associação simbólica da marca que ele quer transferir para si mesmo.[74]

- *A marca como serviço para a construção e manutenção de relações sociais*
  Com a perspectiva de rede, as marcas passam a ter uma função de interação social, reunindo clientes em diferentes grupos comunitários. Isso pode variar de comunidades de marcas clássicas, onde as pessoas compartilham o mesmo prazer por uma marca, até comunidades antimarca, que coletivamente se opõem a uma marca, ou comunidades não focadas em marca, que evitam marcas completamente. Assim,

o serviço da marca em termos de S-DL está em criar oportunidades para que os clientes interajam socialmente e construam relacionamentos, sejam quais forem.

No início deste capítulo, apresentamos o conceito de gestão de marca baseada em identidade, conectando o autoconceito da empresa com a perspectiva dos clientes. Na lógica da marca S-DL, esse modelo baseado em identidade precisa passar por adaptações, pois originalmente ele "trata implicitamente a marca como um ativo totalmente controlável pela empresa".[75] Na sua concepção inicial, não se reconhece a influência dos clientes e seu ambiente sociocultural; a identidade de marca considera os clientes apenas como um recurso da operação – recebedores passivos das mensagens e experiências de marca. Ballantyne e Aitken confirmam isso apontando que a abordagem baseada em identidade "ignora o valor do uso que é resultado do consumo de um produto por um cliente ao longo do tempo e também os efeitos da comunicação boca a boca gerados a partir das comunidades da marca". Além disso, há um impulso para o desenvolvimento da identidade, uma vez que a imagem da marca é considerada "dinamicamente construída por meio da interação social".[76]

Concordamos com o trabalho de Jan Drengner,[77] que propõe uma forma holística de ver a gestão da marca com uma visão de S-DL. De um lado, a marca é vista como parte da proposta de valor de uma empresa; por outro lado, é vista como o contexto sociocultural e o espaço de interação de marcas e clientes que determinam um *significado de marca*. Por significado de marca, nesse contexto, entendemos que ele seria a soma de experiências individuais, associações, sentimentos e comportamentos que geram uma projeção mental com um significado implícito na mente do cliente.[78,79] Como tal, "os significados da marca são socialmente construídos e de domínio público".[80]

Para levar em conta essas novas considerações, introduzimos um conceito baseado na S-DL que chamamos de gestão de marca socioculturalmente integrada (mostrado na Figura 4.14), em que o interesse não é pela *imagem de marca*, como no modelo de identidade, mas sim pelo *significado da marca*.

Figura 4.14 Gestão socioculturalmente integrada da marca com base na S-DL.

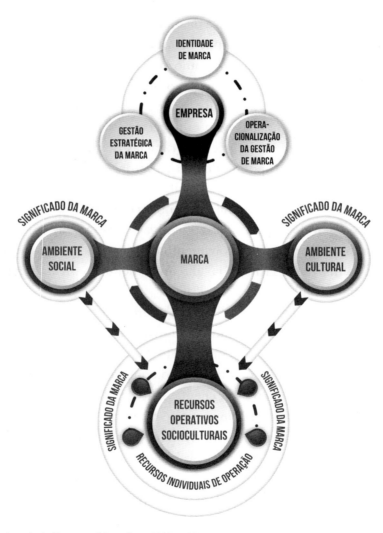

Fonte: adaptada de Drengner, Jahn e Gaus, 2013, p. 154.

A identidade da marca no sentido de ser o objetivo que se pretende alcançar com o processo de construção de marca ainda é o ponto de partida. A marca deve oferecer uma proposta de valor aos clientes, que usarão seus recursos operativos para atribuir significado a ela. Clientes com background sociocultural semelhante usam recursos operativos similares para criar valor a partir das propostas de valor. Isso pode atribuir significados coincidentes a uma marca. O significado da marca é, assim, influenciado pelo ambiente sociocultural, *cocriado* sob uso dos recursos dos clientes e determinado *individualmente*.[81]

Isso implica limites nas possibilidades de influenciar o significado da marca. A publicidade possui certos limites quando se trata de criar significado de marca. Fontes externas à empresa tendem a serem vistas como mais confiáveis, como o boca a boca vindo de amigos, colegas ou familiares, que são consideradas opiniões mais genuínas e com menos vieses. Em tempos de significado de marca cocriado, novas formas de comunicação são necessárias (ver Figura 4.15).

Figura 4.15 Do informacional ao dialógico: novas formas de comunicação.

INFORMACIONAL — COMUNICACIONAL — DIALÓGICO

CONSTRUÇÃO DE MENSAGENS PERSUASIVAS — INFORMAR E SER INFORMADO — UM VIÉS DE APRENDIZADO

Fonte: Ballantyne e Aitken, 2007, p. 367.

"Achamos limitante considerar interação e comunicação como processos separados. Qualquer forma de interação entre comprador e fornecedor funciona como fonte de significado da marca [...]"[82] Em uma lógica de branding em que o serviço é dominante, onde os clientes não são receptores passivos de uma comunicação persuasiva unidirecional, mas, em vez disso, são integradores de recursos interativos e cocriadores, a interação comunicacional e dialógica ao longo de todos os pontos de contato da marca deve ser adotada para cocriar com sucesso o significado da marca.[83]

O marketing H2H assume, assim, a gestão holística da marca baseada na identidade na sua base, que então é expandida para incluir os achados da S-DL. A identidade da marca deve ser concebida e comunicada de forma razoável. Também deve ficar claro que a imagem da marca e o significado da marca são cocriados levando em consideração o contexto sociocultural dos clientes. Com isso, a marca se torna um serviço e cumpre diversas funções.

4.2.3. O fator digitalização: um novo caminho para o cliente na era da conectividade

No último capítulo, falamos sobre as mudanças no comportamento do cliente e na relação entre empresa e cliente causadas pelo aumento da interconexão. Com a ascensão dos canais digitais, os clientes podem alternar constantemente entre canais online e offline (*channel hopping*) e não são fáceis de rastrear. Como as expectativas dos clientes também estão mudando, as empresas buscam abordagens multi ou omnicanal para criar uma experiência consistente para o cliente em todos os pontos de contatos possíveis.

Para os clientes, o avanço digital tem duas consequências. As empresas têm a possibilidade de sobrecarregar os clientes com uma intensa comunicação de marketing outbound enviando e-mails, anúncios online personalizados e outras formas de comunicação. Por outro lado, os clientes utilizam mais formas de buscar informações e são ativos via marketing inbound. Eles tendem a bloquear ou ignorar a comunicação intrusiva e preferem vasculhar um vasto número de locais para encontrar informações sem o viés publicitário das comunicações oficiais da empresa. A comoditização das ofertas transforma modelos de proposta de valor em muitos setores. Ao mesmo tempo, a superexposição a estímulos sobrecarrega os clientes e os faz procurar fontes de informação em que possam confiar, especialmente amigos, colegas e familiares.[84] Com esses novos desdobramentos surge um novo caminho do cliente, como mostra a Figura 4.16.

Figura 4.16 O novo caminho do cliente na era da conectividade.

Fonte: elaborado pelos autores.

Na era da pré-conectividade, o entendimento do processo de compra das pessoas era caracterizado pelos 4As, na seguinte sequência: os clientes *assimilavam* a existência de uma marca; em seguida, desenvolviam um *atitude* em relação a ela, positiva ou negativa; a partir da atitude, decidiam como *agir*, com uma decisão de compra; e, finalmente, consideravam se eles deveriam comprar novamente, na fase da *nova ação*. O modelo 4A é um processo típico em forma de funil, já que, a cada passo, o número de clientes diminui.[85]

Com a conectividade, ocorreram mudanças fundamentais no comportamento do cliente, o que criou a necessidade de um novo caminho do cliente, o 5A (já mostrado na Seção 4.1.4), para mapear adequadamente o processo de compra.[86] Vamos dar uma olhada nessas mudanças específicas:

- *Mudança 1*: gostar ou não de uma marca (a *atitude*) costumava ser definido individualmente, enquanto hoje o contexto social do indivíduo torna-se um fator decisivo. Na era da conectividade, a *atração* de uma marca é influenciada pela comunidade ao redor do cliente para determinar a atitude final. Muitas decisões aparentemente pessoais são, na verdade, decisões sociais.

- *Mudança 2*: representa a mudança de significado da lealdade e a definição de metas que as empresas derivam dela. Enquanto a lealdade antes era vista na recompra de uma marca, na era da conectividade, a lealdade é definida como a vontade de defender uma marca, o que independe da realização da compra.

- *Mudança 3*: é encontrada na crescente conectividade entre clientes que têm relacionamentos estabelecidos na arguição-apologia e dependem de outros clientes para descobrir mais sobre marcas específicas. O feedback que recebem afeta positiva ou negativamente o apelo da marca.

Essas três mudanças nos levam ao novo caminho do cliente, que consiste no 5A. O caminho começa com a fase de *assimilação*, na qual os clientes conhecem uma marca como resultado de experiências passadas, comunicações de marketing e/ou defesa de outras pessoas. Na fase seguinte, a de *atração*, o cliente processa essas impressões e desenvolve interesse por determinadas marcas. Ele, então, tenta descobrir mais sobre as marcas pelas quais ele é atraído na fase de *arguição*, por exemplo, entrando em contato com outros clientes ou estudando avaliações online. Se convencido, o cliente pode dar o próximo passo com a *ação*. Isso inclui não apenas a compra do produto, mas também outras interações, como registrar uma reclamação em caso de experiência negativa ou serviços pós-compra. O nível de defensor é a última fase e é considerado o objetivo mais alto no marketing moderno pelos criadores da abordagem 5A (para uma visão mais detalhada do caminho do cliente 5A, ver Figura 4.17).

Figura 4.17 O caminho do cliente 5A em detalhes.

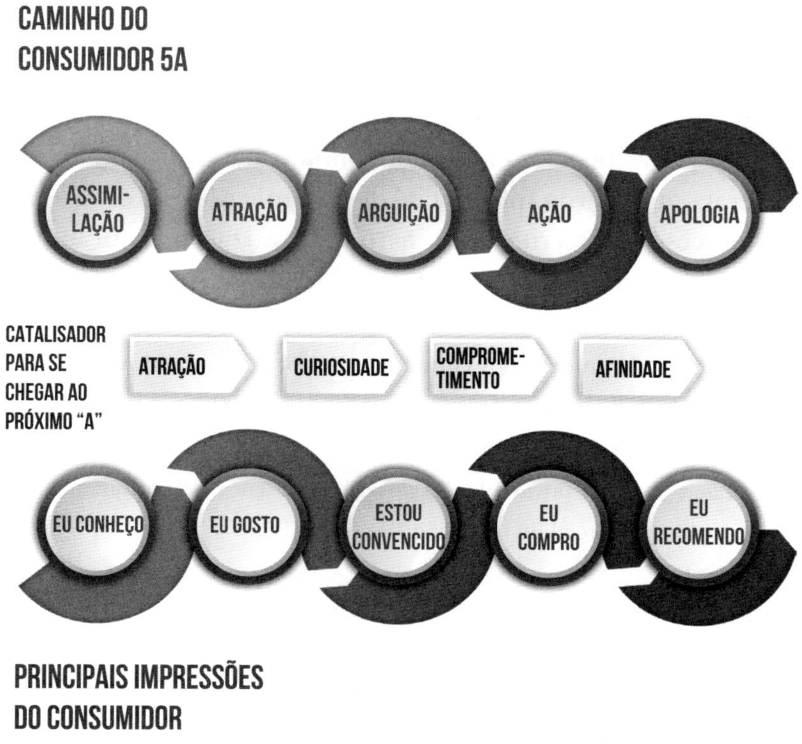

CAMINHO DO CONSUMIDOR 5A

ASSIMILAÇÃO → ATRAÇÃO → ARGUIÇÃO → AÇÃO → APOLOGIA

CATALISADOR PARA SE CHEGAR AO PRÓXIMO "A": ATRAÇÃO → CURIOSIDADE → COMPROMETIMENTO → AFINIDADE

EU CONHEÇO → EU GOSTO → ESTOU CONVENCIDO → EU COMPRO → EU RECOMENDO

PRINCIPAIS IMPRESSÕES DO CONSUMIDOR

Fonte: elaborado pelos autores.

A grande valorização do processo de defesa da marca decorre de os clientes se voltarem cada vez mais para seu ambiente social em busca de informações, e não para as empresas. A crescente digitalização está reforçando esse efeito. Em um mundo cada vez mais volátil, incerto, complexo e ambíguo (VUCA, de *volatility, uncertainty, complexity, ambiguity*), as marcas servem cada vez mais como âncoras de confiança. A crescente digitalização leva a contatos cada vez menos diretos entre os funcionários das empresas e os clientes. Uma marca humanizada assume esse papel de contato direto em um mundo digitalizado. Os efeitos do marketing outbound típico estão diminuindo,[87] o que se deve, em parte, a um paradoxo típico do marketing atual. Embora os clientes hoje estejam mais informados do que nunca, a distração, graças à conectividade, também está em um nível recorde. À medida que o tempo de atenção e o tempo que os clientes têm para tomar decisões diminuem, enquanto as decisões a serem tomadas são múltiplas, eles recorrem àquelas pessoas em quem confiam para obter conselhos, o que acarreta uma perda substancial de controle do lado da empresa.[88]

Esse processo é descrito como a "democratização do branding" e, parafraseando a citação de Scott Cook dada no início do capítulo:

> O empoderamento dos consumidores por meio da tecnologia, como a produção de significado de marca por (micro) blogs, interação em redes sociais, e produção e disseminação de mensagens sobre as marcas (*brand advocacy*), leva a novas relações de poder tanto no âmbito comercial quanto no não comercial do branding.[89]

Desde 2010 haviam sido detectadas a forma de atuação mais ativa de parte dos consumidores e a importância da defesa da marca dentro das redes sociais.

A influência que as empresas podem ter nas comunidades de marca e na comunicação interpessoal é limitada, e é por isso que os defensores leais de uma marca entram em jogo. Quando surgem perguntas sobre uma marca, deve haver defensores da marca intervindo para ter uma influência positiva na imagem da marca e nas decisões de compra. *Brand advocacy*, outro termo para o *boca a boca*, pode ser *ativo*, mas apenas em casos raros os clientes promovem ativamente uma marca.

Em muitos casos, no entanto, ele pode ser *induzido* a partir de certos gatilhos. Os dois principais gatilhos para a defesa de uma marca são citações negativas sobre a marca e perguntas de terceiros. Com isso em mente, a menção negativa dos chamados *haters* de marca não deve ser considerada necessariamente ruim, pois pode ajudar a ativar defensores que poderiam ter permanecido inativos caso o gatilho não tivesse acontecido.[90]

Passando por todo o trajeto até o *brand advocacy*, cada etapa do caminho do cliente está situada em diferentes esferas de influência (indicadas na Figura 4.18), conceito que foi chamado de *O-Zone*.

Figura 4.18 O conceito de O-Zone.

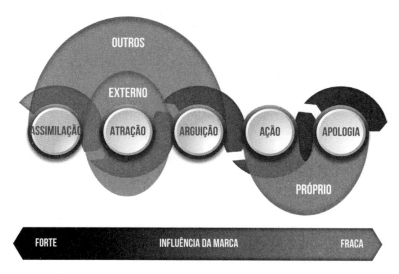

Fonte: elaborado pelos autores.

Ao se aproximar do momento em que o consumidor está no ápice da sua própria esfera de influência (*own*), a influência da marca diminui. Mais próximo das esferas externas (*outer*), as empresas continuam tendo capacidade de influência, gerenciando a comunicação e os pontos de contato com os clientes. Na zona mais ampla, denominada de outros (*others*), as comunidades e contatos sociais dos clientes (o *fator F*) são os fatores decisivos para influenciar os clientes, e a marca deve agir através deles. Conversas dentro de comunidades, avaliações e sistemas de classificação, bem como conselhos de familiares e amigos, estão impulsionando a decisão de compra, resultando em uma perda de influência do lado da empresa. A influência da própria pessoa (*own*) é caracterizada como "resultado da experiência passada e interação com várias marcas, julgamento pessoal e avaliação das marcas e, finalmente, preferência individual em relação à(s) marca(s) escolhida(s)"[91] e, portanto, está além de qualquer controle direto da empresa.

As três esferas estão interligadas e interagem entre si. Por exemplo, uma marca faz um excelente trabalho em sua esfera de influência externa, proporcionando uma experiência convincente, que resulta em um boca a boca positivo para os outros que, consequentemente, afeta a avaliação da marca pessoal e as preferências do próprio cliente.

As empresas têm certa influência nas fases de assimilação e arguição, que estão na intersecção da esfera externa e dos outros, e uma influência forte na etapa de atração, enquanto agir e advogar (ou fazer apologia na terminologia 5A) estão fora do alcance direto da influência da marca. As marcas, portanto, devem focar a esfera externa e, parcialmente, a esfera outros para influenciar positivamente os clientes.[92] Ao longo do caminho, desde a fase de assimilação até a fase de apologia, há catalisadores que os profissionais de marketing podem aproveitar para quebrar barreiras entre as etapas.

- *Primeiro catalisador: aumento da atração*
  Várias abordagens são viáveis para melhorar o interesse das pessoas por uma marca. Marcas com um toque humano podem tornar uma marca mais atraente para os clientes, uma vez que as marcas não são percebidas como robôs sem sentimentos, mas como "uma pessoa com mente, coração e espírito humano". Em concordância

com o que a S-DL dita, as marcas devem tratar os clientes como um recurso operativo em pé de igualdade, como "amigos iguais".[93]

Além disso, o *ativismo de marca,* ou seja, tomar uma posição clara sobre questões sociais, políticas, ambientais ou econômicas atuais, pode afetar fortemente o apelo da marca. O foco adicional deve estar na diferenciação em relação aos concorrentes, por exemplo, oferecendo personalização ou experiências excepcionais, como concluem Kotler, Kartajaya e Setiawan: "Quanto mais ousada, audaciosa e heterodoxa for a diferenciação, maior será o apelo da marca".[94]

- *Segundo catalisador: otimização da curiosidade*
  A curiosidade é o resultado de uma dissonância entre o estado atual e o desejado do conhecimento. O verdadeiro potencial de criar curiosidade está em oferecer informações interessantes sem ser muito revelador e, assim, gerar uma mística ao redor da marca.[95] Uma maneira eficaz de fazer isso é fazer *marketing de conteúdo,* algo que será discutido mais profundamente no Capítulo 5.

- *Terceiro catalisador: aumento do comprometimento*
  Neste ponto, os clientes podem estar convencidos do potencial da marca, mas ainda há um caminho a percorrer até que a compra real ocorra. Para que isso aconteça, as empresas precisam fornecer uma experiência perfeita ao longo de todos os pontos de contato. Como os clientes estão constantemente alternando entre canais online e offline,[96,97] é necessária uma abordagem integradora para o gerenciamento de canais, que pode ser encontrada no marketing omnicanal (mais sobre isso no Capítulo 5).

- *Quarto catalisador: aumento da afinidade*
  Para fazer a transição bem-sucedida do ato de compra única para transformar os clientes em defensores fiéis, as empresas precisam se

envolver com seus clientes além dos pontos de contato típicos. Isso pode significar construir um programa de recompensas e fidelidade e interação nas mídias sociais ou usar a gamificação para entrar em contato mais próximo. Sem dúvida, a fase pós-compra é onde, para os clientes, chega a hora da verdade:[98] o produto ou serviço comprado resiste às promessas de pré-compra feitas pela marca? A resposta à pergunta tem um forte efeito sobre a possibilidade de o cliente desenvolver afinidade com uma marca.

Para concluir: há um enorme aumento da importância do contexto social dos clientes nas decisões de compra, em que as marcas têm de abdicar de uma parte do seu poder. Isso torna ainda mais importante que as empresas aproveitem fenômenos e ferramentas como o boca a boca, a defesa da marca e as comunidades de marcas para se beneficiar desses desenvolvimentos. A perda de controle é um alerta para os gestores, mostrando que não são mais eles os únicos capazes de controlar as mensagens da marca ou gerenciar suas associações. Ou, colocado de outra forma, "A gestão de marca deve ser uma atividade de curadoria, não de controle total".[99]

4.2.4. O fator design thinking: o design formador de marca

Esta seção irá focar a inter-relação do design e da marca. Normalmente, o design é analisado separadamente, sem reconhecer o efeito que um design convincente pode ter nas marcas. O pesquisador Jan Of, em seu trabalho sobre o que ele chama de *design formador de marca* (*brand formative design* – BFD), estabelece[100] que o design pode ter uma função diferenciadora, especialmente aos olhos da tendência de comoditização que advém da digitalização. Portanto, o design pode contribuir para a construção de uma vantagem competitiva ao oferecer diferenciação e, portanto, passa a ter uma importância estratégica. Na opinião do autor: "O design pode ser uma ferramenta para criar algo único, comunicar valores, entreter, simplificar escolhas e criar satisfação do consumidor".[101] Neste breve depoimento, ficam evidentes os paralelos entre o design com as funções de uma marca e a indissociabilidade de ambas. Um design prazeroso e inovador aplicado a produtos, serviços e a todas as experiências do cliente pode ter fortes efeitos positivos na construção da marca. "Basta um momento de encantamento inesperado de uma marca para transformar um cliente em um fiel defensor da marca".[102]

Como foi visto no capítulo sobre o design thinking, há ambiguidades no termo design que podem tornar o termo um tanto subjetivo. A separação natural entre profissionais de marketing e designers é visível nas diferentes formas de compreender e abordar etapas práticas de um projeto, e também nas reivindicações sobre a liderança do projeto que ambas as partes expressam, como também o fazem outros profissionais, como os engenheiros.[103] Enquanto os designers tradicionais podem se concentrar em aspectos físicos ou estéticos de um produto, o marketing na perspectiva H2H adota um enfoque mais amplo. Em uma sociedade orientada para experiências com significados, o foco está cada vez mais no design de experiências significativas e menos no design exclusivamente físico de objetos.

No espírito do design thinking, a convergência interdisciplinar é necessária. "Os profissionais de marketing devem adquirir uma melhor compreensão do processo de design e os designers devem adquirir uma melhor compreensão do processo de marketing".[104] Produtos, serviços e qualquer outro ponto de contato precisam ser entendidos como "objetos que contextualizam os sujeitos".[105] Uma representação visual da incorporação do contexto ao design é dada na Figura 4.19.

Figura 4.19 Relações entre produto, pessoa e contexto no design formador de marca.

Fonte: adaptado de Of, 2014, p. 84.

O sujeito nesse modelo refere-se aos destinatários (consumidores) do objeto projetado (produto, serviço etc.), que é avaliado de forma diferente dependendo do contexto específico. O que chama a atenção é a perfeita coerência entre o modelo de Jon Of e a S-DL. O design em si não contém valor, mas o valor é percebido pelos consumidores, que o interpretam usando seu conhecimento e, por fim, lhe atribuem um significado individual. A criação de valor na perspectiva S-DL é contextual, um *valor no contexto*, dado em conjunto com a experiência vivenciada;[106] o mesmo vale para o design. A eficácia e o significado do design estão intimamente ligados ao seu contexto.[107] Por exemplo, o design de um lustre banhado a ouro pode ser considerado apropriado em um castelo ou uma mansão luxuosa, mas pode parecer absurdo e pretensioso em outras circunstâncias. Além disso, o fator tempo é uma parte importante do contexto. Um projeto que há 20 anos era considerado excelente pode não evocar as mesmas reações positivas nos dias de hoje.[108]

No espírito de aceitar os clientes como parceiros colaboradores e mover o ser humano para o centro do marketing, as empresas também podem envolvê-los ativamente no processo de design, como um *codesign*. Para isso, as empresas precisam determinar o papel do cliente no processo de design, em quais estágios ele estará envolvido e qual será o tamanho de seu escopo de projeto. Enquanto Jan Of[109] se concentra principalmente no envolvimento do cliente no design físico que consiste em embalagem, logotipo, cores etc., as empresas podem considerar em quais outros pontos de design os clientes podem ser envolvidos para melhor atender às suas preferências.

O trabalho sobre o design formador de marca (BFD) mostra a importância que o design tem no contexto da gestão de marcas e a maneira como deve ser levado em conta por profissionais de marketing e pessoas de outras disciplinas. Como recomendação prática, os icônicos dez princípios de bom design, do designer de renome mundial Dieter Rams, podem ser úteis:[110]

1. "Um bom design é inovador."
2. "Um bom design torna um produto útil."
3. "Um bom design é estético."
4. "Um bom design torna um produto compreensível."
5. "Um bom design é discreto."
6. "Um bom design é honesto."
7. "Um bom design é duradouro."
8. "Um bom design é minucioso até o último detalhe."
9. "Um bom design é amigo do ambiente."
10. "Um bom design é o mínimo de design possível."

Seguindo essas recomendações, permitir a cocriação no processo de design, bem como entender a natureza contextual do significado do design, ajudará os profissionais de marketing a criar um resultado positivo a partir da interação entre o design e a marca.

4.3. Branding no marketing H2H

A gestão de marcas H2H baseia-se na abordagem CBBE (*consumer based brand equity*, ou valor de marca baseado no consumidor),[111] o que ainda é a abordagem fundamental e mais relevante para a gestão da marca (branding). Em virtude dos fatores que impactam o modelo de marketing H2H, o CBBE precisa ser adaptado nos seguintes pontos (ver Figura 4.20):

1. O propósito da marca como componente-chave da identidade da marca deve estar relacionado ao problema humano que uma empresa pode resolver de forma autêntica. As capacidades da empresa que lhe permitem resolver tal problema são fundamentais para o processo de posicionamento da marca. O significado da marca é fundamental para a identidade da marca. A promessa de solução e as evidências de solução dos problemas adicionam significado para a marca entre os stakeholders que se envolvem ou, ainda melhor, que se engajam com a marca.
2. A personalidade da marca tem de ser humanizada e "emocionalizada" para facilitar a identificação do significado da marca pelos stakeholders.
3. A identidade da marca deve ser dinâmica, monitorar as mudanças culturais e se adaptar ao conceito da identidade de acordo com as tendências detectadas.
4. As empresas devem cocriar o significado da marca com seus clientes e outros stakeholders na zona externa. As comunidades de marca (o fator F e o O-Zone) têm de ser estabelecidas e integradas na gestão e comunicação da marca.
5. A comunicação da marca tem que ser adaptada de um processo de informação (broadcast) para um processo de diálogo.
6. Confiança, experiência e engajamento devem ser estabelecidos como indicadores-chave de desempenho na gestão da marca e devem ser controlados continuamente.

7. As empresas devem estabelecer a marca caracterizando o design como uma dimensão distinta no processo de pesquisa e desenvolvimento.

Figura 4.20 Gestão da marca H2H dentro do modelo de marketing H2H.

Fonte: elaborado pelos autores.

Para superar a grande crise de confiança, a marca deve estar relacionada a uma promessa autêntica, humana e emocional de uma empresa e/ou produto que pretende resolver um problema humano de forma eficaz. Isso pode ser feito sozinho ou, de modo ainda mais autêntico, em conjunto com outros parceiros como uma rede de colaboração. Só assim o conjunto de stakeholders confiará em uma marca.

A marca será uma âncora de confiança em um ambiente cada vez mais desestabilizado. Com as abordagens de gestão do CRM, CXM, CSR, reputação, serviço e, finalmente, gestão de marca, as empresas podem desenvolver e manter a confiança de que precisam para manter a marca relevante durante toda a jornada do cliente e ajudar o cliente a tomar suas decisões.

Empresas precisam manter sua gestão de reputação eficaz e criar histórias de sucesso com a produção contínua de referências e exemplos positivos, como um ímã para todas as partes interessadas. A Liqui Moly é uma marca tradicional originária do sul da Alemanha que pode ser usada como exemplo. A empresa é especializada na produção de aditivos para combustíveis, lubrificantes e óleos para motores, e foi capaz de transformar um produto comoditizado e oferecido por grandes fornecedores internacionais, como a ExxonMobil, British Petroleum, Petrobras ou Aramco, em uma marca ícone. Com um portfólio completo de produtos, a Liqui Moly cobre quase todas as necessidades que um entusiasta de automóveis possa ter, e é distribuída para clientes em todo o mundo pela OTV International – um parceiro e distribuidor global de lubrificantes. Os óleos e lubrificantes Liqui Moly são usados em carros, motos, veículos comerciais, máquinas de construção, barcos e até mesmo ferramentas motorizadas de jardim. Seja para uso industrial, comercial ou privado, os produtos Liqui Moly têm como proposta de valor a melhora da vida útil de motores. A marca Liqui Moly estabeleceu uma relação muito próxima com todos os stakeholders por meio de uma gestão orientada para o ser humano. Portanto, a marca é premiada quase anualmente como a marca de óleo de motor mais popular da Alemanha. Os produtos da empresa são considerados excelentes por profissionais da área e por usuários particulares. Eles têm um código de compliance muito rigoroso e mostram um compromisso visível pela responsabilidade social. As soluções do produto garantem que o desgaste do motor seja mínimo e que seu desempenho seja mantido mesmo com altas quilometragens.

Uma gestão holística de marca, que contrói uma marca colaborativa, dando espaço para que os stakeholders influenciem sua evolução, é a base para o sucesso do branding atual. Com a mudança de G-DL para S-DL, a lógica da marca também evoluiu e criou um foco orientado para o ser humano que inclui todos os stakehoders da empresa nos ecossistemas relevantes. A partir daí, as marcas são interpretadas socioculturalmente num processo de comunicação baseado no diálogo. A digitalização abriu novos meios de conectividade e criou novos caminhos de consumo e interação.

A nova gestão de marca H2H, que incorpora o design thinking, a lógica dominante de serviços e a digitalização, dá aos profissionais de marketing de hoje uma ferramenta poderosa para serem mais significativos e relevantes para os stakeholders. O futuro da gestão de marcas H2H é centrado no ser humano, construído com um design que caracterize o conceito da marca e age levando em consideração o ponto de vista do cliente. Junto com a "personalidade de marca humanizada", a marca se torna, efetivamente, mais humana.

A lógica dominante de serviços adicionou ao processo de gestão de marcas a cocriação do significado da marca e a perspectiva de influência de toda a rede que está ao redor da marca, e fez da marca um recurso operativo. Com a digitalização, uma nova jornada do cliente e a comunicação multidirecional, é possível transformar a marca em uma âncora de confiança. Seguindo essas recomendações, permitir a cocriação no processo de design, bem como entender a natureza contextual do significado do design, ajudará os profissionais de marketing a criar um resultado positivo a partir da interação entre o design e a marca.

No nosso dia a dia, queremos estar rodeados de marcas em que confiamos. No entanto, no mundo corporativo, pouquíssimos executivos agem dessa maneira. Muitos não conhecem o conceito, e apenas alguns são capazes de entender como aplicá-lo.

Algumas ótimas aplicações da gestão de marcas H2H podem ser encontradas em marcas que estruturam processos B2B2C,[112] também conhecido como *ingredient branding*, quando uma empresa que vende ingredientes ou componentes no mercado B2B acaba construindo sua marca para os consumidores finais desse mercado. É uma estratégia eficaz e comprovada que ajuda as empresas B2B a saírem das sombras do anonimato e se tornarem visíveis para o consumidor final, construindo confiança e fugindo da comoditização. Marcas muito conhecidas e adoradas hoje conquistaram isso com a ajuda da diferenciação do *ingredient branding*.[113]. Intel, Huawei e Microsoft ganharam uma vantagem competitiva a partir da força de suas marcas. Empresas menores como GoreTextiles, Recaro e PayPal também aplicaram o princípio de *ingredient branding* com sucesso e isso contribuiu imensamente para o seu sucesso atual.

Avançando na trajetória do livro

Neste capítulo, conhecemos a segunda etapa da operacionalização do marketing H2H – a gestão H2H. Depois de uma breve introdução sobre a recente crise de confiança, aprendemos sobre diferentes abordagens para gerenciar a confiança e transformá-la na moeda central com a qual os clientes darão valor às marcas. O ativismo de marca é um primeiro meio de gerenciar a confiança. Ele representa um desenvolvimento adicional do conceito de Responsabilidade Social Corporativa (CSR) e pode ser usado para deixar de lado o *greenwashing* e passar a adotar o *walk the talk*. Com o ativismo de marca, as empresas podem integrar todos os stakeholders em suas marcas, incluindo a sociedade e o próprio planeta, dentro de um sistema único de objetivos e valores de marca. O ativismo indicou que as empresas precisam executar ações que atendam a esses stakeholders de forma significativa e perceptível.

A partir da definição do termo "confiança", aprendemos que apenas confianças experienciais e reputacionais são gerenciáveis. A gestão da experiência do cliente e a gestão da reputação são, portanto, as abordagens necessárias para gerir ambos os tipos de confiança. Percorreremos a jornada do cliente no modelo 5A e descobrimos a importância de projetar e gerenciar a experiência em cada ponto de contato ao longo dessa jornada. Identificamos a importância da gestão proativa de expectativas para a gestão de reputação.

Em seguida, voltamos nossa atenção para a gestão da marca H2H e percebemos que a abordagem CBBE deve evoluir com base nas descobertas do design thinking, da lógica dominante de serviços e da digitalização, a fim de servir como âncora de confiança para as pessoas. Da S-DL tiramos que o branding é democratizado de forma que a empresa dona da marca não tem mais o poder de construir o significado da marca sozinha. O significado da marca deve ser cocriado. Há várias lições da digitalização para a gestão da marca. Observamos que há três grandes mudanças na jornada do cliente causadas pelo aumento da conectividade dos clientes. Vimos também o conceito de O-Zone, identificando que as empresas podem influenciar a zona externa (*outer*) e a zona social (*other*), mas não a zona individual dos consumidores (*own*). Identificamos vários catalisadores que quebram barreiras entre os estágios do O-Zone. Por fim, conhecemos o conceito de design formador de marca, fortemente afetado pelo design thinking. Esse conceito ajuda a integrar design e marketing na formação do significado da marca, projetando experiências do cliente que se encaixam ao contexto e às necessidades dos clientes. No próximo capítulo, entraremos na terceira etapa da operacionalização: o processo H2H.

Perguntas

1. Qual é o principal objetivo da gestão holística de marca H2H?
2. Quais são os quatro tipos de confiança? Quais deles são gerenciáveis?
3. O que são *wicked problems* e por que as empresas deveriam procurar enfrentá-los?
4. Qual é o significado do modelo 5A? Quais das cinco fases são fortemente impactadas pelo engajamento de outros players que

não o fornecedor e o cliente? Por que diferenciar pontos de contato digitais e físicos ao longo da jornada do cliente?
5. O que é o conceito de persona e como ele se encaixa na gestão de reputação? Analisando a Figura 4.7, como você usaria o conceito de persona?
6. Quais são as características da identidade de marca e quais suas implicações para a gestão da marca?
7. O que queremos dizer com "democratização do branding"?

Referências

AAKER, D. A.; MCLOUGHLIN, D. *Strategic market management*: global perspectives. Chichester: Wiley, 2010.

ADLIN, T.; PRUITT, J. Putting personas to work: using data-driven personas to focus product planning, design, and development. In: SEARS, A.; JACKO, J. A. (Eds.). *Human-computer interaction*: development process. 1. ed. Boca Raton, FL: Imprensa CRC, 2009. p. 95-120.

BALLANTYNE, D.; AITKEN, R. Branding in B2B markets: insights from the service-dominant logic of marketing. *Journal of Business & Industrial Marketing*, v. 22, n. 6, p. 363-371, 2007. Disponível em: https://doi.org/10.1108/08858620710780127.

BURMANN, C. et al. *Identitätsbasierte Markenführung: Grundlagen – Strategie – Umsetzung – Controlling*. 2. ed. Wiesbaden: Springer Gabler, 2015.

CONE COMMUNICATIONS. *2017 Cone Gen Z CSR study*: how to speak Z [Relatório]. 2017. Disponível em: http://www.conecomm.com/research-blog/2017-genz-csr-study.

COURT, D. et al. The consumer decision journey. *McKinsey Quarterly*, v. 3, p. 1-11, 2009. Disponível em: https://www.mckinsey.com/business-functions/marketing-and-sales/our-insights/the-consumer-decision-journey.

DRENGNER, J.; JAHN, S.; GAUS, H. Der Beitrag der Service-Dominant Logic zur Weiterentwicklung der Markenführung. *Die Betriebswirtschaft*, v. 73, n. 2, p. 143-160, 2013. Disponível em: https://www.academia.edu/12178909/Der_Beitrag_der_Service-Dominant_Logic_zur_Weiterentwicklung_der_Markenf%C3%BChrung.

EDELMAN. *2011 Edelman trust barometer*: global report [Relatório]. 2011. Disponível em: https://www.slideshare.net/EdelmanInsights/2011-edelman-trust-barometer.

EDELMAN. *2018 Edelman trust barometer*: global report [Relatório]. 2018. Disponível em: https://www.edelman.com/sites/g/files/aatuss191/files/2018-10/2018_Edelman_Trust_Barometer_Global_Report_FEB.pdf

EDELMAN. *2019 Edelman trust barometer special report*: in brands we trust? [Relatório]. 2019. Disponível em: https://www.edelman.com/sites/g/files/aatuss191/files/2019-06/2019_edelman_trust_barometer_special_report_in_brands_we_trust.pdf.

EDELMAN. *2020 Edelman trust barometer*: global report [Relatório]. 2020. p. 12. Disponível em:

FOMBRUN, C. J.; VAN RIEL, C. B. M. *Fame & fortune*: how successful companies build winning reputations. Upper Saddle River, NJ: Pearson Education, 2004.

GAISER, B.; LINXWEILER, R.; BRUCKER, V. (Orgs.). *Praxisorientierte Markenführung*: Neue Strategien, innovative Instrumente und aktuelle Fallstudien. Wiesbaden: Gabler, 2005.

GODIN, S. *Permission marketing*. London: Simon e Schuster, 2007.

HADERLEIN, A. *Die digitale Zukunft des stationären Handels*: Auf allen Kanälen zum Kunden. München: mi-Wirtschaftsbuch, 2012.

HALLIGAN, B.; SHAH, D. *Inbound-Marketing*: Wie Sie Kunden online anziehen, abholen und begeistern. Trad. D. Runne. Weinheim: Wiley-VCH, 2018.

HANSEN, N. L. *Dear CxO… Just focus on the customer journey!* [Postagem no blog]. 25 jan. 2018. Disponível em: https://www.linkedin.com/pulse/dear-cxo-just-focus-customer-journey-nicolaj-l%C3%B8ve-hansen/

HÄUSLING, A. Serie agile tools. *Personalmagazin*, v. 10, p. 36-37, 2016. Disponível em: https://www.haufe.de/download/personalmagazin-102016-personalmagazin-381028.pdf.

HEINEMANN, G. *SoLoMo – Always-on im Handel*: Die soziale, lokale und mobile Zukunft des Shopping. Wiesbaden: Springer Gabler, 2014.

HEINEMANN, G.; GAISER, C. W. *SoLoMo – Always-on im Handel*: Die soziale, lokale und mobile Zukunft des Omnichannel-Shopping. 3. ed. Wiesbaden: Springer Gabler, 2016.

KELLER, K.L.; APÉRIA, T.; GEORGSON, M. *Strategic brand management*: a European perspective. Pearson Education, 2008.

KEMMING, J. D.; HUMBORG, C. Democracy and nation brand(ing): friends or foes? *Place Branding and Public Diplomacy*, v. 6, n. 3, p. 183-197, 2010. Disponível em: https://www.researchgate.net/publication/47378882_Democracy_and_nation_branding_Friends_or_foes

KOTLER, P.; ARMSTRONG, G. *Principles of marketing*. 13. ed. Upper Saddle River, NJ: Pearson, 2010.

KOTLER, P.; HESSEKIEL, D.; LEE, N. R. *GOOD WORKS!*: Wie Sie mit dem richtigen Marketing die Welt – und Ihre Bilanzen – verbessern. Trad. N. Bertheau. Offenbach: Gabal, 2013.

KOTLER, P.; KARTAJAYA, H.; SETIAWAN, I. *Die neue Dimension des Marketings*: Vom Kunden zum Menschen. Trad. P. Pyka. Frankfurt: Campus, 2010.

KOTLER, P.; KARTAJAYA, H.; SETIAWAN, I. *Marketing 4.0*: moving from traditional to digital. Hoboken, NJ: Wiley, 2017.
KOTLER, P.; PFOERTSCH, W. A. *B2B brand management*. Berlin: Springer, 2006.
KOTLER, P.; RATH, G. A. Design: a powerful but neglected strategic tool. *Journal of Business Strategy*, v. 5, n. 2, p. 16-21, 1984. Disponível em: https://doi.org/10.1108/eb039054.
MAYER-VORFELDER, M. *Basler Schriften zum Marketing*. Vol. 29: *Kundenerfahrungen im ienstleistungsprozess*: Eine theoretische und empirische Analyse. Wiesbaden: Gabler, 2012.
MEFFERT, H.; BURMANN, C. Identitätsorientierte Markenführung. In: MEFFERT, H.; WAGNER, H.; BACKHAUS, K. (Eds.). *Arbeitspapier Nr. 100 der Wissenschaftlichen Gesellschaft für Marketing und Unternehmensführung e.V.* Münster: Wissenschaftliche Gesellschaft für Marketing und Unternehmensführung, 1996.
MERZ, M. A.; HE, Y.; VARGO, S. L. The evolving brand logic: a service-dominant logic perspective. *Journal of the Academy of Marketing Science*, v. 37, n. 3, p. 328-344, 2009. Disponível em: https://doi.org/10.1007/s11747-009-0143-3.
OF, J. (2014). *Brand formative design*: development and assessment of product design from a future, brand and consumer perspective [Tese de doutorado]. Disponível em: http://d-nb.info/1053319665
OLIVA, R. et al. *Insights on ingredient branding, ISBM Report 08–2009*. University Park, PA: Universidade Estadual da Pensilvânia, 2009.
PFOERTSCH, W.; BEUK, F.; LUCZAK, C. Classification of brands: the case for B2B, B2C and B2B2C. *Proceedings of the Academy of Marketing Studies*, Jacksonville, v. 12, n. 1, 2007
PFOERTSCH, W. A.; SPONHOLZ, U. *Das neue marketing-mindset*: Management, Methoden und Prozesse für ein Marketing von Mensch zu Mensch. Wiesbaden: Springer Gabler, 2019.
PINE, II, B. J.; GILMORE, J. H. Welcome to the experience economy. *Harvard Business Review*, v. 76, n. 4, p. 97-105, 1998. Disponível em: https://hbr.org/1998/07/welcome-to-the-experience-economy.
REPUTATION INSTITUTE. *Winning estrategies in reputation*: 2019 German RepTrak® 100 [Relatório]. 2019. Disponível em: https://insights.reputationinstitute.com/website-assets/2019-germany-reptrak.
RITTEL, H. W. J.; WEBBER, M. M. Dilemmas in a general theory of planning. *Policy Sciences*, v. 4, n. 2, p. 155-165, 1973. Disponível em: https://doi.org/10.1007/BF01405730.
ROSSI, C. Collaborative branding [Artigo de conferência]. In: MakeLearn & TIIM Joint International Conference, Bari, Itália, 27-29 maio 2015. Disponível em: https://www.researchgate.net/publication/282763907_COLLABORATIVE_BRANDING.
SARKAR, C.; KOTLER, P. *Brand activism*: from purpose to action (edição Kindle). [S.l.]: Idea Bite Press, 2018. Disponível em: www.amazon.com.

SCHÄFER, A.; KLAMMER, J. Service dominant logic in practice: applying online customer communities and personas for the creation of service innovations. *Management*, v. 11, n. 3, p. 255-264, 2016. Disponível em: https://econpapers.repec.org/article/mgtyoumng/v_3a11_3ay_3a2016_3ai_3a3_3ap_3a255-264.htm.

SHERRY, J. F. Brand meaning. In: TYBOUT, A. M.; CALKINS, T. (Eds.). *Kellogg on branding*: the marketing faculty of the Kellogg School of Management. Hoboken, NJ: Wiley, 2005. p. 40-69.

SISODIA, R. S.; SHETH, J. N.; WOLFE, D. *Firms of endearment*: how world-class companies profit from passion and purpose. 2. ed. Upper Saddle River, NJ: Pearson Education, 2014.

SPROUT SOCIAL. *Championing change in the age of social media*: how brands are using social to connect with people on the issues that matter [Report]. 2017. Disponível em: https://media.sproutsocial.com/pdf/Sprout-Data-Report-Championing-Change-in-the-Age-of-Social-Media.pdf.

TARNOVSKAYA, V.; BIEDENBACH, G. Corporate rebranding failure and brand meanings in the digital environment. *Marketing Intelligence and Planning*, v. 36, n. 4, p. 455-469, 2018. Disponível em: https://doi.org/10.1108/MIP-09-2017-0192.

VARGO, S. L.; LUSCH, R. F. Evolving to a new dominant logic for marketing. *Journal of Marketing*, v. 68, n. 1, p. 1-17, 2004. Disponível em: https://doi.org/10.1509/jmkg.68.1.1.24036.

VARGO, S. L.; LUSCH, R. F. Institutions and axioms: an extension and update of service-dominant logic. *Journal of the Academy of Marketing Science*, v. 44, n. 1, p. 5-23, 2016. Disponível em: https://doi.org/10.1007/s11747-015-0456-3.

VITSŒ. *The power of good design*: Dieter Rams's ideology, engrained within Vitsoe. [s.d.]. Disponível em:.

VOLVO TRUCKS. *Volvo trucks: the epic split feat. Van Damme (live test)* [Vídeo do YouTube]. 2013. Disponível em: https://www.youtube.com/watch?v=M7FIvfx5J10

WEISS, A. M.; ANDERSON, E.; MACINNIS, D. J. Reputation management as a motivation for sales structure decisions. *Journal of Marketing*, v. 63, n. 4, p. 74-89, 1999. Disponível em: https://doi.org/10.1177/002224299906300407.

WÜST, C. Corporate reputation management – die kraftvolle Währung für Unternehmenserfolg. In: WÜST, C.; KREUTZER, R. T. (Eds.). *Corporate reputation management*: Wirksame Strategien für den Unternehmenserfolg. Wiesbaden: Springer Gabler, 2012. p. 3-56.

5

Repensando a operação de marketing: o processo H2H

RESUMO

O processo H2H propõe um novo conceito de mix de marketing, uma evolução natural dos 4Ps. Ele não pretende substituir o mix de marketing clássico, mas sim fazer uma adaptação dele ao ambiente de negócios atual. O processo H2H deve ser altamente iterativo, não linear, ágil, cocriativo e adaptável a todos os tipos de negócios (B2B, B2C e serviços), todos os tipos de situações de negócios (válido para startups e empresas incumbentes) e formatos (analógicos e digitais). Uma das primeiras mudanças é a necessidade de haver uma relação com um problema humano, algo imprescindível para se realizar o marketing H2H. A primeira tarefa operacional dentro do processo H2H é justamente encontrar esse problema humano, que seja real, que demonstre um alto potencial de mercado e que possa ser resolvido com as capacidades da empresa. Para entender completamente o problema humano, a equipe de marketing deve gerar insights sobre os humanos que potencialmente têm esse problema – mesmo que a venda aconteça para outras empresas. Fazendo isso, a equipe terá as bases para realizar o design de uma proposta de valor adequada e que ofereça um conjunto de soluções completas, com vários componentes, incluindo as experiências do cliente durante o processo de compra e uso da solução. No item preço, precificar usando como base o valor percebido pelos stakeholders é uma tarefa complexa, que deve ser feita pela equipe para obter um feedback dos clientes sobre o real valor e poder estabelecer a base financeira da troca. Para a comunicação, o ponto central é usar o marketing de conteúdo H2H não apenas para prometer valor ao cliente, mas como um elemento que aumente a probabilidade de que os clientes usem a solução para obter o máximo valor, usando o produto corretamente em seu contexto individual. O marketing de conteúdo H2H amplia o conceito de marketing de conteúdo e utiliza os princípios do método lean start-up para torná-lo mais experiencial e ágil. O processo H2H também procura novas maneiras para responder à pergunta de como clientes e usuários podem ter acesso ao serviço da empresa, uma vez que o acesso está relacionado à proposta de valor e é considerado parte do conjunto de serviços no marketing H2H. O *omnichannel* e o *social commerce* representam atualmente as mais recentes formas de dar acesso ao cliente e, por isso, serão tratados aqui. Finalmente, o capítulo resume o impacto dos fatores design thinking, S-DL e digitalização no processo H2H.

Os 4Ps clássicos do mix de marketing têm guiado a execução do marketing há muitos anos. No mundo da digitalização, com novas formas de relacionamentos e formatos de comunicação, o formato original de produto, preço, praça e promoção pode não ser mais apropriado para os desafios de negócios de hoje.[1] O marketing H2H, com um processo de iteração flexível, traz novas possibilidades num atual mundo hipercompetitivo, em que a orientação para o marketing outbound e as medidas de marketing generalistas e massivas deixaram de ter impacto positivo.[2]

Uma das diferenças fundamentais em relação ao mix de marketing clássico é a forma de transitado do marketing estratégico para o marketing operacional, enfatizando explicitamente as iterações necessárias entre as fases do processo. Além disso, o processo baseia-se no princípio de integração S-DL.[3] Marketing digital, marketing de conteúdo, marketing de serviços, marketing B2C e B2B, branding e o mix de marketing, além de canais de comunicação e canais físicos do omnichannel, são partes integrantes desse novo mix. Finalmente, com base nos fatores de influência do modelo de marketing H2H, novas fases e pontos focais que não são ou estão apenas implicitamente incorporados aos 4Ps são incluídos no processo. A seguir, será explicado em detalhes como o processo H2H se conecta ao modelo de marketing H2H e quais novos pontos focais são incluídos em suas fases. O capítulo é concluído com o detalhamento completo das fases individuais desse processo iterativo.

5.1. O surgimento do mix de marketing H2H

Começaremos a destrinchar o mix de marketing H2H com um exame dos 4Ps tradicionais do mix de marketing e suas deficiências, abrindo espaço para novas abordagens inovadoras. Na análise da evolução do mix de marketing, serão examinados cinco sucessores conceituais – os 4Cs de Lauterborn, o modelo SIVA, o modelo SAVE, os 5Cs de Hall e os 5Es de Pfoertsch – para mostrar como mudanças relevantes em curso no marketing moldaram a maneira de implementar o marketing operacional. Esses passos evolutivos descritos culminam no processo H2H, que é construído sobre princípios de funcionamento retirados das abordagens mais recentes, bem como elementos fundamentais para a flexibilidade necessária na gestão atual, como o conceito de cocriação da S-DL e a abordagem iterativa presente no design thinking. Conforme apresentado na Figura 5.1, a evolução começa com o tradicional mix de marketing – os 4Ps.

Figura 5.1 A evolução do mix de marketing.

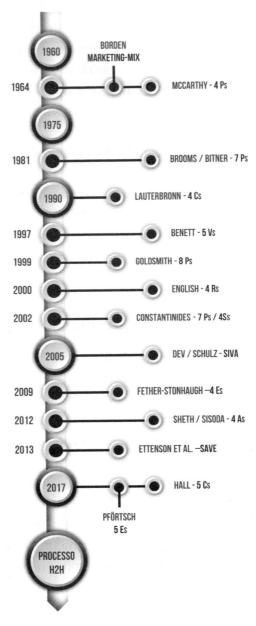

Fonte: elaborado pelos autores.

O termo *mix de marketing* foi cunhado por Neil H. Borden e derivado da ideia que o gestor de negócios é como um "misturador de ingredientes", aquele que está "constantemente envolvido em moldar criativamente um conjunto de procedimentos e políticas de comercialização num esforço para produzir uma empresa lucrativa".[4] Em seu artigo "The concept of the marketing mix" ("O conceito de mix de marketing", em tradução livre), ele construiu um conjunto de 12 elementos que deveriam ser incluídos em um mix de marketing orientado para o fabricante de produtos – primeira indústria que sentiu a necessidade de uma gestão mais sofisticada do seu processo de comercialização. Jerome McCarthy, então, combinou esses elementos, criando uma construção mais simples baseada em quatro variáveis: os 4Ps.[5]

5.1.1. A evolução do mix de marketing

Mais de 50 anos se passaram desde a introdução do mix de marketing de McCarthy, um tempo longo, em que sua aplicação produziu resultados confiáveis para os profissionais de marketing.[6] Muitas empresas usaram o conceito e treinaram seus funcionários para utilizá-lo: marcas ícones como McDonalds, Coca-Cola, Pepsi e tantas outras pequenas e médias empresas. No entanto, como veremos a seguir, desdobramentos drásticos e reorientações no mundo do marketing acabaram por diminuir a adequação dos 4Ps às necessidades dos profissionais de marketing atuais, pois muito da sua forma de estruturar o pensamento deriva de uma época em que, como afirma Robert Lauterborn, "O mundo do marketing era muito diferente. Saindo da Segunda Guerra Mundial com um sistema de produção pronto para alimentar um desejo de vida melhor, as empresas americanas ligaram a ciência da gestão à arte do marketing de massa e subiram como foguetes".[7]

A principal crítica ao mix de marketing origina-se de seu foco nos elementos organizacionais gerenciáveis (uma orientação para o processo de produção e a gestão interna), em vez de considerar a perspectiva do cliente.[8] A falta de orientação ao cliente torna os 4Ps inadequados para um cenário de negócios mais complexos, no qual o cliente e o relacionamento com ele são o ponto principal.[9]

Além dos avanços que vieram do marketing de relacionamento, a nova perspectiva trazida pelo marketing de serviços e pela lógica dominante de serviços também não encontra reflexo no mix de marketing clássico, como apontam Dev e Schultz: "Os quatro Ps estão fundamentados em uma mentalidade de manufatura e precisam ser adaptados para refletir a economia de serviços".[10] Com seu foco em produtos e gestão de processos organizacionais, o mix de marketing está profundamente enraizado na lógica da mercadoria dominante da época de sua criação e, em função disso, fornece apenas uma visão de dentro para fora e a partir das necessidades de gestão da empresa.[11] Isso não é compatível com a S-DL introduzida por Vargo e Lusch.[12]

A discrepância dos 4Ps em relação à S-DL torna-se especialmente evidente quando se olha para as mudanças pelas quais a comunicação passou. No marketing atribuído à lógica dominante de bens, o fluxo de comunicação fluiu principalmente em uma direção: da empresa para o cliente (no P de *promoção*). A S-DL, no entanto, exige diálogo entre cliente e empresa.[13] Quando Lauterborn estava introduzindo sua estrutura 4C, ele já apontava essa necessidade: "Esqueça a promoção. A palavra é comunicação. Toda boa publicidade cria um diálogo".[14]

Ettenson, Conrado e Knowles[15] postulam ainda que, especialmente para empresas B2B, a aplicação dos 4Ps, com seu foco orientado ao produto, é um obstáculo para a correta gestão do marketing em fornecedores de serviços e soluções. Eles resumem da seguinte forma as deficiências dos 4Ps para empresas B2B:

> Ele [o modelo 4P] leva suas equipes de marketing e vendas a enfatizar a tecnologia e a qualidade do produto, mesmo que isso não seja mais um diferencial, mas simplesmente um custo de entrada. Ele enfatiza a

necessidade de construir um caso robusto para o valor superior de suas soluções. E isso os distrai de aproveitar sua vantagem como fonte confiável de diagnósticos, conselhos e solução de problemas.[16]

No entanto, muitas empresas B2B, como Westinghouse, GE e Caterpillar, aplicaram o conceito. Várias tentativas com o objetivo de erradicar essas falhas do mix de marketing foram feitas, algumas das quais examinaremos agora com mais detalhes.

A estrutura dos 4Cs de Lauterborn

O modelo dos 4Cs foi uma resposta direta ao tradicional mix de marketing, fornecendo uma nova forma de estruturar as variáveis controláveis e criando um "C" correspondente para cada "P" do mix de marketing clássico. Em vez de *produto*, o foco está em *desejos e necessidades do cliente*; o *preço* é substituído pelo *custo do consumidor para satisfazer seus desejos e necessidades*; em vez de *praça*, enfatiza Lauterborn, a *conveniência para comprar*; e, por fim, substitui-se *promoção* por *comunicação*.[17] Com a introdução dessa estrutura, a orientação foi deslocada dos produtos para os consumidores.[18] A substituição da promoção pelo aspecto de comunicação dos 4Cs forneceu uma nova perspectiva sobre como se envolver com os clientes – não tentando atrair os clientes para comprar, mas cooperando com eles e abraçando o diálogo, em vez do monólogo.[19] Imediatamente, Procter e Gamble, Nestlé e Unilever adotaram os conceitos 4C. Em seu livro, *O novo paradigma do marketing*, Schultz et al. recapitulam: "Entre em uma nova era da publicidade [com os 4Cs]: respeitosa, não paternalista; em busca de diálogo, não um monólogo; responsiva, e não orientada por fórmulas. Procura-se falar do ponto mais relevante do interesse comum, e não do menor denominador comum".[20]

O mix de marketing SIVA de Dev e Schultz

O modelo SIVA também procura centralizar as variáveis mercadológicas no cliente, diferente dos 4Ps, que são orientados para o produto e para a organização. O modelo SIVA baseia-se em quatro princípios:

> Desenvolva e gerencie soluções, não apenas produtos, ofereça informações em vez de simplesmente fazer promoção, crie valor em vez de ficar obcecado com o preço e forneça acesso onde, quando e como o cliente quiser experimentar sua solução em vez de pensar apenas onde expor seus produtos.[21]

Diferente da abordagem orientada a recursos que o mix de marketing geralmente adota, a SIVA olha para o mercado como um ponto de partida. O primeiro passo no modelo SIVA é, portanto, a coleta de *insights profundos e valiosos* sobre os clientes. A partir da perspectiva do cliente, a empresa decide se e como pode estabelecer uma *proposta de valor* para os clientes que fazem uso de seus recursos.[22] O mix de marketing SIVA apresenta, portanto, uma contrapartida ao composto de marketing clássico (orientado para a empresa/recursos) e considera os modelos SIVA e 4Ps como "mecanismos complementares",[23] ajudando a "traduzir as necessidades do mercado em comportamentos empresariais acionáveis".[24] Muitos varejistas especializados e empresas de serviços como a Starbucks aplicaram esse princípio.

A abordagem SAVE de Ettenson, Conrado e Knowles

Ettenson, Conrado e Knowles[25] introduziram uma abordagem focada em soluções para empresas B2B, com o mesmo objetivo de substituir o pensamento de produtos e serviços e seu foco em recursos de diferenciação funcional para uma visão orientada para o cliente. Embora, inicialmente, sua implementação fosse destinada apenas a empresas B2B, ela pode ser vista como uma sucessora viável dos 4Ps também em empresas B2C.[26] Semelhante aos outros modelos de mix de marketing apresentados aqui, a abordagem SAVE tenta mudar o pensamento de marketing e gerenciamento de centrado no produto para centrado no cliente, em que os profissionais de marketing "definem as ofertas pelas necessidades que atendem, não por suas características, funções ou superioridade tecnológica".[27] Sua única diferença para o modelo antecessor SIVA é o elemento de *educação* em substituição a *informação*, enfatizando uma comunicação e educação bidirecional baseada no diálogo, que é simplesmente o próximo passo lógico para implementar consistentemente o foco no cliente.[28] Essa forma de comunicação está em perfeita harmonia com a S-DL, pois trata os clientes como elementos operativos, não como recurso da operação, e segue os princípios do marketing inbound, um claro afastamento do marketing de massa dos 4Ps. Esse modelo foi desenvolvido na Motorola Solutions (divisão de soluções de comunicação corporativa e governamental da Motorola) e aplicado na ABB, Siemens, John Deere e muitas outras empresas.

Os 5Cs de Hall

A mais recente adição aos conceitos de marketing B2B que discutiremos aqui é o modelo de 5Cs proposto por Hall. Introduzido em 2017, o modelo tem muitos paralelos com o processo H2H, tentando fazer uma transição efetiva do marketing B2B para a era digital.[29]

Hall define os seus 5Cs como *comunicação, canal, custo, solução do cliente* e *comunidade*. O modelo de marketing mix dos 5Cs traz várias novas ferramentas para os profissionais de marketing B2B responderem às mudanças de mercado trazidas pela digitalização. Ele integra conceitos como marketing de conteúdo, implanta ferramentas inovadoras como *social listening* para melhorar as soluções oferecidas aos clientes e se concentra em satisfazer demandas cada vez mais complexas dos clientes para ofertar uma experiência contínua e consistente em todos os canais.[30]

O modelo de 5Es de Pfoertsch

O último modelo apresentado aqui é o mix de marketing 5E de Pfoertsch (ver Figura 5.2). O autor baseia-se na evolução dos 4Ps trazidos pelo modelo SIVA e pelo modelo SAVE no B2B, mas, além disso, integra explicitamente a marca no mix de marketing, algo que nos outros modelos foi capturado como um item integrado ao produto ou subentendido no processo de comunicação. A raiz da alteração está no fato de que, hoje em dia, a confiança na marca é um componente essencial para o relacionamento com o cliente.[31] Outra característica importante do mix 5Es é o caráter dinâmico inerente a ele, algo diferente do entendimento mais estático do composto de marketing tradicional. Os 5Es são especificamente orientados para o futuro e não descrevem apenas estaticamente o estado do marketing operacional em um determinado ponto no tempo.[32] Pfoertsch observa: "[Com os 5Es] temos um mix de marketing que contém os requisitos de transformação digital e marketing inbound, que integra a marca ao mix, e também é conceitualmente concebido como um modelo dinâmico".[33] Provedores de serviços avançados como Accenture, EY, IBM e SAP aplicaram essa nova abordagem. O desenvolvimento dos modelos de mix mais relevantes para o marketing H2H estão destacados na Figura 5.2.

Figura 5.2 De 4Ps e SIVA para 5Es.

Fonte: elaborado pelos autores.

Concluindo a revisão das diferentes alternativas para o mix de marketing, o Quadro 5.1 fornece uma visão geral das principais proposições dos modelos discutidos, e o que o marketing H2H pode adotar para seu processo iterativo. O processo H2H é construído sobre princípios de trabalho de abordagens anteriores, mas em uma nova combinação adaptada às condições modernas do mercado e com uma forma revolucionária de processo iterativo.

Quadro 5.1 Diferentes modelos de composto de marketing para o marketing H2H

Etapas de progressão	Principais proposições	Consequências para o marketing H2H
4Ps de McCarthy	<ul><li>Checklist para as variáveis mercadológicas gerenciáveis.</li><li>Simples e fácil de usar.</li><li>Aplicável a diferentes tipos de produtos, serviços e formas de marketing.</li></ul>	<ul><li>O marketing H2H também deve fornecer um checklist claro, sem reduzir artificialmente a complexidade da realidade.</li><li>O marketing H2H deve ser aplicável a uma ampla gama de indústrias e atividades comerciais.</li></ul>
4Cs de Lauterborn	<ul><li>Orientação ao cliente.</li><li>Conveniência como uma variável importante para os clientes.</li></ul>	<ul><li>O marketing H2H deve pensar no cliente ao planejar e implementar as ações de marketing.</li><li>A conveniência deve ser considerada como variável na análise do comportamento de compra do consumidor e como característica na oferta do lado do fornecedor.</li></ul>
SAVE de Ettenson, Conrado e Knowles	<ul><li>Implementação prática da S-DL.</li><li>Mindset orientado para soluções.</li><li>Oferecer soluções para os problemas e necessidades dos clientes, sem foco em produtos e tecnologias.</li><li>Comunicação bidirecional, de mão dupla.</li><li>Orientado para a interação.</li><li>Valor como base para precificação.</li><li>Educar os clientes como objetivo da comunicação.</li></ul>	<ul><li>O marketing H2H também deve tentar implementar os princípios da S-DL em uma abordagem de solução que seja facilmente aplicável.</li><li>O marketing H2H deve sempre focar os problemas e necessidades do cliente como ponto de partida de todas as variáveis mercadológicas.</li><li>O marketing H2H tem de ser orientado para o relacionamento e a interação empresa-cliente.</li><li>A precificação no marketing H2H deve seguir a quantificação do valor que a oferta tem para o cliente em seu contexto (*value-based pricing*).</li><li>A disponibilidade de informações do provedor deve agregar valor aos clientes e auxiliá-los no uso adequado das soluções oferecidas.</li></ul>

Etapas de progressão	Principais proposições	Consequências para o marketing H2H
5Cs de Hall	▪ Marketing como um processo que começa sempre com o cliente. ▪ Desenvolver propostas de valor é de importância central. ▪ Presença omnichannel. ▪ Marketing de conteúdo. ▪ Entrega de soluções de ponta a ponta.	▪ O marketing H2H deve ser organizado como um processo. ▪ O marketing H2H deve sempre começar com o cliente e levá-lo em consideração em todas as etapas. ▪ Desenvolver uma proposta de valor é uma tarefa central para o marketing H2H; a proposta de valor aqui é definida como oferta de valor, não promessa de valor. ▪ O marketing H2H deve desenvolver propostas de valor que apresentem soluções de ponta a ponta. ▪ Uma experiência de canal perfeita (omnichannel), como desejado pelos clientes, deve ser garantida pelo marketing H2H. ▪ O marketing de conteúdo, que fornece informação e conteúdo relevante e útil para os clientes sem incomodá-los, deve fazer parte do marketing H2H.
5Es de Pfoertsch	▪ Integração da marca ao mix de marketing. ▪ Marketing adaptativo e orientado para o futuro, não descrevendo o passado. ▪ A importância da confiança como uma função da marca.	▪ O marketing H2H deve integrar a marca no processo de marketing e garantir que todas as medidas fortaleçam consistentemente a marca. ▪ A marca persegue o objetivo de construir confiança, que é central para o relacionamento com o cliente. ▪ O marketing H2H deve ser aplicável a todos os estágios de desenvolvimento de uma empresa, desde startups até grandes corporações.

5.1.2. O processo H2H

O processo H2H aqui introduzido segue uma estrutura de cinco etapas:

- Encontre um *problema H2H*.
- Reúna *insights profundos* sobre as pessoas que têm o problema a ser resolvido.
- Desenvolva uma *proposta de valor*.
- Informe, aconselhe e entretenha com *conteúdo valioso*.

- Habilite e gerencie *o acesso à solução* através das redes de relacionamento disponíveis.

A seguir, trabalharemos uma instrução passo a passo sobre como o marketing H2H pode ser implementado com sucesso em nível operacional usando o processo H2H, de caráter iterativo e flexível. No entanto, antes de abordar os detalhes, é necessário fazer algumas observações sobre a natureza do processo H2H.

Sendo iterativo, por definição, o processo pode ser iniciado a qualquer momento, e pode ser moldado em função das necessidades específicas das empresas, ou da configuração e sequência de tarefas que elas pretendem priorizar. No caso de uma startup, por exemplo, todo o processo pode ser concluído ao se preencher os campos do canvas H2H e, assim, desenvolver um modelo de negócio que funcione. Por outro lado, caso uma nova proposta de valor deva ser desenvolvida para resolver um problema H2H identificado por uma empresa estabelecida, basta começar com o desenvolvimento da proposta de valor, uma vez que outras etapas estratégicas podem já ter sido estabelecidas em processos anteriores. Há também a possibilidade (e até o incentivo) de revisitar e eventualmente refazer as fases passadas, incluindo novos conhecimentos e desafiando os dados do passado, e até encontrar um novo ângulo para o design da solução (ver Figura 5.3).

Figura 5.3 O processo iterativo H2H.

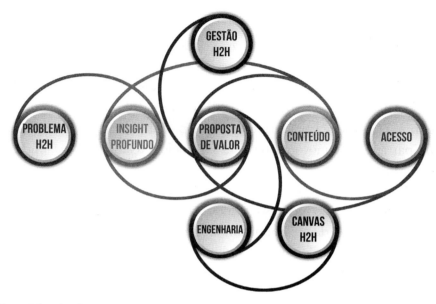

Fonte: elaborado pelos autores.

Além do processo H2H ser iterativo, todas as descobertas do modelo de marketing H2H são incorporadas ao processo H2H. A identificação de um problema humano complexo como ponto de partida do desenvolvimento de uma proposta de valor e de um posicionamento estratégico nem sempre é utilizada no marketing atual de algumas empresas, e eles representam um dos princípios fundamentais do marketing H2H. Com isso, estratégias convencionais como a diferenciação baseadas na liderança de custos ou a diferenciação por meio de desempenho superior ou função superior de produtos não se tornam completamente obsoletas, apenas secundárias diante de uma perspectiva mais ampla de solução e experiência.

5.1.3. O marketing H2H no *fuzzy front end* da inovação

A fase dos *insights profundos e humanos* garante que o marketing H2H seja, ao mesmo tempo, voltado para *insights* e *orientado por dados*, e todo desenvolvimento, comunicação e acesso ao serviço deve ter como base esses insights. Ao fazer isso, o marketing H2H deixará de fazer parte apenas de algumas fases da inovação e passará a ter profundidade e conhecimento para participar da inovação desde o seu início – o *fuzzy front end*, onde as ideias são geradas.

O termo *fuzzy front end* foi cunhado por Smith e Reinertsen[34] e refere-se à fase no início do processo de inovação, no momento em que se percebe o surgimento de uma oportunidade e se iniciam os primeiros passos de desenvolvimento de uma ideia direcionada para a oportunidade detectada. Essa fase é caracterizada por incertezas e riscos, e é essa a razão pela qual os gestores de marketing geralmente se limitam a se concentrar apenas nos processos finais da inovação.[35] Além disso, embora a gestão da inovação forneça ferramentas para avaliar riscos e ajudar na tomada de decisões, as incertezas inerentes ao início do processo de inovação exigem que os executivos estejam dispostos a *assumir riscos* e a experimentar, o que mostra como o design thinking pode desempenhar um papel crucial na gestão da inovação.[36]

"As *atividades iniciais de front end* incluem a identificação de um problema ou oportunidade e a realização de processos de triagem e avaliação das potenciais soluções. [...] na General Motors esse processo é chamado de 'bubble-up-process', em que são tomadas as decisões estratégicas para o desenvolvimento de novos produtos."[37] É aqui que o marketing H2H pode se envolver e colaborar. Nas primeiras etapas do processo, os profissionais de marketing H2H têm a capacidade de sintetizar insights profundos dos clientes, que foram previamente identificados a partir de métodos como *social listening*, netnografia e exploração de tendências (*trend scouting*), que são úteis para conhecer mais sobre as reais necessidades dos clientes.[38] Essa nova forma de captação de insights conflita frontalmente com as abordagens tradicionais de pesquisa, normalmente aplicadas massivamente por grandes institutos internacionais de pesquisa e com pouco foco na necessidade específica da empresa. Esse tipo de pesquisa dificilmente produz resultados relevantes, pois "os clientes nem sempre dizem aos profissionais de marketing o que realmente pensam e fazem. Na verdade, eles nem sempre conseguem articular o que realmente pensam e fazem, mesmo que queiram".[39] As técnicas de observação de baixa intervenção e realizadas no contexto do cliente (no seu local de consumo ou uso do produto, por exemplo) podem trazer informações sobre processos de escolha e usos mais reais, que costumam ser mais interessantes para essas etapas do processo de inovação.

O design thinking, tanto como forma de pensar quanto como conjunto de ferramentas, auxilia ainda mais no desenvolvimento de ideias e conceitos centrados no ser humano e na solução de problemas nas fases iniciais da inovação.[40] Chen e Venkatesh descobriram que as empresas orientadas para o design costumam usar um modelo de *perfil do usuário final* semelhante ao conceito de persona do marketing H2H como forma de visualizar um cliente típico e validar designs que podem ser *novos ou disruptivos*, em vez de se basear principalmente na pesquisa tradicional sobre usuários finais, que não revela necessidades latentes, limitando-se à esfera do já conhecido.[41] O design thinking pode ser integrado de forma holística às *atividades iniciais do front end da inovação* ao reconhecer uma oportunidade, bem como *atividades posteriores ao front end de inovação*, ao prototipar soluções que se refiram à oportunidade, criando e avaliando conceitos e ideias ao longo de todas as etapas iniciais da inovação.[42] "O *design thinking* pode ajudar durante o processo de *fuzzy front end* a acelerar a inovação, com prototipagem rápida e iteração, atingindo um melhor *fit* com a necessidade do mercado (o processo de *product-market fit*), geralmente sendo capaz de gerar inovações mais radicais".[43] Não apenas o design thinking, mas também os outros componentes do modelo de marketing H2H fornecem um terreno fértil para as etapas iniciais dos processos de inovação (ver Figura 5.4).

Figura 5.4 Marketing H2H no *fuzzy front end* da inovação.

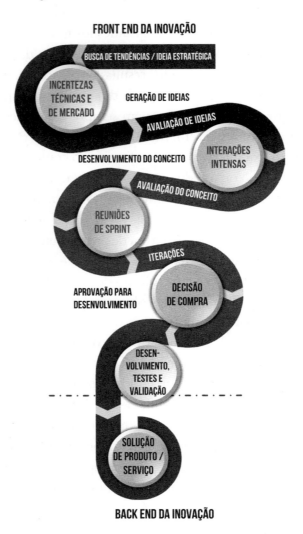

Fonte: Gassmann e Schweitzer, 2014, p. 7. As noções de design thinking, digitalização e marketing H2H foram adicionadas.

A digitalização possibilita o estudo dos consumidores nas estruturas sociais da internet via netnografia, por exemplo, e permite que as empresas acessem ideias e tendências completamente novas que podem ser derivadas do mundo online.[44] Além disso, a S-DL, com seu pressuposto de valor cocriado, enfatiza a importância de trazer a perspectiva do cliente e facilita a identificação de novas tendências e necessidades de mercado com um olhar mais intenso sobre os indivíduos.[45]

Com um alto grau de incerteza e muitos fatores indefinidos no início do processo de inovação, o campo de jogo de possíveis conceitos, tendências e ideias é vasto. Por meio de iterações flexíveis que não necessariamente precisam ser realizadas sequencialmente, o "escopo de ação" fica concentrado ao longo do processo.[46] De forma semelhante, o design thinking tenta *convergir* e implementar os resultados colhidos na fases *divergentes* do processo.[47] O marketing de inovação passa a ter uma variedade de tarefas estratégicas, como mostrado na Figura 5.5.

Figura 5.5 Tarefas estratégicas do marketing de inovação.

Fonte: adaptada de Trommsdorff e Steinhoff, 2013, p. 41. "Fuzzy front end" e "back end" adicionados.

Torna-se evidente que o marketing H2H deve ter uma função de coordenação dentro do processo de inovação. Os profissionais de marketing devem assumir um papel multifuncional dentro da empresa, que faça uma conexão das várias partes envolvidas nas diferentes funções empresariais.[48]

A orientação geral da empresa em relação à inovação também desempenha um papel decisivo. A inovação das empresas pode se concentrar em exploração (*exploration*, ou o processo de busca por soluções novas e potencialmente radicais) ou aproveitamento (*exploitation*, ou o processo de evoluir um produto a partir de soluções estabelecidas, numa perspectiva incremental).[49] A exploração refere-se à inovação disruptiva com o objetivo de criar ofertas completamente novas, enquanto o aproveitamento se concentra em tirar o máximo proveito dos produtos já existentes, refinando incrementalmente as ofertas.[50] Essas duas escolhas confrontam muitas empresas e a sua gestão com um dilema, e as respostas acabam sendo, em sua maioria, a concentração dos esforços de inovação em uma ou outra estratégia. Mas essa escolha não é necessária nem recomendável. A armadilha mental em que os executivos geralmente caem é acreditar que ambas as abordagens de inovação são, de alguma forma, mutuamente exclusivas, quando na realidade uma combinação de ambas é necessária para que uma empresa seja sustentável,[51] num conceito que se tornou bastante popular por Li et al. – a "ambidestria organizacional".[52]

A ambidestria organizacional é hoje considerada um fator importante para o sucesso sustentável nos mercados hipercompetitivos. Para implementar essa estratégia, é necessária a aplicação simultânea de duas formas diferentes de interpretar a orientação para o mercado: uma orientação proativa e focada na obsolescência do mercado atual (a *exploração*) e uma orientação de mercado responsiva para promover gradualmente o *aproveitamento* incremental de uma tecnologia ou solução. Os autores resumem:[53]

Uma orientação proativa para o mercado indica que os gestores se concentram em entender e satisfazer as necessidades latentes dos clientes, definidas como as necessidades que o cliente desconhece. Por outro lado, uma orientação responsiva para o mercado mostra que os gerentes se concentram em entender e satisfazer a necessidade expressa do cliente, definida como a necessidade da qual o cliente está ciente.

O marketing H2H integra essa sinergia ambidestra nos seus princípios, levando em consideração tanto as necessidades e problemas latentes e não descobertos como os pontos problemáticos e necessidades dos clientes relativos às ofertas já existentes. Ao combinar a exploração, para evitar ser empurrado para fora do mercado e tornar-se obsoleto através de uma concorrência feroz, e o aproveitamento, para se beneficiar dos potenciais presentes no mercado e, através deles, financiar novos esforços de exploração, os profissionais de marketing H2H podem fortalecer a longevidade de seus negócios, implementando tanto o lado criativo e intuitivo quanto o analítico.[54] A IBM é um exemplo de empresa que conseguiu fazer a transição do armazenamento físico de arquivos digitais para o armazenamento em nuvem, ao mesmo tempo em que tem se beneficiado de tecnologias novas, como a inteligência artificial ou a computação quântica.[55]

5.1.4. Elementos da cocriação e proposta de valor

Conforme discutido nos capítulos anteriores, os papéis das empresas e dos clientes no processo de criação de valor estão fadados a mudanças constantes.[56] A importância cada vez maior da cocriação de valor também se reflete no processo H2H, especificamente na compreensão da proposta de valor, que segue a lógica da S-DL. A nova lógica dominante de serviços e da centralidade no cliente diz que o valor é criado durante o uso das ofertas de produtos e serviços (*valor em uso*) que, por definição, considera o cliente um participante ativo na criação de valor.[57]

Uma proposta de valor no marketing H2H é, portanto, uma *oferta de valor*, não uma *promessa de valor*. O valor não é criado pela empresa ofertante, mas sim "[...] é sempre única e fenomenologicamente determinada pelo beneficiário"[58] e, portanto, não é algo que possa ser objeto de uma promessa. O termo promessa de valor no marketing H2H é usado apenas na seção de marketing de conteúdo, na função de comunicar o *valor possível* ou *valor potencial*.

Produtos e *serviços* clássicos constituem os elementos óbvios das propostas de valor estabelecidas no marketing H2H. Com base nos resultados da S-DL e da digitalização, são complementados por *software* e *hardware, informação, marca* e a *experiência do cliente* com o provedor em todos os pontos de contato (*customer experience*) e durante o momento de uso das soluções na *experiência do usuário* (*user experience*).

No marketing H2H, utilizaremos o termo hardware para identificar tudo aquilo cujo valor é entregue por algum bem tangível, ou seja, como os equipamentos (hardware) de TI são demandados para que a entrega de valor possa ocorrer. Já o termo software será utilizado para identificar os serviços que não possuem elementos físicos envolvidos – como os programas que executam as tarefas computacionais ou serviços de consultoria de TI.

A *experiência do usuário* está contida na *experiência do cliente*, afinal, o momento de uso do produto ou serviço é apenas uma parcela da experiência total do cliente. Quanto ao termo "informação" da proposta de valor, pode-se entendê-lo de duas formas. Se for parte do objeto de comercialização, ou seja, um dos fatores comercializados no conjunto de solução, ele é entendido como oferta de valor. Caso a informação tenha como finalidade somente comunicar o valor da oferta ou auxiliar o cliente quanto ao uso correto do produto, ele passa a ser considerado parte do marketing de conteúdo no marketing H2H. A flecha "Serviço" adicionada na Figura 5.6 serve para enfatizar mais uma vez que é o serviço a base fundamental para a troca de valor na S-DL e no marketing H2H.

Figura 5.6 Componentes da proposta de valor cocriada no marketing H2H.

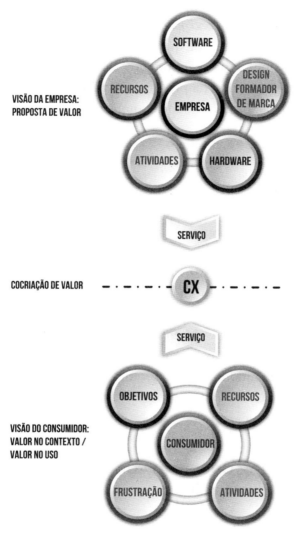

Fonte: elaborado pelos autores.

Pela perspectiva do prestador do serviço, o serviço consiste na aplicação de suas competências por meio da proposta de valor. Do lado do cliente, ele contribui com seus conhecimentos e habilidades para auxiliar no desenvolvimento da proposta de valor e usá-la em seu contexto, criando *valor no contexto*. Além disso, há o pagamento da proposta de valor por meio de um *feedback financeiro*, como contrapartida pela oportunidade de criação de valor que a empresa concedeu ao dar acesso ao usuário. A seguir, esses componentes serão discutidos em detalhes.

Os cinco componentes da proposta de valor que devem ser geridos, constantemente analisados de forma iterativa e ajustados, são:

- hardware;
- software;
- informação;
- marca;
- experiência do cliente.

Um ótimo exemplo do uso desses princípios é encontrado na indústria da moda. A Inditex Industria de Diseño Textil, S.A., multinacional espanhola de vestuário, conseguiu aperfeiçoar esses princípios em sua marca Zara e entregar desenhos desenvolvidos a partir dos desfiles de alta costura em suas lojas em tempo recorde – ela usa hardware e software (como definido pelo Marketing H2H), informação e a percepção da sua marca Zara para proporcionar uma experiência positiva e única para os clientes.

5.1.5. Marketing operativo como processo iterativo através do canvas H2H

Para implementar as etapas do processo, o canvas H2H fornece orientação prática para os profissionais de marketing. Como uma versão modificada do canvas de modelo de negócios tradicional, ele pode ajudar a visualizar as descobertas e a direção do processo H2H, independentemente de qual etapa do processo foi selecionada como ponto de partida. O canvas H2H é uma ferramenta operacional para o processo completo e, por isso, cada etapa identificada nele deve ser desenvolvida com um canvas específico (ver Figura 5.7).

Figura 5.7 O canvas H2H

Fonte: elaborado pelos autores.

A grande diferença entre o canvas H2H e o canvas de negócios original reside na atenção dada ao aspecto cocriativo do marketing H2H e na integração da marca ao início do desenvolvimento de soluções inovadoras. Todos os gigantes digitais, como Google, Facebook, Amazon, Apple, Alibaba etc., estão seguindo processos iterativos similares ao mix de marketing definido pelos 5Es. Cada um deles desenvolveu seu próprio modelo para superar os concorrentes.

5.2. O processo H2H: uma visão aprofundada

Todo processo H2H começa com um briefing, seja executado de forma completa ou apenas parcial. Um bom briefing sempre foi e continua sendo um importante pré-requisito para o sucesso de um projeto. No marketing, os briefings são uma prática comum, em especial quando se utilizam prestadores de serviços externos, mas entendemos que isso também deve ser feito *internamente* no marketing H2H. Um bom briefing de marketing deve ser estruturado da seguinte forma[59]:

- Deve ser formulado por escrito e discutido pessoalmente.
- Deve ser abrangente e breve ao mesmo tempo.
- Deve dar instruções precisas e compreensíveis para o destinatário, mas deliberadamente deixar espaço para a criatividade.
- Deve ser concreto, executável e trazer exemplos ilustrativos.
- Deve instigar e motivar.
- Deve ser adaptado se necessário (o princípio da iteração também se aplica aqui).
- Deve ser elaborado pelo supervisor, mas validado por ambas as partes – pelo supervisor e pelos funcionários, a quem o briefing se destina.

A formulação escrita tem a vantagem de que o briefing cumpre uma função documental e pode ser usado repetidamente durante o processo, a fim de recordar os requisitos originais que foram acordados. É também importante atualizar e rever constantemente o documento. O objetivo geral de um briefing é sempre neutralizar o aparecimento de mal-entendidos como resultado de assimetrias de informação ou percepções diferentes de palavras faladas.[60] A Microsoft é famosa por suas reuniões de briefings e debriefings presenciais.

5.2.1. O problema H2H

O marketing H2H sempre começa com um problema humano que necessita ser resolvido. Como tal, o "problema inicial" pode ser encontrado de diversas formas. O insight do problema pode vir num momento em que um funcionário ou parceiro de negócios se depara com um problema em seu ambiente (o que chamamos de *pesquisa passiva do problema*), ou ele pode ser buscado ativamente, com a empresa iniciando um processo exploratório com metodologias determinadas para tentar encontrar o problema (*busca ativa de problemas*; ver Figura 5.8).

Figura 5.8 Processo de busca ativa de problemas no marketing H2H.

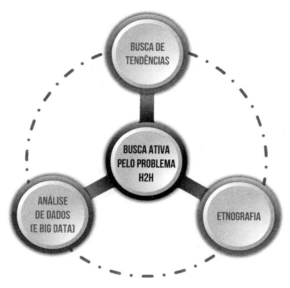

Fonte: elaborado pelos autores.

Marcas de roupas esportivas como a Nike e a Adidas aplicam essa abordagem continuamente. Os profissionais de marketing nesse mundo altamente conectado de hoje têm muitas maneiras de pesquisar, encontrar e analisar os problemas dos clientes. A seguir, iremos nos aprofundar em três métodos para identificação ativa de problemas; no entanto, essa visão geral não deve ser entendida como algo abrangente e definitivo, mas sim como um esboço das técnicas mais interessantes e promissoras para o marketing H2H. Existem muitas outras formas de busca ativa de problemas que podem ser exploradas pelas empresas para além dessas três, encontradas em livros e artigos acadêmicos específicos de pesquisa de mercado. A seguir discutimos as três técnicas escolhidas.

Netnografia

Com a conectividade crescente, surgiram novas maneiras de estudar clientes e usuários de produtos para buscar informações no mundo virtual. Uma delas é a netnografia, que combina pesquisa etnográfica com o mundo online, suas comunidades e estruturas tribais. O termo, cunhado por Robert Kozinets, motiva pesquisadores de mercado interessados a mergulhar profundamente no ambiente sociocultural das pessoas em suas comunidades online, a fim de entender melhor seu comportamento.[61] Para os profissionais de marketing, a técnica oferece uma maneira eficaz de estudar e obter insights profundos sobre as comunidades que giram em torno de seu produto ou marca.[62] Uma das vantagens da pesquisa usando as comunidades online é o volume de dados abundantes e de fácil acesso que ficam disponíveis nos históricos de discussões de grupos e redes sociais. Isso faz da netnografia uma ferramenta potente para identificar problemas e oferece inspiração para a inovação de produtos e serviços.[63] Pode ainda ajudar a entender o mecanismo por trás da criação do significado da marca, que é fortemente influenciado pelo ambiente sociocultural, cocriado sob uso dos recursos do cliente e determinado individualmente.[64] Em suma, a netnografia oferece uma maneira eficaz e intuitiva de entender os clientes em seu ambiente natural, a partir do qual podem ser feitas descobertas autênticas e não contaminadas por pesquisas de mercado tradicionais, as quais muitas vezes podem trazer certos vieses.[65] O Google talvez seja a empresa que melhor utilize essa técnica, mas outras, como Spotify, Meta e TikTok, também têm aplicado esses princípios com muito sucesso.

Trend scouting

O *trend scouting* visa detectar tendências em um estágio inicial de desenvolvimento e inclui focar tanto megatendências, que são fáceis de rastrear, quanto tendências menores, que são mais difíceis de identificar, mas podem ter forte relevância para as empresas.[66] Em comparação com outros métodos de pesquisa de inovação, o *trend scouting* não é tão simples e pode parecer contraintuitivo para o pesquisador, pois não se baseia em insights do passado, mas tenta detectar uma direção para o presente e o futuro:[67]

> O objetivo do trend scouting *hoje* é saber o que está na moda *amanhã*: os hábitos de consumo e as tendências sobre preferências devem ser detectados em um estágio inicial e identificados antes de se espalharem. [...] O trend scouting diz às empresas se a oferta de serviços existente precisa ser alterada – e em que direção – para atender às necessidades dos clientes de amanhã.[68]

Embora possa ser difícil para os profissionais de marketing se acostumar com o rastreamento de tendências no início, a conectividade fornece uma rica base de dados para rastrear tendências que estão esperando para serem descobertas e usadas.[69] A IDEO, a empresa de consultoria e design, está ajudando muitos de seus clientes a identificar novos desenvolvimentos no mercado. Empresas como Lego e Panera Bread se beneficiam desse conceito para atualizar e expandir as suas ofertas.

Com a detecção de problemas H2H em mente, as empresas são capazes de explorar as principais tendências que podem afetar a humanidade no futuro. Um método adequado para filtrar tendências relevantes representa uma questão: quais dessas tendências podem ter impacto negativo na satisfação das necessidades humanas?

Análise de Big Data

O Big Data oferece um grande volume de dados que, se usados corretamente, podem ser muito valiosos para os profissionais de marketing. Uma maneira particularmente interessante de utilizar o Big Data Analytics é apresentada no *social listening*, também conhecido como monitoramento de mídia social:

O objetivo do *social listening* é capturar o que está sendo relatado sobre a empresa, suas marcas e produtos nas mídias sociais. Para este propósito, dados não estruturados de várias mídias sociais e possivelmente outras fontes da internet (Twitter, Facebook, Instagram, TikTok, LinkedIn, blogs, fóruns, páginas de notícias etc.) são [...] sistematicamente coletados e processados.[70]

Para as empresas, é uma maneira de obter informações de pesquisa de mercado autênticas e não filtradas que podem ser difíceis de capturar com métodos tradicionais de pesquisa de mercado. "Os clientes estão mais confortáveis e abertos para dizer aos colegas o que pensam e fazem. As conversas naturais nos próprios ambientes de consumidores os ajudam a articular suas ansiedades e desejos mais profundos".[71]

Pode ainda ajudar a fazer um processo para identificar quais comunidades valem a pena estudar por meio de netnografia e quais são mais indicadas para o uso do *social listening*. A diferença entre as duas é o nível de engajamento e participação do pesquisador. Enquanto os netnógrafos mergulham profundamente no ambiente do cliente e se tornam parte dele, os *social listeners* assumem um papel mais passivo no monitoramento e rastreamento, sobretudo no papel de um observador externo.[72] O Facebook e as mudanças que foram feitas em seu algoritmo de dados demonstraram muitas vezes a eficácia desse tipo de processo.

5.2.2. Percepções humanas

Nesta etapa do processo iterativo, métodos empáticos, etnográficos e netnográficos, além dos quantitativos, são usados para fornecer insights profundos sobre a estrutura emocional e cognitiva das pessoas. Além da tarefa de entender os clientes (ou clientes potenciais), o marketing ainda tem a tarefa de compreender o mercado e deve ser capaz de entregar números essenciais para o negócio, como potencial de mercado, volume de mercado, participações de mercado e taxas de crescimento de mercado, entre outros. Ainda nessa etapa, vamos nos concentrar na tarefa qualitativa de gerar insights humanos. Esses insights devem ajudar a examinar se o problema H2H identificado é realmente um problema que impede as pessoas de alcançar seus objetivos e interesses. Nessa fase, duas abordagens estão em discussão e são importantes: uma que explora um problema com base em bens e serviços já existentes (*exploitation*) e outra que explora o mesmo problema independentemente dos bens e serviços existentes (*exploration*).

A fase de percepções humanas deve incluir as seguintes etapas para alcançar os objetivos mencionados:

- Alcançar uma *compreensão compartilhada da tarefa a ser feita* entre os membros da equipe de projeto, e deles com o supervisor da equipe, por meio de um briefing.
- Explorar o problema em conjunto e alcançar uma *compreensão compartilhada do problema*.
- *Obter insights profundos* de pessoas que sofrem o problema e possam compartilhar suas impressões e necessidades, usando métodos qualitativos e quantitativos.
- *Concentrar as descobertas e observações coletadas* em grupos de pessoas e em aspectos específicos do problema, para os quais as soluções serão encontradas posteriormente.

Entender a tarefa H2H e explorar o espaço do problema

Nessa etapa, é essencial que os membros das equipes desenvolvam uma compreensão compartilhada do problema. Na fase anterior, a equipe pode explorar o problema em conjunto e, pelo fato de os membros da equipe terem uma grande diversidade e conhecimento metodológico, eles puderam desenvolver opiniões e pontos de vistas de uma forma multifacetada. Nesta etapa, eles irão se transformar no que é chamado de "especialistas imediatos",[73] adquirindo o máximo de conhecimento possível sobre os antecedentes do problema e sobre o grupo de usuários.

Para efetivamente possibilitar uma imersão empática no cliente, pode ser útil mapear a jornada do cliente ao longo de todos os pontos de contato a fim de visualizar a experiência e, se necessário, aprofundar-se em qualquer etapa que se faça necessária. Além disso, neste ponto, todos os achados anteriores devem ser documentados por escrito e comunicados aos outros membros da equipe para todos estarem na mesma página, passando assim para a próxima fase da pesquisa. Em conjunto, a equipe busca respostas para as perguntas detalhadas a seguir, que nos auxiliam a estruturar o espaço do problema, e as etapas seguintes que derivam desta:

- Será que todos compreendemos o problema da mesma forma? Há perspectivas diferentes sobre o problema? Existem facetas distintas?
- Quem tem o problema e quais são suas necessidades, expectativas e sentimentos quando se pensa no problema? Existem diferentes grupos de usuários que podem ter necessidades distintas e precisam ser diferenciados? Existem os chamados "usuários extremos" e, em caso afirmativo, quais são suas necessidades, expectativas e sentimentos?
- Quais são os stakeholders envolvidos? Quais são suas necessidades, expectativas e sentimentos quando pensam no problema?
- Quais são as possíveis causas e efeitos do problema?
- No contexto do problema, qual é o quadro político, econômico, social, técnico, ambiental e jurídico?

É importante colocar sempre a perspectiva do cliente em primeiro lugar. Isso significa, é claro, ouvir os clientes, entender e resolver seus problemas, representar seus interesses e usar suas habilidades especiais para criar valor. No marketing H2H, o cliente pode ser qualquer stakeholder importante. Afinal, independentemente de terem necessidades pessoais ou profissionais, todos são seres humanos.

Etnografia/netnografia

Nesta fase intermediária, a equipe, geralmente em grupos de dois, está ocupada coletando e analisando dados durante um determinado período, a fim de obter insights inesperados, necessidades e motivações dos clientes. Os resultados são apresentados e explicados aos membros das outras equipes para que eles possam refletir sobre os resultados e analisá-los. É importante que os participantes do processo dentro de sua equipe troquem papéis (alternando-se entre o papel de observador e o papel de registrador) e alternem entre os grupos de usuários a serem pesquisados e os métodos a serem aplicados. Isso aumenta a multiperspectividade e reduz o problema da distorção das percepções pessoais. O problema deve ser iluminado de todos os lados, inclusive de formas pouco ortodoxas. Os métodos mais importantes para a fase de aquisição de conhecimento são os métodos etnográficos de observação e entrevista, estudos netnográficos para entender os clientes em seus ambientes online e métodos empáticos como o *apprenticing* (processo de se tornar aprendiz, para poder identificar e entender as necessidades específicas), bem como os métodos estruturantes de jornada do cliente e *blueprinting* (ferramenta do design thinking que mapeia as interações entre empresa e cliente durante o processo de prestação de serviço).

Big Data

Além das avaliações qualitativas, a análise de dados que podem ser gerados a partir de *data mining* e *data analytics* pode trazer insights aprofundados sobre o comportamento de compra e uso de serviços pelos usuários. Os dados podem ser analisados a partir de pesquisas de mercado disponíveis, bases de dados próprias ou base de dados externas com dados de usuários da internet. Dados de *smart products* que automaticamente coletam dados de uso também podem ser usados para identificação de possíveis padrões e servem para gerar possíveis problemas, necessidades e expectativas, dando margem a descobertas surpreendentes.[74]

Uma recomendação importante é sempre começar pelas perguntas certas e, somente após as perguntas terem sido formuladas, avaliar os dados. Isso pode parecer óbvio, mas muitas empresas primeiro coletam dados, armazenam-nos, processam-nos e convertem-nos para que, posteriormente, possam utilizá-los. "[...] As organizações devem começar no que pode parecer o meio do processo, implementando análises definindo primeiro os insights e perguntas necessárias para atender ao grande objetivo de negócios e, em seguida, identificando os dados necessários para as respostas."[75] O marketing H2H concorda com a afirmação e sugere um elemento adicional. Primeiro, possíveis insights de pesquisas de campo qualitativas e pesquisas quantitativas de mercado devem ser determinados e, em seguida, seus achados podem ser verificados com análises de Big Data para determinar se as hipóteses iniciais estão refletidas nos dados.

Estruturação e compilação de achados

Os achados coletados são então apresentados e analisados por toda a equipe. O objetivo dessa fase é condensar as informações para que diferentes grupos de usuários possam ser identificados e priorizados. O grupo-alvo priorizado, então, deve ser descrito de forma empática (ver Figura 5.9). Para obter insights precisos e criar um consenso na equipe, um mapa da empatia pode facilitar o pensamento centrado no cliente. Ao usar essas técnicas, a equipe pode encontrar pontos de partida a fim de desenvolver e adaptar ainda mais a gama de produtos e serviços para os clientes e enfrentar o problema inicial de H2H com base na experiência do cliente.

Figura 5.9 Exemplo de mapa da empatia.

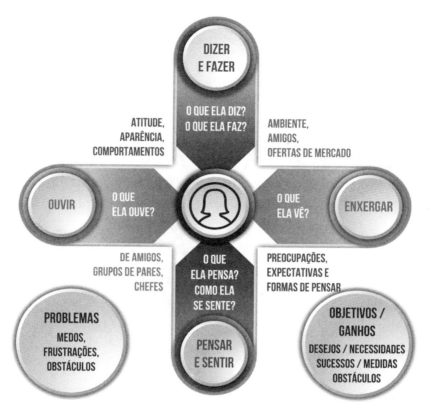

Fonte: elaborado pelos autores.

Na etapa seguinte, o marketing H2H combina a segmentação de mercado tradicional e o conceito de persona para eliminar os pontos cegos inerentes a cada um deles e obter uma visão abrangente do mercado, da solução e de seu usuário, o cliente. Cada um dos dois conceitos tem seus pontos fortes e fracos. O segmento de mercado compreende um grupo maior de usuários e seus detalhes sociodemográficos, e pode fornecer informações sobre o tamanho de um segmento de mercado e o valor monetário que o segmento poderia gerar (ver Figura 5.10).[76]

Figura 5.10 Sobreposições e pontos cegos entre personas e segmentos de mercado.

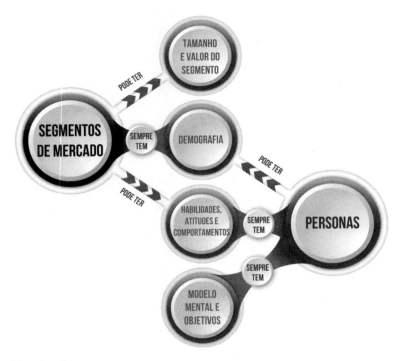

Fonte: elaborado pelos autores.

Em seu livro *Designing for the digital age* ("Projetando para a era digital", em tradução livre), Kim Goodwin resume os benefícios da pesquisa de mercado tradicional, ao mesmo tempo que aponta as deficiências quando se trata de levar o usuário em consideração:[77]

> Um bom modelo de segmentação também incluirá uma estimativa do número de clientes potenciais representados por esse segmento e a quantidade de dinheiro que se espera que eles gastem. No entanto, [...] a pesquisa de mercado (e, portanto, a segmentação de mercado) tende a se concentrar em quais mensagens venderão um produto, não como as pessoas usarão um produto ao longo do tempo.[78]

Ao trazer o conceito de persona para a equação, o resultado muda. Essa combinação do design thinking com métodos e habilidades de marketing possibilita combinar a desejabilidade para potenciais usuários de uma solução com a viabilidade econômica e tecnológica, seguindo a lógica da tríade de inovação discutida anteriormente (ver Seção 2.1). Assegurada a desejabilidade, pode-se lançar a segmentação e posterior quantificação do mercado, definida pelo problema a ser resolvido, a fim de garantir que a solução seja economicamente viável. Quando um grupo de clientes é selecionado e descrito de forma empática como uma persona, o problema é formulado de tal forma que se torna uma pergunta abdutiva na forma "como poderíamos?", que estrutura uma direção de busca de resposta ou solução.

(Pré-)Desenvolva uma proposta de valor

O próximo passo lógico é criar uma proposta de valor para os usuários identificados de uma possível solução. A proposta de valor é a parte central do processo H2H e segue a premissa de cocriação da S-DL, integrando ativamente o cliente no desenvolvimento da proposta de valor.[79] Para Vargo e Lusch, "marketing é uma série contínua de processos sociais e econômicos que está amplamente focada em recursos operativos nos quais a empresa está constantemente se esforçando para fazer propostas de valor melhores que seus concorrentes".[80] Isso é consistente com a abordagem de marketing H2H, que vê o desenvolvimento de uma proposta de valor diferenciadora como uma tarefa central.

Isso foi amplamente discutido a partir da argumentação sobre a S-DL em capítulos anteriores (ver Seção 2.2). O valor só pode ser gerado a partir da proposta de valor do próprio cliente em seu contexto. Portanto, o foco muda da oferta para o processo de criação de valor com o cliente, no qual a perspectiva do cliente sobre um problema reconhecido é incorporada por meio da troca de conhecimentos e habilidades e o desenvolvimento de uma proposta de valor conjunta e sob medida, uma vez que o cliente participa dela. O uso dessa proposta de valor é o que leva à solução do problema.

Dessa forma, o marketing H2H se alinha com a noção da S-DL de que as empresas só podem oferecer uma proposta de valor, não uma promessa de valor, e que, no final, é o cliente e não a empresa quem determina individualmente o valor. Evidentemente, também é uma das tarefas do marketing H2H encontrar um argumento convincente e fácil de entender que explique ao cliente por que ele deve usar a proposta de valor e, nesse caso, a *promessa de valor* é um *processo de comunicação* da proposta de valor. Por isso, o marketing H2H vê essa promessa como integrante do marketing de conteúdo, estando contida no *campo de conteúdo* no canvas H2H.

A base para a proposta de valor é o *value proposition canvas*,[81] de Osterwalder et al., que é desenvolvido pelo marketing H2H e complementado com o princípio de cocriação da S-DL. O marketing H2H segue o princípio de que as competências de uma empresa e do cliente são determinadas por seus principais recursos e atividades. No entanto, hardware, software e serviços funcionam como veículos para o transporte de habilidades e conhecimentos em benefício do cliente e, portanto, fazem parte do serviço oferecido ao cliente.[82] O cliente pode, mas não precisa estar envolvido no desenvolvimento da proposta de valor. A seguir, os componentes da proposta de valor serão discutidos em detalhes.

5.2.3. Nivelamento e potencialização dos conhecimentos e competências da rede

A fabricação de produtos, a prestação de serviços e a manutenção de canais de distribuição tradicionais continuará relevante no futuro, mas não bastará mais simplesmente aumentar a variedade de produtos com os esforços de inovação para conquistar vantagem competitiva.[83] Os clientes querem criar uma experiência com a sua própria proposta de valor, da qual derivam seu valor no contexto quando ela é utilizada.[84] Além disso, os canais de vendas tradicionais não são mais suficientes para tornar os produtos e serviços acessíveis ao cliente. Para isso, empresas e clientes têm, cada vez mais, de utilizar estruturas de rede para viabilizar experiências individuais cocriadas e novas soluções inovadoras:[85]

> Um ambiente de experiência pode ser pensado como uma combinação robusta da rede de recursos da empresa, incluindo recursos técnicos e sociais, e canais de interação com o consumidor, incluindo dispositivos e funcionários, flexíveis o suficiente para acomodar uma ampla gama de necessidades e preferências específicas de contexto e tempo individuais. Como as experiências desejadas de um cliente não podem ser determinadas como prioridade, os ambientes de experiência devem envolver ativamente os consumidores – como indivíduos e como comunidades – para acomodar uma variedade de possíveis interações cliente-empresa e, portanto, uma variedade de experiências potenciais de cocriação.[86]

Este conceito de ambientes de experiência segue as premissas da S-DL[87] e constrói a base de entendimento de rede para o marketing H2H. No marketing H2H, o conhecimento e as habilidades de fornecedores e clientes formam a base para o desenvolvimento de propostas de valor. Os requisitos de competência estão se tornando cada vez maiores em virtude da crescente digitalização e do desaparecimento de certas indústrias e barreiras nacionais.[88] Por esse motivo, a busca pelas competências que faltam para o cliente não deve terminar dentro dos próprios limites da empresa, mas também contar com a alavancagem das competências de outras pessoas dentro da rede de experiência – intermediários, fornecedores, parceiros, acionistas, clientes, consumidores e qualquer outro stakeholder que queira e possa contribuir. A competência para se integrar em redes está ganhando importância, e essa integração é fundamental para o desenvolvimento de propostas de valor sob medida.

5.2.4. Produtos e serviços como serviço para o cliente

No marketing H2H, os produtos e serviços são subordinados *ao serviço ao cliente*, seguindo as premissas da S-DL, afirmando que tanto os produtos como os serviços são resultados da aplicação de conhecimentos e competências (recursos operativos) e, portanto, serviço ao beneficiário.[89] O foco está em como as competências que o cliente exige da empresa ou da rede de experiências[90] podem se manifestar na forma de produtos e serviços.

Design da experiência humana

A experiência do cliente começou a ser discutida na Seção 4.2. Neste capítulo, trataremos da experiência do cliente como componente presente no desenho da proposta de valor, diferenciando os termos *experiência do usuário* (UX) e *experiência do cliente* (CX).

A transição para uma *sociedade de experiência* era conhecida e debatida desde 1992 pelo sociólogo alemão Gerhard Schulze[91] e, desde então, começou a ter envolvimento com o mundo dos negócios.[92] No entanto, a ideia de uma sociedade de experiência deixou em aberto muitas questões, e os executivos não compreenderam o significado do conceito em sua totalidade.[93] O que se entendeu foi que a CX é um dos mais importantes entre os fatores determinantes para a criação de vantagens competitivas, e pode ser usado para manter ou expandir uma posição de mercado.[94] O marketing H2H integra a experiência do cliente à proposta de valor e entende que o UX faz parte do CX, e que a *usabilidade* está contida no UX. Portanto, na nossa visão, a usabilidade é um dos componentes de uma experiência de uso do produto (o UX), e que o UX é uma etapa da jornada da experiência completa do consumidor com a marca, o CX.

O marketing H2H também entende a experiência com um produto interativo.[95] O CX envolve toda a jornada do cliente e é uma unificação holística da totalidade das experiências e sensações que um cliente tem com uma marca e seus stakeholders, ao longo de todos os pontos de contato, em todos os canais.[96] Mesmo momentos que não estão conectados ao processo de compra e uso de uma solução podem compor o CX, como trocas de experiências nas redes sociais.

A gestão da experiência do cliente (CXM) deve ser entendida num sentido mais lato e envolver não apenas o público-alvo principal,[97] o cliente, mas também os demais membros da rede de criação de valor, como colaboradores e parceiros. "Clientes fiéis e satisfeitos são o resultado de funcionários leais e satisfeitos. Não dá para ter um sem o outro"[98] – uma visão predominante também entre outros autores.[99,100]

Semelhante à criação de valor na S-DL, uma experiência com uma marca também é percebida individualmente no contexto pessoal do cliente e avaliada nesse contexto individual.[101] Ao mudar o foco para fornecer experiências individuais e excepcionais, as empresas param de pensar na orientação transacional da G-DL e seguem o caminho da transição para a orientação real para o cliente e para o ser humano. Dessa forma, o CXM no marketing H2H pode ajudar a colocar o ser humano no centro de todas as definições. O CXM deve ter como objetivo criar experiências positivas que inspirem o cliente e, em última análise, o aproximem da empresa, criando fidelização.[102] "Basta um momento de encantamento inesperado de uma marca para transformar um cliente em um fiel defensor da marca."[103] Com o cliente como ponto de partida, toda a jornada do cliente deve ser alinhada e projetada para permitir uma experiência perfeita, nos limites de cada canal e cada plataforma.[104]

Para implementar o design de experiência, é necessário um modelo conceitual simples, o qual consiste em três camadas: "por que", "o que" e "como". Enquanto o "'o que' aborda as coisas que as pessoas podem fazer através de um produto interativo",[105] o "como" se refere ao "domínio típico do designer de interação – tornar determinada funcionalidade acessível de uma forma esteticamente agradável".[106] Já o "por que" reflete a motivação subjacente do cliente para usar um determinado produto ou serviço. O autor expõe que, tradicionalmente, muitas empresas tendem a começar com o "o que", em vez de colocar as necessidades e desejos do cliente em primeiro lugar (o "por que"). Essa lógica é bastante semelhante ao círculo dourado de Simon Sinek discutido no Capítulo 2.

A Figura 5.11 mostra um exemplo típico de ouvir música (o "o que"). Há uma infinidade de maneiras de garantir que os clientes possam ouvir música (o "como").[107]

Figura 5.11 Do "por que" ao "como" no design da experiência.

Fonte: elaborado pelos autores.

As empresas costumam se concentrar no lado do produto da experiência do design thinking. O que elas esquecem nesse processo é perguntar *por que* o cliente quer, por exemplo, ouvir música. Talvez ele queira relaxar com uma música clássica depois de um longo dia de trabalho, ou talvez procure impulsos motivacionais enquanto está fazendo um treino intenso na academia. Seja qual for a motivação, a investigação deve começar com o "por que" como primeiro passo.[108] Esta também é a premissa fundamental do marketing H2H, em que o desejo das pessoas, a empatia e a compreensão contextual do humano vêm em primeiro lugar e as considerações de viabilidade e custo em segundo lugar. Essa primeira visão do "por que" segmenta os diferentes tipos de uso e permite análises de potencial sociodemográfico e de mercado.

Em resumo, a principal tarefa do marketing H2H para o desenvolvimento da proposta de valor é explorar *por que* as pessoas querem usar uma proposta de valor. Afinal, isso pode levar ao entendimento de soluções distintas, já que, como no exemplo da música, as necessidades eventualmente são distintas e permitem segmentações. Sempre se deve entender que as experiências às quais o cliente tem acesso durante o uso da solução, proporcionadas pelo design, podem possuir formato multidimensional e são parte integrante da própria proposta de valor – em certos casos, a experiência de uso é o principal fator de diferenciação.

Preço como quantificação do valor para o cliente

Embora tenha consequências de longo alcance para a lucratividade de uma empresa, o preço de bens e serviços não é um tópico popular entre executivos e acadêmicos da área de negócios. Em seu artigo *Towards value-based pricing* ("Rumo à precificação baseada em valor", em tradução livre), Hinterhuber identifica vários equívocos sobre a natureza dos preços e seus efeitos sobre os clientes e a participação de mercado. A primeira armadilha em que os executivos parecem ter caído é a crença de que os clientes consideram o preço fundamentalmente importante quando, como ele argumenta, a pesquisa aponta na direção contrária, "que os clientes frequentemente desconhecem os preços pagos e que o preço é um dos critérios de compra menos relevantes para eles".[109] Outro equívoco que ele vê está na suposta incompatibilidade de cobrança de preços premium e, ao mesmo tempo, ter um market share expressivo. Para ele, "a participação de mercado e os preços altos podem ser alcançados se os preços realmente refletirem o alto valor para o cliente".[110] Isso está de acordo com a forma como o preço é determinado, definindo a fórmula básica de preço como "preço = valor".[111]

Para ele, "o preço que um cliente está disposto a pagar e, portanto, o preço que uma empresa pode alcançar é sempre um *reflexo do valor percebido* do produto ou serviço aos olhos do cliente".[112] Essa conexão do preço com o valor percebido individualmente, embora não expressa explicitamente, contém os dados necessários para repensar a precificação à luz da S-DL. É o valor em uso percebido individualmente que serve como medida de valor para os clientes e sugere que o preço deve fazer parte da proposta de valor de uma empresa.[113]

Em muitos casos, pensamos e exemplificamos a perspectiva de preço levando em consideração produtos simples e comoditizados, como alimentos enlatados ou outros bens de consumo de fácil comparação. No entanto, é preciso entender que, na lógica de serviço, existe um potencial muito maior para a variabilidade do preço. Um restaurante usa os alimentos enlatados para preparar suas receitas, mas, em função da adição de um amplo conjunto de serviços, como o atendimento, a atmosfera do local, a elaboração do cardápio por um chef, o manobrista e tantos outros, julgamos o valor de um restaurante muito mais pela experiência proporcionada do que pelo valor intrínseco dos ingredientes do prato que é servido.

O preço se torna parte do conceito da proposta de valor, porque as propostas de valor são trocadas e o valor em uso expande o horizonte de tempo para que uma empresa fornecedora permaneça envolvida com o uso e a experiência dos clientes dos bens vendidos até o final da experiência de uso. Assim, a oferta pode ter um preço definido ou negociado como parte da proposta de valor, mas esse preço não é confirmado como valor até que seja avaliado ou experimentado pelo cliente em uso.[114]

Se o preço deve representar o valor no contexto individual do cliente, então não pode mais ser calculado por meio de métodos tradicionais, como o cálculo de mark up. No entanto, como determinar um preço que reflita o valor real da proposta? Essa pergunta só pode ser respondida se for possível determinar o valor do serviço prestado ao cliente. O valor da oferta deve, portanto, ser quantificado em termos monetários. A abordagem aqui proposta e implementada no marketing H2H foi desenvolvida a partir do modelo de precificação baseada em valor.[115] Em alguns pontos, contudo, o marketing H2H vê espaço para acréscimos de critérios, ou discorda de elementos presentes do modelo de precificação baseado em valor, pois nem tudo proposto pelo autor está de acordo com a filosofia H2H.

O marketing H2H propõe um processo de quatro etapas:[116]

- Definir objetivos de precificação.
- Analisar os principais elementos das decisões de preços.
- Selecionar faixas de preço lucrativas.
- Implementar alterações de preço.

Note-se que esse modelo de precificação é desenvolvido como um processo contínuo, ou seja, cíclico e com constante adaptação às mudanças do mercado, ao comportamento do cliente ou a outros fatores. Além disso, os objetivos devem levar em conta as relações com todas as outras decisões de marketing, o que significa que, por exemplo, o posicionamento de preço não deve ser considerado separadamente do posicionamento de marca.[117]

O segundo passo consiste em analisar o triângulo estratégico[118] formado pelo cliente, a empresa e a concorrência. Essa análise forma a base para avançar nas decisões de preços. São apresentados os seguintes passos para analisar as três partes envolvidas:[119]

- Para entender a base de valor dos clientes – *análise de valor econômico*: o entendimento das fontes de percepção de valor econômico de um produto para diferentes segmentos (clusters) de clientes.[120] Do ponto de vista do marketing H2H, a análise deve

ser realizada para cada segmento de cliente (persona) e não se limitar apenas a valores financeiros.
- Para entender a empresa – *análise da relação custo-volume-lucro (cost-volume-profit* – CVP) da empresa: o entendimento das implicações das variações de preço e volume sobre a rentabilidade da empresa. No marketing H2H, o método de preço-alvo é usado adicionalmente.
- Para entender a concorrência – *análise competitiva*: a compreensão das tendências em preços competitivos, ofertas de produtos e estratégias presentes no mercado.

A análise de valor, bem como a análise de CVP e o preço-alvo, serão aprofundados nos tópicos a seguir. Para informações mais detalhadas sobre a análise competitiva, sugerimos bibliografias específicas acerca da condução desse processo.[121]

Análise sob a perspectiva do cliente

A análise de valor na perspectiva do cliente visa identificar as diferentes fontes de valor e quantificá-las em termos monetários. Em vez de determinar a disposição do cliente em pagar por um produto de forma única, o preço da próxima melhor alternativa que está disponível para o cliente no mercado é tomado como referência. Além desse preço de referência, adiciona-se a diferença de valor percebido da solução proposta para o serviço de referência. A análise segue estes passos e, na nossa adaptação para o marketing H2H, apenas se trocaram as posições dos dois primeiros passos, enquanto todo o resto foi mantido conforme desenvolvido originalmente:[122]

1. Segmentar o mercado.
2. Identificar o preço do competidor que possui o produto e o processo que o consumidor vê como melhor alternativa.

3. Identificar todos os fatores que diferenciam o produto da empresa do competidor identificado.
4. Determinar o valor para o cliente desses fatores diferenciadores. Como forma de avaliar esse valor, é possível fazer uma *conjoint analysis* (técnica de pesquisa em que o valor de diferentes fatores é analisado separadamente por meio de múltiplas escolhas simuladas do consumidor) ou aplicar outras metodologias de pesquisa, como grupos focais, benchmarking ou workshops com clientes.
5. Somar o valor de referência e o valor de diferenciação para determinar o valor econômico total. Como os valores serão diferentes para cada segmento (cluster) de clientes, é formado um *conjunto de valores* que inclui os valores específicos que cada grupo de clientes identifica em um determinado produto ou serviço.
6. Usar esse conjunto de valores para estimar vendas futuras em diferentes precificações.

Uma observação importante: no marketing H2H, esse processo não é realizado apenas pensando nos diferentes grupos de clientes, mas também em diferentes grupos de stakeholders que fazem parte dessa rede de criação de valor, pois o serviço é feito em conjunto com eles.

O preço resultante dessa fase de análise será incorporado nas fases posteriores e retrabalhado com os demais critérios para se chegar a uma precificação final.

Análise de valor da perspectiva da empresa (provedora do serviço)

A análise do valor da empresa está incluída no marketing H2H para uso específico no processo de ajustes de preços, mas não no processo de ofertas recém-desenvolvidas, pois em novas ofertas não há um valor de referência ao qual recorrer. Nesses casos, o marketing H2H utiliza o preço-alvo em um esforço para integrar a orientação ao mercado e ao cliente na gestão de custos.[123] O processo de estabelecer um preço-alvo é apresentado apenas brevemente aqui. Para um maior aprofundamento, fizemos uma curadoria de referências, direcionando para a literatura pertinente ao tema.[124]

O preço-alvo é a visão de preço orientado a partir das capacidades técnicas e estrutura da empresa, e a definição de quanto um produto vai custar é determinada com base no custo da empresa para produzi-lo.[125] Dessa forma, ele é uma contrapartida de métodos orientados para os clientes, uma vez que a perspectiva do preço-alvo é uma visão "de dentro para fora", orientada para os recursos e para a empresa.

No marketing H2H, o ponto de partida da análise do preço na perspectiva da empresa é o valor definido na etapa anterior – ou seja, ele já inclui, na sua essência, uma visão "de fora para dentro". Esse preço, determinado na análise da perspectiva do cliente e demais stakeholders, é usado aqui como um *target sales price*, ou seja, o preço ideal para ser colocado no mercado. No entanto, para incluir a perspectiva da empresa, é preciso considerar o lucro-alvo que a empresa define; com isso, é possível chegar a um custo-alvo, ou seja, o custo da prestação de serviço que permite vender ao preço ideal e ter o lucro ideal.

Os custos-alvo são então comparados com os custos primários estimados. Se os custos estimados forem superiores aos custos-alvo, os custos devem ser reduzidos ao nível dos custos-alvo para alcançar o lucro desejado. Caso não seja possível essa redução, é preciso analisar um equilíbrio entre o preço ideal e o lucro ideal – ou se abre mão do lucro para ter o preço ideal no mercado, ou se considera um preço diferente do ideal no mercado, mas garantindo os lucros desejados pela empresa, ou ainda algo entre essas duas possibilidades. Dessa forma, podemos concluir que "O custo-alvo não é uma mera ferramenta de cálculo, [...] mas sim um instrumento de controle comportamental e uma ferramenta de comunicação orientada a alvos entre desenvolvimento, produção e marketing, e pode contribuir para a redução das barreiras de linguagem muitas vezes existentes entre os diferentes participantes da definição do preço".[126]

5.2.5. Conteúdo que entrega valor: informar, aconselhar ou entreter como objetivos de comunicação

Os tópicos a seguir tratam a comunicação na visão contemporânea do marketing H2H, naturalmente influenciado pelos três fatores do modelo de marketing H2H.

Marketing de conteúdo: a ideia é ajudar, não vender

O marketing de conteúdo é bastante discutido hoje em dia e tem formas versáteis de ser implementado em empresas B2B e B2C. Embora o conceito de envolver os clientes com conteúdo útil não seja novo, os avanços da digitalização que se manifesta em conectividade constante, novos comportamentos para a busca de informação, a ascensão das mídias sociais e outros novos canais alimentaram sua popularidade. Como as ações de outbound não produzem mais os resultados positivos do passado,[127] as empresas devem encontrar outras formas de chegar aos seus clientes, confiando cada vez mais em conteúdos úteis para estar presentes no seu cotidiano.

O marketing de conteúdo consiste em produzir e distribuir conteúdo útil que informe, dê dicas e recomendações, divirta ou dê novas ideias criativas, o que, ao mesmo tempo, posiciona a marca como especialista em determinada área do assunto. O objetivo é conquistar novos clientes e fidelizá-los, criando uma relação de confiança com eles. O marketing de conteúdo, resumido como "comunicar sem vender", pode ser definido como a "arte e ciência de compartilhar regularmente informações valiosas com o público-alvo que se alinha à sua marca e a fortalece".[128]

O ponto-chave de um bom marketing de conteúdo é a mudança de perspectiva, deixando de divulgar apenas o que os seus produtos e serviços fazem para focar as necessidades e interesses de seus clientes; constitui uma "mudança cultural de 'vender' para 'ajudar'".[129] Ao oferecer conteúdo útil ou divertido para ser encontrado pelos clientes interessados em vez de se concentrar na promoção dos próprios produtos, o marketing de conteúdo faz a ponte entre a transição do marketing outbound para o inbound (ver Quadro 5.2).

Quadro 5.2 Comparação entre o marketing outbound e o inbound

Marketing inbound	Marketing outbound
Ganhar interesse e atenção através da relevância das comunicações	Reforçar o interesse e a atenção através da pressão da comunicação
Comunicação em duas direções (diálogo)	Comunicação em uma única direção (broadcast)
Os clientes vêm através de motores de busca e redes sociais	Os clientes vêm através de anúncios pagos
Os profissionais de marketing convencem por meio de valor agregado	Os profissionais de marketing convencem com frases de vendas
Os profissionais de marketing querem vender indiretamente	Os profissionais de marketing querem vender diretamente

Fonte: adaptado de von Hirschfeld e Josche, 2018.

O marketing de conteúdo combina as características do marketing inbound apresentadas no Quadro 5.2 e elimina o marketing de interrupção intrusivo, colocando em prática as mudanças no processo de comunicação que a S-DL propaga.[130] Os clientes são recursos operativos,[131] e a comunicação com eles deve seguir uma forma de diálogo e troca, não de monólogo. Observa-se que a comunicação do valor tradicionalmente é feita por uma promessa, num formato de *venda de benefícios*,[132] mas, numa abordagem dialógica, ela deve ser "emergente, como numa *aprendizagem conjunta*: uma promessa de valor cocriada e integrada",[133] uma visão que reflete precisamente a ideia central do marketing de conteúdo. O marketing de conteúdo, por natureza, segue os princípios de inbound, mas pode, para maximização dos efeitos, ser combinado com ações de outbound.[134]

Marketing de conteúdo H2H

O marketing de conteúdo é parte integrante da fase operacional do marketing H2H; no entanto, deve sofrer alguns ajustes. A ideia básica de enriquecer a vida dos clientes com conteúdo útil e relevante para eles, em vez de sufocá-los com publicidade opressiva, está totalmente alinhada com a filosofia humana e a forma de ver os clientes do marketing H2H. No entanto, o marketing H2H amplia o conceito de conteúdo em dois aspectos – o *edutainment* e a relação digital-analógica.

O marketing de conteúdo H2H deve fazer jus à ideia de *edutainment* sempre fornecendo conteúdo educativo/consultivo (função educação) e/ou divertido (função entretenimento).[135] O marketing de conteúdo tradicional se concentra principalmente no mundo digital, enquanto o marketing de conteúdo H2H abraça tanto o digital como o analógico, incentivando a quebrar fronteiras conhecidas e a pensar o marketing de conteúdo para além do mundo digital. O marketing de conteúdo analógico presencial pode ser feito, por exemplo, com eventos, como uma conferência ou feira, palestras e participação em fóruns, e até mesmo com visitas pessoais.[136]

Além disso, o conteúdo do marketing H2H não é usado apenas para conquistar novos clientes, mas também para ajudar os clientes existentes a entender melhor a proposta de valor e usá-la corretamente. A ideia é poder apoiar o cliente na cocriação de valor, utilizando a proposta de valor para alcançar o *maior valor em uso possível*. Graças à digitalização, é possível disponibilizar conteúdo individual e personalizado. A base para o desenvolvimento de conteúdo no marketing H2H deve ser, novamente, o conceito de persona.[137]

Para a implementação prática do marketing de conteúdo, adotamos a abordagem do livro *Lean content marketing* ("Marketing de conteúdo enxuto", em tradução livre) (ver Figura 5.12[138]), cujos criadores seguem a mesma filosofia em que se baseia o marketing H2H:

> O fator decisivo para um diálogo produtivo é que ele seja conduzido de humano para humano. E-mails ou posts automatizados, bem como ligações de "follow up" de vendas, não são adequados para conquistar a confiança de potenciais clientes. Para convidar [os clientes] para um diálogo, é necessário um toque pessoal, autenticidade e estima.[139]

O marketing de conteúdo enxuto (*lean content marketing*) baseia-se na ideia da *startup enxuta*[140] e segue o princípio de "construir, medir, aprender".[141] No início, uma empresa começa com pequenas unidades de conteúdo e aguarda o feedback do usuário, que depois é analisado e utilizado como insumo para o início de um novo ciclo. Em um ciclo que se repete constantemente, novos conteúdos são criados e adaptados, sempre com base nas descobertas do feedback do mercado. O objetivo é criar conteúdos eficientes, mas não baratos, como muitas vezes é erroneamente assumido quando se usa o termo "enxuto" (*lean*). O conteúdo deve fornecer algum tipo de ajuda ao público-alvo, ao mesmo tempo que ajuda a empresa a se envolver e aprender mais sobre eles. O marketing de conteúdo enxuto oferece uma maneira de implementar rapidamente uma estratégia de marketing de conteúdo e aprender mais sobre o passo a passo dos clientes.

Figura 5.12 O ciclo do *lean content marketing*.

Fonte: von Hirschfeld e Josche, 2018.

Seguindo a ideia do mínimo produto viável do método *lean start-up*, um *conteúdo mínimo viável* (CMV) é gerado, que é então testado com o cliente a fim de aprender com ele e melhorar o conteúdo iterativamente. A seguinte sequência de etapas para implementar o marketing de conteúdo enxuto[142] é sugerida:

1. Criar pré-condições organizacionais e técnicas para o marketing de conteúdo.
2. Coletar e avaliar o conteúdo existente na empresa em uma auditoria de conteúdo.

3. Comece com uma versão de conteúdo mínimo viável (CMV).
4. Verifique e analise continuamente o conteúdo, os formatos e os canais utilizados.
5. Melhore continuamente o conteúdo.
6. Ao perceber feedbacks negativos ou potenciais melhorias, tenha coragem de sair do caminho escolhido e recomeçar com um novo CMV.

Na seção seguinte, será apresentada uma versão simplificada baseada nos mesmos princípios, mas incluindo apenas os pilares principais do ciclo.

Marketing de conteúdo H2H na prática

A seguir, examinaremos os pontos-chave do ciclo de marketing de conteúdo enxuto H2H.[143]

5.2.6. Definição de metas, mapeamento de público e planejamento

Em um primeiro passo, os profissionais de marketing devem pensar no que querem alcançar com seu conteúdo. As metas de marketing de conteúdo são derivadas dos objetivos gerais da corporação e dos objetivos de marketing[144] e geralmente se enquadram em uma de duas categorias: construção e fortalecimento da marca ou aumento de vendas.[145] Recomenda-se, para a formulação das metas, utilizar uma estrutura como o SMART: específico, mensurável, alcançável, relevante e com limite de tempo (*specific, mensurable, achievable, relevant and time-bound*).

Definidos os objetivos, os profissionais de marketing devem identificar o público para o qual direcionam o conteúdo. Para isso, deve-se primeiro identificar um público-alvo e, em seguida, descrevê-lo em mais detalhes usando o conceito de persona,[146] usando o mesmo processo de segmentação de mercado e modelagem de persona apresentada anteriormente. Isso deve ser o mais preciso possível para poder criar conteúdo individualizado de alta relevância. Sem conhecer os problemas e interesses do cliente, bem como seus desejos e sonhos, não é possível fornecer conteúdo útil que faça as pessoas voltarem para buscar mais.[147]

Além disso, nesta fase, deve-se planejar a forma como o conteúdo será distribuído, quem será o responsável pela distribuição, quais os formatos de entrega do conteúdo e em quais momentos deverão ser disponibilizados. Esses parâmetros planejados devem estar alinhados com as necessidades do cliente e na fase correta da jornada do cliente.[148]

Auditoria de conteúdo, ideação e criação do CMV

Após a definição das metas, inicia-se a fase de construção do conteúdo. Em uma primeira etapa, a equipe de marketing de conteúdo deve estruturar um catálogo do conteúdo já existente e verificar qual parte do conteúdo atende aos requisitos para ser utilizada nas etapas seguintes.[149]

Então, com base no que foi definido para o público-alvo, os profissionais de marketing devem gerar um *conteúdo mínimo viável* a partir daquele já existente no catálogo, ou preparar um novo material para ser divulgado e dar início ao ciclo de feedback. Para tanto, a equipe deve se valer daqueles insights humanos do início das definições H2H e incorporar os interesses, objetivos e frustrações do público com a expertise da empresa. O conteúdo deve, portanto, ser derivado da comparação entre a necessidade do cliente (visão do cliente) e a capacidade da empresa de oferecer o conhecimento ou conteúdo (visão da empresa). Sua área de sobreposição é chamada de *ponto ideal* (ver Figura 5.13), ponto em que surgem informações que possuem significado e importância para o destinatário, bem como geram confiança no provedor do conteúdo.[150]

Figura 5.13 Marketing de conteúdo como ponto ideal entre o cliente e a empresa.

Fonte: adaptado de von Hirschfeld e Josche, 2018, p. 26.

Dependendo das necessidades e desejos do público, diferentes formatos de conteúdo podem ser usados. Em um blog, as empresas podem discutir tópicos específicos do setor em artigos feitos ou assinados pelos seus especialistas. Artigos técnicos informam os leitores, por exemplo, sobre os novos desenvolvimentos de mercado, e webinars podem ser usados para transmitir conhecimento aprofundado sobre o setor. Outras formas populares incluem vídeos, podcasts e webcasts.[151]

Além disso, na área de marketing de conteúdo do marketing H2H, o princípio da cocriação é total. Ao procurar conteúdo autêntico que se conecte com o público, os profissionais de marketing não devem esquecer os próprios clientes (ou mesmo outros stakeholders) como fonte de conteúdo e pautas. Conteúdo gerado pelo usuário (CGU) pode entregar resultados impressionantes especialmente por meio de sua autenticidade, já que o conteúdo criado por usuários reais das ofertas da empresa muitas vezes pode gerar mais confiança no público do que o conteúdo produzido pela própria empresa.[152] O marketing H2H apoia a ideia de utilizar as novas plataformas digitais para incentivar ativamente a base de clientes a fazer parte da criação de conteúdo, envolvendo-os de forma mais direta e dando voz aos defensores da marca.

Para começar a usar o CMV, os profissionais de marketing devem procurar o *ponto ideal* inicial (Figura 5.13), procurando alinhar a expertise da empresa com aquilo que pode ajudar o público-alvo a atingir seus objetivos ou resolver seus problemas. Os destinatários devem ser encorajados a dialogar com a empresa, a fim de obter o máximo de feedback possível.[153]

As empresas não devem se furtar de fornecer informações *realmente valiosas*, pois, quanto mais notável é o conteúdo, maiores os efeitos positivos alcançados.[154] "Se o conteúdo não é de alta qualidade, original e rico, uma campanha de marketing de conteúdo se torna uma perda de tempo e, às vezes, o tiro sai pela culatra."[155] Então, o marketing de conteúdo é uma faca de dois gumes. Envolve muito esforço na criação de conteúdo de qualidade e, se isso não for feito corretamente, pode causar uma reação negativa.[156] Por outro lado, permite a construção de estratégias que não demandam muitos recursos, pois a criatividade e qualidade do conteúdo, e não o tamanho do orçamento de marketing, é que são os principais elementos para o sucesso das ações. Isso é especialmente inspirador para as empresas menores.[157] Os conteúdos publicados não precisam necessariamente ser criados pela própria empresa, caso a equipe não tenha as habilidades necessárias, e podem ser usados produtores de conteúdo externos para garantir que os requisitos de qualidade sejam atendidos.[158]

Distribuição de conteúdo

Na hora de distribuir o conteúdo, os profissionais de marketing devem tomar duas decisões. Uma de natureza mais geral: a distribuição será digital ou analógica? A segunda é mais específica: qual canal de mídia deve ser usado? Embora o marketing de conteúdo hoje se concentre principalmente em conteúdo em canais de distribuição digital, o marketing H2H explicitamente inclui variantes analógicas dele para adicionar uma perspectiva mais humana ao processo de entrega de conteúdo: "Os eventos presenciais permitem as interações mais significativas entre humanos, algo que o marketing de conteúdo digital carece".[159]

A conectividade de hoje torna muito mais fácil para as empresas distribuírem seu conteúdo de forma altamente direcionada. Ao selecionar a categoria de canal (ver Figura 5.14), alguns aspectos importantes desempenham um papel impulsionador, como o momento da jornada do cliente ou do público e os objetivos que se tem com o conteúdo.

Figura 5.14 Canais de mídia para o marketing de conteúdo.

Fonte: adaptada de von Hirschfeld e Josche, 2018, p. 40.

As *mídias próprias* (*owned media*), ou seja, os sites, blogs, comunidades próprias, mídias sociais próprias e outros canais de propriedade da empresa, são um meio prático porque estão sempre disponíveis e os conteúdos podem ser publicados da maneira que a empresa preferir. No entanto, sua esfera de influência é limitada, pois entrega conteúdo principalmente para uma base já estabelecida de potenciais clientes.[160] Assim, mídias próprias, por exemplo, uma newsletter da empresa, ou posts nas redes sociais (sem impulsionamentos), são mais indicadas para construir e manter um relacionamento e qualificar leads.[161]

Em canais de *mídia paga*, a empresa coloca conteúdo para a distribuição ou impulsiona a sua distribuição mediante pagamentos – é uma compra de tráfego –, como banners e conteúdos colocados em sites de notícias, ou publicações em redes sociais. "A mídia paga é normalmente usada para alcançar e adquirir novos públicos em um esforço para aumentar o reconhecimento da marca e direcionar o tráfego para canais de mídia próprios."[162]

Os canais de *mídia ganha*, por outro lado, não são simplesmente alcançáveis por meio de pagamento, e costumam ser conquistados em um período mais longo. Uma empresa acessará canais de mídia ganha se seu conteúdo se espalhar por boca a boca ou compartilhamentos em redes sociais, ou participando como fonte de informações em reportagens jornalísticas, geralmente em virtude da qualidade notável do conteúdo ou da reputação da pessoa que está fornecendo aquele conteúdo.[163]

Além do objetivo no qual a distribuição do conteúdo foi fundamentada, outras considerações práticas também devem ser levadas em consideração. Por exemplo, publicar conteúdo em redes sociais oferece a oportunidade de interagir com o público-alvo e conhecer mais sobre ele. É claro que isso é muito útil para construir um relacionamento com o público, mas também envolve mais recursos do que apenas criar e distribuir conteúdo, como um vídeo ou podcast no site da empresa. A escolha do canal e da plataforma deve ser adaptada às preferências e ao comportamento dos clientes, considerando onde eles geralmente procuram obter suas informações.

Avaliação de marketing de conteúdo e ciclo de melhoria

Na primeira etapa do processo do marketing de conteúdo enxuto, apresentamos a necessidade de definir objetivos estratégicos claros, sejam de impactos e vendas ou orientados para a marca. O sucesso da busca desses objetivos deve ser medido para ter uma visão clara dos resultados e, se necessário, fazer os ajustes corretos. Além disso, o marketing de conteúdo H2H deve ser medido ao longo do caminho do consumidor do modelo de 5As, que foi discutido previamente.[164] Uma visão geral das métricas de marketing de conteúdo durante a jornada do cliente é mostrada na Figura 5.15. Depois de revisar a eficácia e os resultados do conteúdo, o ciclo de iteração do CMV pode ser reiniciado.

Figura 5.15 Métricas para marketing de conteúdo ao longo do caminho do cliente do modelo 5A.

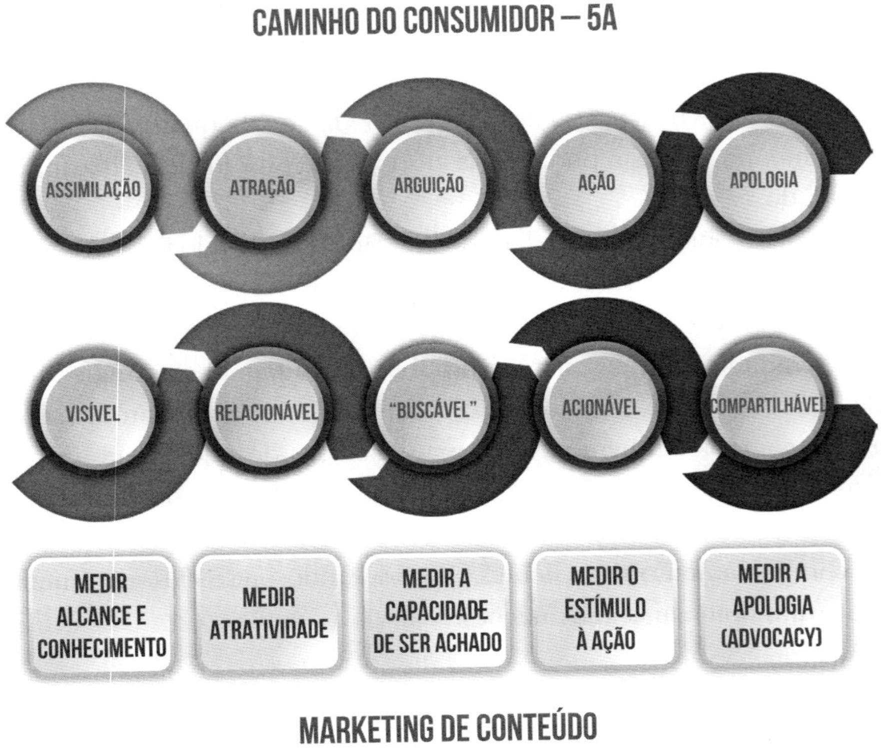

CAMINHO DO CONSUMIDOR — 5A

ASSIMILAÇÃO — ATRAÇÃO — ARGUIÇÃO — AÇÃO — APOLOGIA

VISÍVEL — RELACIONÁVEL — "BUSCÁVEL" — ACIONÁVEL — COMPARTILHÁVEL

MEDIR ALCANCE E CONHECIMENTO | MEDIR ATRATIVIDADE | MEDIR A CAPACIDADE DE SER ACHADO | MEDIR O ESTÍMULO À AÇÃO | MEDIR A APOLOGIA (ADVOCACY)

MARKETING DE CONTEÚDO

Fonte: elaborado pelos autores.

5.2.7. Acesso: disponibilização da proposta de valor aos clientes

O contato direto com o cliente é de imensa importância estratégica nos dias de hoje, pois sem ele não é possível que empresas concorram com os imensos revendedores e plataformas multinacionais e globais.[165] Para disponibilizar a proposta de valor aos clientes, as empresas devem demonstrar flexibilidade e projetar a arquitetura do canal de acordo com os desejos do cliente. É o cliente, e não a empresa, que decide quando e onde quer comprar algo. Em função disso, as plataformas eletrônicas estão se tornando cada vez mais importantes.[166]

Integração omnichannel

À medida que a conectividade acelera o mundo, os clientes passam a querer participar do que tem sido chamado de *now economy* – termo que identifica a economia do acesso, ou do compartilhamento, em que tudo deve estar disponível imediatamente para uso, em que os clientes demandam rapidez na entrega dos produtos e satisfação imediata de suas necessidades e desejos, onde e quando quiserem. Ainda que algumas proeminentes empresas B2C, como Airbnb, Uber, Mercado Livre e Amazon Prime, já tenham reconhecido essa tendência e se alinhado aos desejos dos clientes, ainda há muito o que fazer, principalmente na área B2B.[167]

Além da gratificação imediata que os clientes esperam, vimos o surgimento de novas estruturas de canais e padrões de movimentação ao longo deles como resultado da combinação de canais que antes eram separados, popularizando ou até impondo às empresas o uso de processos omnichannel. O omnichannel visa alinhar e integrar todos os canais online e offline para uma experiência perfeita do cliente em todos os pontos de contato,[168] como mostrado na Figura 5.16.

Figura 5.16 Das vendas imóveis à integração omnichannel.

Fonte: adaptada de Mehn e Wirtz, 2018, p. 7.

Dois desses novos padrões de movimento ao longo da arquitetura do canal são *webrooming* e *showrooming*, ambos mostrando partes dos desafios que as empresas estão enfrentando no varejo atual. O showrooming (caminho da loja física para o online) é o termo que identifica o processo de o cliente primeiro visitar as lojas de varejo físico para fazer pesquisas sobre o produto e experimentá-lo de perto, depois realizar a compra real no ambiente online. A ideia é usar a experiência física para entender as características do produto, para então decidir offline o que comprar, buscando no e-commerce o melhor preço ou outras vantagens. Um cliente de webrooming, por outro lado, primeiro procurará os produtos em que está interessado online, obterá conhecimento sobre a categoria de produtos, suas características e preço, e depois comprará em uma loja offline, em função da experiência de compra, disponibilidade imediata ou algum outro tipo de facilidade que ele possa perceber. Essa é uma prática especialmente popular entre os millennials. As empresas que disponibilizam seus produtos apenas por meio de um tipo de canal estão enfrentando dificuldades para alcançar esses grupos de clientes.[169]

Para responder a esses novos padrões de compra, as empresas, nos últimos anos, têm apostado em abordagens multichannel e omnichannel. O marketing H2H adota a seguinte definição para a gestão omnichannel:

> A gestão omnichannel usa e interconecta todos os canais de comunicação e vendas disponíveis para permitir o uso simultâneo de vários canais do lado do cliente e do fornecedor. *O cliente está no centro da estratégia*, pode gerenciar ativamente o processo de compra e tem controle total sobre a transparência e a integração de dados.[170]

Essa definição também mostra a diferença entre os modelos multichannel e omnichannel. O varejo multicanal significa que um cliente tem a oportunidade de comprar produtos em diferentes canais de venda, fixos e online. No entanto, não há integração dos canais, sendo a comunicação e as transações que ocorrem por meio dos canais ditadas pela empresa, seguindo um mindset de dentro para fora. O omnichannel, por outro lado, coloca o ser humano no centro, reconhece-o como indivíduo competente e capacitado para determinar as regras do jogo, e decidir quando e onde prefere passar pelas etapas da jornada do cliente. As empresas que adotam o omnichannel acabam naturalmente seguindo a filosofia "de fora para dentro", em que quem está fora determina o processo a seguir e quem está dentro – os profissionais das empresas – deve prover as soluções conforme determinado pelos clientes.

A fim de alcançar uma integração viável no omnichannel, uma gestão holística da marca que una consistentemente o mundo online e offline é um requisito fundamental. O pensamento não deve mais seguir uma mentalidade dualista que distingue entre online e offline; em vez disso, deve-se adotar um pensamento sem fronteiras, ou seja, sem diferenciação entre os canais,[171] da forma que os clientes já estão fazendo hoje.[172]

Ao implementar uma estratégia omnichannel, o caminho completo do cliente deve ser avaliado, em especial os três momentos da verdade (ver Figura 5.17).[179] O momento zero da verdade (ZMOT, na sigla em inglês) descreve as primeiras impressões de uma marca de natureza antecipatória com base em relatórios, recomendações ou vídeos. O primeiro momento da verdade (**FMOT**, na sigla em inglês), por outro lado, descreve o primeiro contato direto com uma oferta de produto ou serviço em que expectativas de marca previamente estabelecidas, por exemplo, por meio da publicidade, são conciliadas com a realidade e validadas. A última etapa do processo de validação pelo cliente é o uso real, chamado de segundo momento da verdade, em que a promessa de valor feita pela marca é testada quanto ao seu valor.[173]

Figura 5.17 Momentos de verdade ao longo do caminho do cliente.

Fonte: adaptada de Kreutzer, 2018a, p. 109.

O ZMOT ganha particular importância neste contexto, uma vez que ele só pode ser influenciado de forma indireta pelas empresas. As empresas podem tentar alcançar um resultado positivo por meio do uso de ferramentas como o *Review and Rating Management* (RRM), procurando estimular os clientes satisfeitos a dividirem sua opinião publicamente, enquanto abordam de maneira privada os insatisfeitos. A influência que as experiências, recomendações e opiniões expressas do ambiente social têm sobre o comprador individual de hoje é um fator que um grande número de empresas ainda está negligenciando. O RRM deve ter como objetivo gerar o maior número possível de sinais sociais positivos – curtidas, avaliações, compartilhamentos e comentários – e construir confiança na marca. O marketing de conteúdo também desempenha um papel decisivo nisso.[174]

Pode-se concluir que o marketing H2H promove a integração de pontos de contato e canais para possibilitar uma experiência perfeita ao cliente. A base para isso é a jornada do cliente, que deve ser analisada e visualizada ao longo de todos os pontos de contato em todos os canais (*sem criar fronteiras desnecessárias*). Os pontos de contato mais importantes e os caminhos de cliente mais populares devem ser identificados e integrados sem qualquer desconexão.[175] Com uma solução omnichannel integrada, será possível o salto de canal, ou seja, a troca constante entre diferentes informações e canais de distribuição.[176] A integração omnichannel deve seguir o princípio norteador do marketing H2H, colocando o ser humano em foco e alinhando os canais e pontos de contato de acordo com suas necessidades e desejos.

A ascensão do social commerce

Como consequência lógica do estabelecimento de redes sociais e do aumento da importância do ambiente social nas decisões de compra, está ocorrendo uma convergência crescente entre o e-commerce e as redes sociais, fenômeno conhecido como *social commerce*. Esse desenvolvimento segue uma trajetória evolutiva, começando com classificações e avaliações (primeiro nível de *social commerce*), seguido por recomendações e referências (segundo nível) e culminando em *social shopping* (terceiro nível), em que os clientes compram via mídias sociais em interação com seu ambiente social.[177] Os efeitos do *social commerce* se manifestam de três formas diferentes, que serão brevemente explicadas.[178]

5.2.8. Socialização do e-commerce

Este é o termo usado para descrever elementos de mídia social, como avaliações, recomendações e compartilhamento de opiniões que estão sendo feitas nos locais de comércio eletrônico. Muitos e-commerces permitem que a compra em seu site seja feita pelo perfil de redes sociais, em especial as da Meta, ou usando os perfis do Google, Microsoft ou Apple. Quando o login é feito por uma dessas plataformas, é possível integrar plugins sociais, como o botão de curtir, campos de comentários e outros que ficam disponíveis nas plataformas.[179] A esse respeito, Kotler et al. observam que "as compras físicas têm tudo a ver com estilo de vida e status social; [...] trata-se também de *conexões entre humanos* que geralmente acontecem em canais offline".[180] O processo de socialização também adiciona uma nota mais humana ao e-commerce, algo de que geralmente os clientes sentem falta.[181]

Comercialização em mídias sociais

Há uma tendência de abertura das mídias sociais para a venda direta de produtos, o que a torna um canal de vendas para os varejistas, além de sua função tradicional como canal de comunicação e formação de comunidades. Na maioria dos casos, no entanto, as transações ocorrem fora do site dos varejistas, que é acessado por meio de um link diretamente das plataformas de mídia social. Quase todas as plataformas sociais já possuem ou estão criando formas de aproveitar essa tendência, sejam o Facebook, WhatsApp ou Instagram, onde isso já está desenvolvido, ou outras, como o X (antigo Twitter) e o YouTube, que estão gradualmente se abrindo para a tendência.[182]

O comércio social em sua forma pura

O *social commerce* real ocorre quando toda a transação ocorre na rede social por meio de uma loja autossuficiente configurada na plataforma de mídia social. No geral, o desenvolvimento do *social commerce* ainda demanda evoluções, e a sua forma mais pura ainda parece um pouco incipiente. Contudo, vemos iniciativas como essa no próprio Facebook, que tem uma plataforma de vendas que se assemelha à do Mercado Livre de alguns anos atrás, especialmente focada na venda de usuário para usuário. O Youtube também tem testado iniciativas de vendas em meio aos vídeos de conteúdo. A criptomoeda Libra, anunciada pelo Facebook para 2020,[183] é uma das iniciativas que têm tentado dar um novo impulso nesse contexto, mas ainda sem entregar resultados realmente impactantes. Como percebemos uma certa dificuldade de esse tipo de iniciativa decolar, também é possível que os consumidores acabem se recusando a usar as mídias sociais como canal de compras.[184]

Para os profissionais de marketing de H2H, é importante entender que as linhas entre as mídias sociais e o e-commerce estão se apagando, ainda que não esteja claro se o *social commerce* prevalecerá.

5.3. O processo H2H como o processo prático do marketing H2H

Novas atividades de marketing, em um mundo de marketing outbound e inbound, precisam ter um caráter de processo e devem reagir instantaneamente a ambientes em rápida mudança. Esses processos não devem ser estruturados apenas para empresas estabelecidas ou somente para empresas em processo de startup. Eles devem fornecer orientação para as necessidades específicas desses dois tipos de empresas – e todas as outras que estão no meio do caminho.

Os objetivos de marketing das startups diferem significativamente dos objetivos de marketing das empresas estabelecidas. Isso não se dá apenas em função das diferentes situações financeiras e de disponibilidade de verbas em caixa, mas também considerando-se as diferentes prioridades. O valor total do processo H2H, estruturado para ser flexível e iterativo, torna-se facilmente percebido nesse contexto.

A primeira atividade necessária em qualquer startup é a busca e compreensão abrangente de um problema humano, ou seja, um problema H2H. Em segundo lugar, ela se concentrará no desenvolvimento de uma proposta de valor adequada para resolver esse problema junto com seus parceiros e os clientes. Não haverá muito tempo para marketing de conteúdo ou iniciativas de relacionamento. Já uma empresa estabelecida pode se concentrar no marketing de conteúdo porque concluiu que tem a competência e reputação para usar seus conteúdos a fim de intensificar o relacionamento com a sua comunidade de clientes, que já se encontra ao menos parcialmente estabelecida.

A boa notícia é que qualquer empresa, em qualquer situação, pode usar o processo H2H e iterar para a frente e para trás. O conceito desse processo é enxuto e experimental por natureza. Qualquer ideia, não importa em que fase (insights do cliente, design de proposta de valor, conteúdo, branding etc.), pode ser testada, e o uso do conceito *lean* (enxuto) permite a todos os tipos de empresas em todos os tipos de situações uma rápida melhoria de seu marketing. Frisamos novamente que o sucesso da aplicação do processo H2H dependerá do pensamento corporativo das empresas que tentarem colocá-lo em prática. A realidade mostra que apenas algumas empresas estão atualmente preparadas para deixar de lado os procedimentos formais e estruturados existentes na gestão de modo geral, e na gestão de marketing em especial, para aplicar o princípio enxuto do marketing H2H.

A digitalização fornece todos os meios para reações instantâneas e em tempo real. As interfaces de usuário podem ser projetadas para todos os públicos-alvo e ser multidirecionais. Os canais se abrem de multi para a onipresença. Formas impensáveis de entrega surgirão quando forem popularizadas a impressão 3D, a realidade aumentada e os hologramas. Estamos apenas no começo, mas, com o processo iterativo H2H, esse tipo de alteração poderia ser integrado em qualquer atividade de marketing. O design thinking dá a essa abordagem inúmeras oportunidades para inovações avançadas no início ou no fim do processo de inovação. O marketing será orientado por insights e estará mais perto do cliente do que nunca.

A lógica dominante de serviços (S-DL) enfatiza a cocriação de valor e a cocriação da marca, mostra a importância da confiança e permite que o novo processo de marketing esteja no centro de qualquer decisão de negócios (ver Figura 5.18).

Figura 5.18 O processo H2H no centro do modelo de marketing H2H.

Fonte: elaborado pelos autores.

A integração do design thinking, da lógica dominante de serviços e da digitalização no âmbito do modelo de marketing H2H permite decisões de marketing não apenas no nível corporativo funcional, mas também no nível de governança corporativa, e o torna significativo para todos na empresa. A nova mentalidade de marketing, com novos métodos e processos, viabiliza o novo marketing H2H e cria um procedimento flexível-iterativo que traz novas possibilidades no mundo hipercompetitivo e hiperconectado.

Avançando na trajetória do livro

Por fim, conhecemos o processo H2H como a última etapa, com foco na implementação do dia a dia, nessa nossa trajetória de desenvolvimento do marketing H2H. Começamos com a evolução do mix de marketing e entendemos que o processo H2H é um estágio evolutivo lógico do mix. Os demais conceitos ainda contribuem com algumas características para o processo H2H. O processo pode ser usado desde o *fuzzy front end* até as etapas finais do processo de inovação. Os elementos presentes no processo, como a necessidade de cocriação, e o entendimento de que o valor só pode ser proposto, mas não criado, são fundamentais para a compreensão e aplicação do marketing H2H. O processo em si é operacional, iterativo e adaptável a todo tipo de negócio.

Agora temos consciência sobre cada uma das etapas do processo. Devemos sempre começar com um bom briefing em um desafio de processo H2H. A relação com um problema humano é imperativa para um bom processo. Não temos que iniciar o processo sempre com a detecção de um problema humano, mas devemos sempre ter o problema em mente quando começamos com uma fase posterior. Para entender o problema humano na sua totalidade, é necessário gerar insights sobre os humanos que podem ter esse problema. Somente se fizer isso, você poderá projetar uma proposta de valor adequada que contemple múltiplos componentes, incluindo a experiência essencial que o cliente deve ter para solucionar o problema. A precificação baseada em valor é uma das difíceis tarefas que a equipe precisa realizar. Entendemos que o marketing de conteúdo H2H não é usado apenas para prometer valor ao cliente, mas para aumentar a probabilidade de ele obter valor fazendo o uso correto da solução no seu contexto individual. Aprendemos que o marketing de conteúdo H2H amplia o conceito de marketing de conteúdo e que utiliza os princípios do método da startup enxuta para torná-lo mais experiencial e ágil. Em seguida, mostramos o processo evolutivo desde a venda física até o conceito de omnichannel, a fim de tornar as informações e as propostas de valor acessíveis aos clientes. O *social commerce* representa o mais recente desenvolvimento do canal. Por fim, resumimos o impacto do design thinking, da lógica do serviço dominante e da digitalização na prática do marketing H2H como um processo operacional. No próximo capítulo, entraremos na etapa final de nossa história, em busca de um sentido e uma direção no nosso conturbado mundo contemporâneo dos negócios.

Perguntas

1. O que há de novo no processo H2H? Como esses elementos novos devem ser executados?
2. De que forma o marketing H2H ajuda a lidar com a "ambidestria organizacional"?
3. Por que o desenho de uma proposta de valor é a tarefa central no processo H2H e como isso difere da prática de marketing tradicional?
4. Por que a experiência do cliente (CX) é parte integrante da proposta de valor no marketing H2H? Como você pode projetá-la? Que perguntas devem ser respondidas? Por que você deveria começar com o "por quê"?
5. Como o marketing de conteúdo H2H amplia o conceito de marketing de conteúdo?
6. Por que o marketing H2H fala em "acesso" e não em "distribuição", como no mix de marketing clássico?
7. Explique o impacto de design thinking, S-DL e digitalização no processo H2H.

Referências

BALLANTYNE, D.; AITKEN, R. Branding in B2B markets: insights from the service-dominant logic of marketing. *Journal of Business & Industrial Marketing*, v. 22, n. 6, p. 363-371, 2007. Disponível em: https://doi.org/10.1108/08858620710780127.

BERNAZZANI, S. *The 10 best user-generated content campaigns on Instagram* [Post em blog]. 13 jun. 2017. Disponível em: https://blog.hubspot.com/marketing/best-user-generated-content-campaigns.

BORDEN, N. H. The concept of the marketing mix. *Journal of Advertising Research*, v. 2, p. 7-12, 1964. Disponível em: http://www.guillaumenicaise.com/wp-content/uploads/2013/10/Borden-1984_The-concept-of-marketing-mix.pdf.

CHEN, S.; VENKATESH, A. An investigation of how design-oriented organisations implement design thinking. *Journal of Marketing Management*, v. 29, n. 15/16, p. 1680-1700, 2013. Disponível em: https://doi.org/10.1080/0267257X.2013.800898.

CONSTANTINIDES, E. The marketing mix revisited: towards the 21st century marketing. *Journal of Marketing Management*, v. 22, n. 3/4, p. 407-438, 2006. Disponível em: https://doi.org/10.1362/026725706776861190.

DANN, S. *The marketing mix matrix* [Artigo de conferência]. Artigo apresentado na Academy of Marketing Conference 2011, Liverpool, Reino Unido, 5-7 jul. 2011. Disponível em: https://www.researchgate.net/profile/Stephen_Dann/publication/267559484_The_Marketing_Mix_Matrix/links/54b6024b0cf2318f0f9a0743.pdf.

DEV, C. S.; SCHULTZ, D. E. Simply SIVA: Get results with the new marketing mix. *Marketing Management*, v. 14, n. 2, p. 36-41, 2005. Disponível em: https://www.scopus.com/record/display.uri?eid=2-s2.0-17444418649&origin=inward&txGid=047497a80a4b341498c747b3d30eff31.

DIRNBERGER, D. *Target costing und die Rolle des Controllings im Zielkostenmanagement*. München: GRIN, 2013.

DOLLMAYER, A. *Target costing*: Modernes Zielkostenmanagement in Theorie und Praxis. Marburg: Tectum, 2003.

DRENGNER, J.; JAHN, S.; GAUS, H. Der Beitrag der Service-Dominant Logic zur Weiterentwicklung der Markenführung. *Die Betriebswirtschaft*, v. 73, n. 2, p. 143-160, 2013. Disponível em: https://www.academia.edu/12178909/Der_Beitrag_der_Service-Dominant_Logic_zur_Weiterentwicklung_der_Markenf%C3%BChrung.

ESER, D.; GAUBINGER, K.; RABL, M. Sprint radar: community-based trend identification. In: GASSMANN, O.; SCHWEITZER, F. (Eds.). *Management of the fuzzy front end of innovation*. Cham: Springer, 2014. p. 275-280.

ETTENSON, R.; CONRADO, E.; KNOWLES, J. Rethinking the 4 P's. *Harvard Business Review*, v. 91, n. 1/2, p. 26, 2013. Disponível em: https://hbr.org/2013/01/rethinking-the-4-ps

GASSMANN, O.; SCHWEITZER, F. Managing the unmanageable: the fuzzy front end of innovation. In: GASSMANN, O.; SCHWEITZER, F. (Eds.). *Management of the fuzzy front end of innovation*. Cham: Springer, 2014. p. 3-14.

GODIN, S. *Permission marketing*. London: Simon e Schuster, 2007.

GOLDHAUSEN, K. Customer experience management – Der Weg ist das Ziel. In: RUSNJAK, A.; SCHALLMO, D. R. A. (Eds.). *Customer experience im Zeitalter des Kunden*: Best Practices, Lessons Learned und Forschungsergebnisse. Wiesbaden: Springer Gabler, 2018. p. 41-94.

GOODWIN, K. *Designing for the digital age*: how to create human-centered products and services. Indianápolis, IN: Wiley, 2009.

GROTS, A.; PRATSCHKE, M. Design thinking – Kreativität als Methode. *Marketing Review St. Gallen*, v. 26, n. 2, p. 18-23, 2009. Disponível em: https://doi.org/10.1007/s11621-009-0027-4.

GUMMESSON, E.; KUUSELA, H.; NÄRVÄNEN, E. Reinventing marketing strategy by recasting supplier/customer roles. *Journal of Service Management*, v. 25, n. 2, p. 228-240. Disponível em: https://doi.org/10.1108/JOSM-01-2014-0031.

HALL, S. *Innovative B2B marketing*: new models, processes and theory. New York, NY: Kogan Page, 2017.

HALLIGAN, B.; SHAH, D. *Inbound-Marketing*: Wie Sie Kunden online anziehen, abholen und begeistern. Trad. D. Runne. Weinheim: Wiley-VCH, 2018.

HARAD, K. C. Content marketing strategies to educate and entertain. *Journal of Financial Planning*, v. 26, n. 3, p. 18-20, 2013. Disponível em: https://www.onefpa.org/journal/Pages/Content%20Marketing%20Strategies%20to%20Educate%20and%20Entertain.aspx.

HARTLEBEN, R. E.; VON RHEIN, W. *Kommunikationskonzeption und Briefing*: Ein praktischer Leitfaden zum Erstellen zielgruppenspezifischer Konzepte. 3. ed. Erlangen: Publicis, 2014.

HASSENZAHL, M. User experience and experience design. In: SOEGAARD, M.; DAM, R. F. (Eds.). *Encyclopedia of human-computer interaction*. Aarhus, Dinamarca: The Interaction Design Foundation, 2011.

HEINEMANN, G.; GAISER, C. W. *SoLoMo* – Always-on im Handel: Die soziale, lokale und mobile Zukunft des Omnichannel-Shopping. 3. ed. Wiesbaden: Springer Gabler, 2016.

HEINONEN, K.; MEDBERG, G. Netnography as a tool for understanding customers: implications for service research and practice. *Journal of Services Marketing*, v. 32, n. 6, p. 657-679, 2018. Disponível em: https://doi.org/10.1108/JSM-08-2017-0294.

HERING, E. *Wettbewerbsanalyse für Ingenieure*. Wiesbaden: Springer, 2014.

HINTERHUBER, A. Towards value-based pricing: an integrative framework for decision making. *Industrial Marketing Management*, v. 33, n. 8, p. 765-778, 2004. Disponível em: https://doi.org/10.1016/j.indmarman.2003.10.006.

HOLLIMAN, G.; ROWLEY, J. Business to business digital content marketing: marketers' perceptions of best practice. *Journal of Research in Interactive Marketing*,

v. 8, n. 4, p. 269-293, 2014. Disponível em: https://doi.org/10.1108/JRIM-02-2014-0013.

HORSCH, J. *Kostenrechnung*: Klassische und neue Methoden in der Unternehmenspraxis. 2. ed. Wiesbaden: Springer Gabler, 2015.

JUDT, E.; KLAUSEGGER, C. Bankmanagement-Glossar: Was ist Trendscouting? *bank und markt*, v. 3, p. 46, 2010. Disponível em: https://www.kreditwesen.de/bank-markt/ergaenzende-informationen/archivdaten/trendscouting-id12805.html.

KANG, J.-Y. M. Showrooming, webrooming, and user-generated content creation in the omnichannel era. *Journal of Internet Commerce*, v. 17, n. 2, p. 145-169, 2018. Disponível em: https://doi.org/10.1080/15332861.2018.1433907.

KEGELBERG, J. Auslaufmodell Omnichannel – Die Plattformökonomie integriert den Handel. In: BÖCKENHOLT, I.; MEHN, A.; WESTERMANN, A. (Eds.). *Konzepte und Strategien für Omnichannel-Exzellenz*: Innovatives Retail-Marketing mit mehrdimensionalen Vertriebs- und Kommunikationskanälen. Wiesbaden: Springer Gabler, 2018. p. 373-383.

KOTLER, P.; KARTAJAYA, H.; SETIAWAN, I. *Marketing 4.0*: moving from traditional to digital. Hoboken, NJ: Wiley, 2017.

KOTLER, P.; KOMORI, S. *Never stop*: winning through innovation. Canadá: Kotler Impact Montreal, 2020.

KOWALKOWSKI, C. What does a service-dominant logic really mean for manufacturing firms? *CIRP Journal of Manufacturing Science and Technology*, v. 3, n. 4, p. 285-292, 2010. Disponível em: https://doi.org/10.1016/j.cirpj.2011.01.003.

KOZINETS, R. V. *Netnography*: redefined. Los Angeles, CA: Sage, 2015.

KREUTZER, R. T. Customer experience management – wie man Kunden begeistern kann. In: RUSNJAK, A.; SCHALLMO, D. R. A. (Eds.). *Customer Experience im Zeitalter des Kunden*: best practices, lessons learned und Forschungsergebnisse. Wiesbaden: Springer Gabler, 2018a. p. 95-119.

KREUTZER, R. T. Holistische Markenführung im digitalen Zeitalter – Voraussetzung zur Erreichung einer Omnichannel-Exzellenz. In: BÖCKENHOLT, I.; MEHN, A.; WESTERMANN, A. (Eds.). *Konzepte und Strategien für Omnichannel-Exzellenz*: Innovatives Retail-Marketing mit mehrdimensionalen Vertriebs- und Kommunikationskanälen. Wiesbaden: Springer Gabler, 2018b. p. 111-147.

LAUTERBORN, B. New marketing litany: four P's passe; C-words take over. *Advertising Age*, v. 61, n. 41, p. 26, 1990. Disponível em: http://www.business.uwm.edu/gdrive/Wentz_E/International%20Marketing%20465%20Fall%202014/Articles/New%20Marketing%20Litany.PDF.

LAVALLE, S. et al. Big data, analytics and the path from insights to value. *MIT Sloan Management Review*, v. 52, n. 2, p. 21-32, 2011. Disponível em: https://sloanreview.mit.edu/article/big-data-analytics-and-the-path-from-insights-to-value/.

LEIFER, L. J.; STEINERT, M. Dancing with ambiguity: causality behavior, design thinking, and triple-loop-learning. In: GASSMANN, O.; SCHWEITZER, F.

(Eds.). *Management of the fuzzy front end of innovation*. Cham: Springer, 2014. p. 141-158.

LI, C.-R.; LIN, C.-J.; CHU, C.-P. The nature of market orientation and the ambidexterity of innovations. *Management Decision*, v. 46, n. 7, p. 1002-1026, 2008. Disponível em: https://doi.org/10.1108/00251740810890186.

LINDBERG, T.; MEINEL, C.; WAGNER, R. Design thinking: a fruitful concept for IT development? In: PLATTNER, H.; MEINEL, C.; LEIFER, L. (Orgs.). *Design thinking*: understand – improve – apply. Berlin: Springer, 2011. p. 3-18.

LUSCH, R. F.; VARGO, S. L. Service-dominant logic: reactions, reflections and refinements. *Marketing Theory*, v. 6, n. 3, p. 281-288, 2006. Disponível em: https://doi.org/10.1177/1470593106066781.

LUSCH, R. F.; VARGO, S. L. *Service-dominant logic*: premises, perspectives, possibilities. Cambridge: Cambridge University Press, 2014.

MARTIN, R. L. *The design of business*: why design thinking is the next competitive advantage. Boston, MA: Harvard Business Review Press, 2009.

MEHN, A.; WIRTZ, V. Stand der Forschung – Entwicklung von Omnichannel-Strategien als Antwort auf neues Konsumentenverhalten. In: BÖCKENHOLT, I.; MEHN, A.; WESTERMANN, A. (Eds.). *Konzepte und Strategien für Omnichannel-Exzellenz*: Innovatives retail-marketing mit mehrdimensionalen Vertriebs- und Kommunikationskanälen. Wiesbaden: Springer Gabler, 2018. p. 3-35.

OHMAE, K. The strategic triangle: a new perspective on business unit strategy. *European Management Journal*, v. 1, n. 1, p. 38-48, 1982. Disponível em: https://doi.org/10.1016/S0263-2373(82)80016-9.

OSTERWALDER, A. et al. *Value proposition design*. Hoboken, NJ: Wiley, 2014.

ÖZBÖLÜK, T.; DURSUN, Y. Online brand communities as heterogeneous gatherings: a netnographic exploration of Apple users. *Journal of Product & Brand Management*, v. 26, n. 4, p. 375-385, 2017. Disponível em: https://doi.org/10.1108/JPBM-10-2015-1018.

PAYNE, A. F.; STORBACKA, K.; FROW, P. Managing the co-creation of value. *Journal of the Academy of Marketing Science*, v. 36, n. 1, p. 83-96, 2008. Disponível em: https://doi.org/10.1007/s11747-007-0070-0.

PFOERTSCH, W. A.; SPONHOLZ, U. *Das neue marketing-mindset*: Management, Methoden und Prozesse für ein Marketing von Mensch zu Mensch. Wiesbaden: Springer Gabler, 2019.

PRAHALAD, C. K.; RAMASWAMY, V. The new frontier of experience innovation. *MIT Sloan Management Review*, v. 44, n. 4, p. 12-18, 2003. Disponível em: https://sloanreview.mit.edu/article/the-new-frontier-of-experience-innovation/.

RICHERT, M. Tschüss Bargeld, Hallo Libra! Facebooks schwingt sich zum weltgrößten Finanzdienstleister auf. *FOCUS Online*, 3 jul. 2019. Disponível em: https://www.focus.de/finanzen/boerse/gastkolumne-tschues-bargeld-willkommen-libra_id_10892195.html.

RIES, E. *The lean startup*: how today's entrepreneurs use continuous innovation to create radically successful businesses. 1. ed. New York, NY: Crown Business, 2011.

ROBIER, J. *UX redefined*: winning and keeping customers with enhanced usability and user experience. Cham: Springer, 2016.

ROBRA-BISSANTZ, S. Entwicklung von innovativen Services in der Digitalen Transformation. In: BRUHN, M.; HADWICH, K. (Eds.). *Service business development*: Strategien – Innovationen – Geschäftsmodelle: Band 1. Wiesbaden: Springer Gabler, 2018. p. 261-288.

ROHRBECK, R. Trend scanning, scouting and foresight techniques. In: GASSMANN, O.; SCHWEITZER, F. (Eds.). *Management of the fuzzy front end of innovation*. Cham: Springer, 2014. p. 59-73.

RUMLER, A.; ULLRICH, S. Social-Media-Monitoring und -Kontrolle. *PraxisWISSEN Marketing*, v. 1, p. 94-112, 2016. Disponível em: https://doi.org/10.15459/95451.7.

RUSNJAK, A.; SCHALLMO, D. R. A. Gestaltung und Digitalisierung von Kundenerlebnissen im Zeitalter des Kunden Vorgehensmodell zur Digitalen Transformation von Business Models im Kontext der Customer Experience. In: RUSNJAK, A.; SCHALLMO, D. R. A. (Eds.). *Customer Experience im Zeitalter des Kunden*: Best Practices, Lessons Learned und Forschungsergebnisse. Wiesbaden: Springer Gabler, 2018. p. 1-40.

SCHULTZ, D. E.; TANNENBAUM, S. I.; LAUTERBORN, R. F. *The new marketing paradigm*: integrated marketing communications. Lincolnwood, IL: NTC Publishing, 1994.

SCHULZE, G. *Die Erlebnisgesellschaft*: Kultursoziologie der Gegenwart. Frankfurt: Campus, 1992.

SIMON, H. *Confessions of the pricing man*: how price affects everything. Cham: Springer, 2015.

SISODIA, R. S.; SHETH, J. N.; WOLFE, D. *Firms of endearment*: how world-class companies profit from passion and purpose. 2. ed. Upper Saddle River, NJ: Pearson Education, 2014.

SMITH, P. G.; REINERTSEN, D. G. *Developing products in half the time*. New York, NY: Van Nostrand Reinhold, 1991.

SPANIER, G. The now economy: 'Uber's children'. *Business Transformation*, p. 12-13, 2017. Disponível em: https://www.raconteur.net/business-transformation-2017.

STONE, M. L. *Big data for media* [Relatório]. Disponível em: https://reutersinstitute.politics.ox.ac.uk/sites/default/files/2017-04/Big%20Data%20For%20Media_0.pdf.

TROMMSDORFF, V.; STEINHOFF, F. *Innovations marketing*. 2. ed. München: Franz Vahlen, 2013.

VARGO, S. L.; LUSCH, R. F. Evolving to a new dominant logic for marketing. *Journal of Marketing*, v. 68, n. 1, p. 1-17, 2004. Disponível em: https://doi.org/10.1509/jmkg.68.1.1.24036.

VARGO, S. L.; LUSCH, R. F. Service-dominant logic: continuing the evolution. *Journal of the Academy of Marketing Science*, v. 36, n. 1, p. 1-10, 2008. Disponível em: https://doi.org/10.1007/s11747-007-0069-6.

VARGO, S. L.; LUSCH, R. F. Institutions and axioms: an extension and update of service-dominant logic. *Journal of the Academy of Marketing Science*, v. 44, n. 1, p. 5-23, 2008. Disponível em: https://doi.org/10.1007/s11747-015-0456-3.

VON HIRSCHFELD, S. T.; JOSCHE, T. *Lean content marketing*: Groß denken, schlank starten. Praxisleitfaden für das B2B-Marketing. 2. ed. Heidelberg: O'Reilly, 2018.

WANG, W. L. et al. B2B content marketing for professional services: in-person versus digital contacts. *Industrial Marketing Management* (no prelo). Disponível em: https://doi.org/10.1016/j.indmarman.2017.11.006.

WANI, T. From 4Ps to SAVE: a theoretical analysis of various marketing mix models. *Business Sciences International Research Journal*, v. 1, n. 1, p. 1-9, 2013. Disponível em: https://doi.org/10.2139/ssrn.2288578.

6

Encontrando sentido em um mundo complexo

> **RESUMO**
>
> O capítulo final fornece evidências de que o mundo dos negócios está despertando para um novo momento, e que o marketing deve fazer mais que apenas ajudar a aumentar as vendas e os lucros das empresas. O Manifesto do Fórum Econômico de Davos de 2020, o conceito de "empresas humanizadas" e a declaração de muitos economistas renomados mostram que as empresas contemporâneas têm de satisfazer as necessidades e expectativas de vários stakeholders, incluindo em seus objetivos a sociedade como um todo. As empresas precisam desempenhar um papel autêntico, competente e significativo na resolução de problemas humanos para criar envolvimento significativo com os humanos participantes da comunidade da empresa. Essa mudança na visão de mundo é imprescindível para que as empresas sobrevivam de forma sustentável. As organizações têm de estar conscientes dessas demandas das sociedades, comunidades e indi-

> víduos. Este capítulo traz um olhar para o futuro usando o conceito de ressonância, que descreve uma relação específica entre dois corpos vibratórios. Um dos corpos é a empresa e o outro é o nosso planeta, que consiste no ambiente natural e na sociedade em que uma empresa está inserida. O marketing H2H pode desempenhar um papel vital no equilíbrio da vibração de uma empresa e seu ambiente. O capítulo termina com uma síntese de todo o livro e da nova forma de pensar o marketing introduzida pelo conceito de marketing H2H.

Empresas que se comprometem com a filosofia do marketing H2H podem contribuir positivamente no tratamento de problemas sociais, tornando-se agentes de mudança proativos e positivos. A filosofia está alinhada com o manifesto do Fórum Econômico de Davos de 2020, que afirma que o propósito universal de uma empresa na Quarta Revolução Industrial "É engajar todos os stakeholders na criação de valor compartilhado e sustentado. Ao criar esse valor, uma empresa serve não apenas aos acionistas, mas a todos os stakeholders – funcionários, clientes, fornecedores, comunidades locais e sociedade em geral. A melhor maneira de entender e harmonizar os diversos interesses de todas as partes interessadas é através de um compromisso compartilhado, com políticas e decisões que fortalecem a prosperidade de longo prazo de uma empresa".[1]

O Manifesto do Fórum Econômico de Davos está alinhado com a abordagem do marketing H2H, o qual defende que as empresas conquistem uma relação de confiança mais intensa. Isso não só é benéfico para as empresas, mas também implica uma grande responsabilidade para todos os stakeholders, já que a sociedade cada vez mais recorre às empresas para ajudar nos problemas sociais e a prática do ativismo de marca se torna indispensável.[2] O Manifesto do Fórum Econômico de Davos vê uma "empresa sendo mais do que uma unidade econômica geradora de riqueza".

Charles Schwab, criador e presidente do conselho do Fórum Econômico de Davos, exige que as empresas atendam a "aspirações humanas e sociais como parte do sistema social mais amplo. O desempenho deve ser medido não apenas pelo retorno aos acionistas, mas também pela forma como atinge seus objetivos ambientais, sociais e de boa governança. A remuneração dos executivos deve refletir a responsabilidade dos stakeholders".[3]

Isso significa que uma empresa tem um escopo multidimensional de atividades, não apenas para atender a todas as partes interessadas que estão diretamente envolvidas com ela, mas também para agir como um stakeholder – juntamente com governos e sociedade civil – de nosso futuro global. A cidadania corporativa global exige que uma empresa aproveite suas competências essenciais e sua capacidade de empreender, suas habilidades e recursos relevantes em esforços colaborativos com outras empresas e stakeholders para melhorar o estado do mundo. Tudo isso está alinhado com o nosso entendimento de marketing humano-para-humano. O futuro próximo, em particular, oferece um grande potencial de conflito, e traz discussões e decisões que serão difíceis para as empresas.

O economista Markus Krall calculou antes da crise do coronavírus que o sistema financeiro ficaria sob forte pressão e começaria a oscilar com mais intensidade nos próximos 1 a 2 anos.[4] Sua previsão foi baseada em dois efeitos causados pela política de juros zero do Banco Central Europeu.

O primeiro efeito foi que as baixas taxas de juros funcionaram como um subsídio indireto para as empresas europeias, que não teriam conseguido financiar os seus custos de capital de outra forma. Na Alemanha, a taxa média de falência a longo prazo das empresas situa-se entre 1,5% e 2%. Nos anos seguintes à última crise financeira, esse valor caiu consistentemente para 0,5%. Isso significa que as empresas que deveriam ter falido foram mantidas vivas artificialmente, e as estimativas variam de 170 mil a 300 mil falências de empresas pendentes na Alemanha (falências que foram apenas adiadas, não evitadas). Essas empresas representam um enorme risco para os bancos e outras empresas com as quais fazem negócios, pois só são mantidas vivas por meio de refinanciamentos constantes com novos empréstimos e, em caso de aumento das taxas de juros, ficarão inadimplentes. Após a pandemia do coronavírus, a situação piorou.

A segunda consequência da política de juro zero é a erosão dos lucros para os bancos que experimentam a redução da margem, o que faz com que cada vez mais deles fiquem no vermelho e, como consequência, derreta sua base de capital próprio. Como resultado da escassez de capital próprio dos bancos, o volume de crédito que eles podem conceder diminuirá e, consequentemente, a quantidade de dinheiro circulando no sistema financeiro também. Isso poderia desencadear um círculo vicioso em movimento que atingirá primeiro as "empresas zumbis" mencionadas anteriormente, mas cujo fracasso poderia então arrastar outras empresas e parceiros junto com elas. A taxa de juros baixa, portanto, funciona em duas direções opostas: não pode subir, pois as empresas não lucrativas irão à falência, mas não pode permanecer baixa indefinidamente sem reduzir o capital próprio dos bancos a tal ponto que eles não possam mais fornecer crédito suficiente.[5]

O economista Max Otte ilustrou ainda que a política de juro zero está impactando negativamente o bem-estar da sociedade ao aumentar a desigualdade. Como consequência das baixas taxas de juros, ocorreu nos últimos anos uma inflação dos preços dos ativos, beneficiando os ricos que detêm ativos como ações e imóveis e penalizando as pessoas mais desprovidas de recursos da sociedade, que não aproveitam essas valorizações e podem ter de arcar com custos de aluguéis e outros produtos mais altos. Esse é um dos mecanismos que transferem riqueza da parte de baixo para a parte de cima da sociedade.[6] Os Estados Unidos também sofreram com o coronavírus e passaram por problemas semelhantes. Trump e Biden ofereceram trilhões de dólares em créditos, o que levou os Estados Unidos a déficits crescentes durante a pandemia e anos seguintes. Os níveis recordes alcançados pelos junk bonds (títulos "podres", de alto risco) e empréstimos alavancados dos Estados Unidos agravam ainda mais a situação.[7]

Nós entendemos que a polarização na sociedade e na política e um nível crescentemente baixo de confiança estão dividindo a sociedade.[8] Nesses tempos, as pessoas acabaram se voltando para as empresas, confiando nelas para promover mudanças sociais positivas e resolução de problemas. Como resposta, as empresas devem tentar dar um bom exemplo e assumir o papel de âncora de confiança para as comunidades em que estão presentes.

Voltemos à digitalização e ao seu impacto na sociedade, com um excelente exemplo em que as empresas podem envolver-se ativamente. Em sua obra mais recente, o filósofo alemão Precht examina os efeitos da digitalização na sociedade e conclui que o conceito de trabalho tradicional deve ser completamente repensado.[9] Assim, as novas tecnologias mudarão não só a vida privada dos consumidores, mas também a profissional. A automação eliminará uma grande proporção dos empregos atuais, o que mudará fundamentalmente setores inteiros, por exemplo, seguros, bancos, transporte público e administração pública. Inevitavelmente, uma grande proporção de pessoas perderá seus empregos a longo prazo. Precht argumenta que os empregos altamente qualificados criados pela digitalização não são adequados para deter essa tendência de forma alguma, porque, pela primeira vez em uma revolução industrial, não serão criados tantos novos empregos quanto serão perdidos, como acontecia antes. Além disso, para os novos empregos que são criados, são necessárias qualificações que um motorista de ônibus ou corretor de seguro recém-demitido não possui.[10]

Esse desenvolvimento tem várias consequências drásticas. Se grande parte da sociedade não está ganhando dinheiro, como poderá sobreviver? E para quem as empresas comercializarão seus produtos, se uma grande parcela da base de consumidores sofrer perdas substanciais em seu poder de compra? Essas questões estão acendendo as discussões sobre a renda básica universal (RBU), que também é parte integrante da utopia de Precht para a era digital. Uma renda básica razoavelmente elevada poderia contrabalancear o problema da perda de postos de trabalho e do declínio social associado, proporcionando simultaneamente um nível mais estável de demanda aos serviços das empresas. Para o filósofo, a questão interessante não é se ela será introduzida em larga escala, mas, sim, quando. Estão sendo discutidas diferentes formas de financiamento de uma RBU de até 1.500 euros, que vão desde um imposto sobre a produtividade sobre o trabalho realizado por máquinas e robôs até uma abordagem mais realista, como um imposto europeu sobre transações financeiras.[11]

Para Precht, a digitalização pode trazer dois resultados diferentes. A primeira alternativa é uma sociedade de duas classes, criada pelo fato de que uma parte das pessoas ainda tem um emprego regular e, principalmente, faz um trabalho bem remunerado e altamente qualificado, enquanto a segunda parte sem emprego degrada socialmente e fica para trás na sociedade. Essa distopia pode ser mitigada pela segunda alternativa da RBU. Em uma sociedade em que todos recebem uma renda básica garantida, ninguém é obrigado a trabalhar apenas por dinheiro e a ocupar empregos monótonos e insatisfatórios. As pessoas terão maior liberdade para perseguir seus interesses e criatividade quando trabalhos monótonos não mais preencherem seu dia. Atividades que contribuam para o desenvolvimento da sociedade com o tempo e a liberdade recém-conquistados, como atividades artísticas, abertura de um negócio e cuidar de jovens e idosos, poderiam ganhar muito mais impulso. É claro que também haverá membros da sociedade que passarão seu tempo sem contribuir positivamente para a sociedade, mas essa deve ser a exceção.[12]

A digitalização também é criticada por minar a democracia e os direitos civis. Fazendo a um grupo de jovens a pergunta provocativa se preferem abrir mão do celular ou do direito de voto, a resposta comprovaria esse ponto. A vigilância e o rastreamento constantes, por exemplo, por meio de smartphones, representam uma imensa intrusão na vida privada dos cidadãos e são uma realidade que muitos preferem nem imaginar. As revelações trazidas à tona por Edward Snowden e Julian Assange fizeram com que uma parte mais ampla da população tomasse consciência do quanto ela está sendo monitorada.

Além disso, a eliminação gradual do dinheiro ("guerra ao dinheiro") por meio da digitalização das transações de pagamento, ainda que prática, tem o potencial de causar restrições às liberdades civis. Um sistema sem dinheiro torna o cidadão completamente transparente e cria as condições para um sistema totalitário, semelhante à ideia do Sistema de Pontuação Social Chinês, em que o cidadão está indefeso contra o controle e a influência do Estado, das grandes corporações e das instituições financeiras.[13] O jornalista alemão Norbert Häring descreve em detalhes como os principais atores da política, de Wall Street e do Vale do Silício, e associações como a Better Than Cash Alliance (Aliança Melhor do que o Papel-Moeda), a Alliance for Financial Inclusion (Aliança pela Inclusão Financeira) e muitas outras tomam medidas organizadas para diminuir o uso do papel-moeda, minando as estruturas democráticas e contornando o consenso social para lucrar com a digitalização das transações de pagamento.[14] No Brasil, a criação do Pix aumentou muito a digitalização da moeda, e o real digital deve intensificar essa digitalização, ainda que, no caso brasileiro, o Pix evite a cobrança sobre as transações digitais.

No livro *Confronting capitalism* ("Enfrentando o capitalismo", em tradução livre)[15] são descritas as principais deficiências do atual sistema capitalista. Na longa lista de deficiências estão a pobreza persistente, a desigualdade de renda, a orientação de curto prazo do capitalismo e a exploração ambiental.[15] Isso indica a ampla gama de situações em que as empresas podem assumir um papel de liderança ativa para melhorar a sociedade atual. No livro *Advancing the common good* ("Promovendo o bem comum", em tradução livre), são descritas áreas em que as empresas podem atuar para aumentar o seu impacto social:[16]

- Educação e ética
- Diálogo e debate
- Marketing de causas sociais
- Marketing nas redes sociais
- Lobby
- Ações judiciais
- Ações de protesto

O tema da sustentabilidade tem enorme impacto na forma como trazemos ou temos que trazer mudanças para empresas, parceiros e consumidores. Neste livro, mostramos métodos, estratégias e princípios de mentalidade para líderes empresariais de corporações que resolverem enfrentar os desafios de mudança que a nossa geração deverá encontrar. O objetivo é liderar um negócio que traga rentabilidade, mas, principalmente, traga sustentação de longo prazo e crescimento benéfico. Nas últimas décadas, o sucesso dos negócios esteve ligado à alta rotatividade de produtos de alta margem no mercado. As sociedades pediam maior variedade de produtos e serviços, algo que as empresas usavam para aproveitar ao máximo seu potencial de mercado – a cada lançamento de produto, elas buscavam a próxima vantagem competitiva. Mas em algum momento as empresas procuraram um propósito maior?

6.1. O mundo acordou

O ex-primeiro-ministro do Reino Unido David Cameron declarou:

> Toda teoria ou ação econômica e política deve se preocupar em fornecer a cada habitante do planeta o mínimo de meios para viver com dignidade e liberdade, com a possibilidade de sustentar uma família, educar os filhos, louvar a Deus e desenvolver o próprio potencial humano. Isso é o principal; na ausência dessa perspectiva, toda atividade econômica não tem sentido.[17]

Os desafios relevantes para todos os seres humanos neste planeta estão se tornando mais claros e, como resultado, as pessoas estão pedindo mudanças. Os impactos na saúde humana e na natureza atingem a geração millennial, que exige que suas vozes sejam ouvidas pela geração do status quo que atualmente detém o poder na política e nos negócios. Nesse contexto, a relevância das ações de cada empresário precisa ser questionada. As empresas devem ser avaliadas de diferentes ângulos sobre como trazer mudanças para suas operações, além de preservar o crescimento do seu faturamento. A abordagem de marketing humano-para-humano incorpora preocupações de sustentabilidade para todos os humanos, independentemente da organização para a qual operam. Todas as ações afetam usuários, clientes, funcionários, mídia, governos, ONGs, comunidades, investidores e fornecedores. Estes são os stakeholders de sustentabilidade para os quais as atividades de marketing têm impacto, sejam esses impactos diretos, indiretos ou tendo o impacto de um facilitador.

Aplicando a abordagem humano-para-humano ao modelo de *sustainability edge* ("fronteira da sustentabilidade", em tradução livre) (ver Figura 6.1), entendemos que o processo de comunicar sustentabilidade é um desafio ético fundamental, pois é preciso aumentar a conscientização das pessoas sobre o assunto, e não realizar declarações com o objetivo de impactar o relatório de resultados (DRE) da empresa. A sustentabilidade é um tema com o qual todo ser humano deve, de alguma forma, se relacionar. Dependendo da forma como a comunicação é conduzida, ela pode ter diferentes impactos. Enviar mensagens sinceras e unir forças para um objetivo comum é mais importante do que nunca quando se trata de promover maneiras mais sustentáveis de fazer negócios. O núcleo da comunicação não é mais o produto em si, e sim métodos, estilos de vida, crenças e visões de mundo; coisas que nós, enquanto humanos, compartilhamos, ou com as quais gostaríamos de nos relacionar.

Figura 6.1 Integração da "fronteira da sustentabilidade" na abordagem H2H.

Fonte: adaptada de Apte e Sheth, 2016, p. 33.

Um exemplo relevante é o da Lamoral Coatings, empresa B2B industrial que produz revestimentos extremamente duráveis para que os clientes apliquem em seus materiais. O seu produto é considerado o mais durável do mundo. A missão da empresa é reduzir drasticamente a substituição de materiais e abrir novos mercados através de uma tecnologia única e parcerias com empresas-chave em diversas indústrias. Ela fornece soluções para a principal preocupação de muitas pessoas do seu público-alvo. A ideia central é conter o avanço do tempo e manter materiais sendo utilizados por muito mais tempo.

O gráfico em forma de alvo de Apte e Sheth (ver Figura 6.2[18]) mostra uma perspectiva daquilo que mais procura as pessoas. Isso precisa ser abordado ao se planejar uma comunicação de sustentabilidade –

não se trata de fazer discursos sobre a comunidade ou a nação, mas trazer o próprio ser humano para o centro das preocupações. Consequentemente, pode-se supor que a abordagem humano-para-humano aumenta em eficácia e relevância para os respectivos grupos de stakeholders, de fora para dentro.

Figura 6.2 A ideia de um "alvo" coincide com a eficácia teórica do marketing H2H.

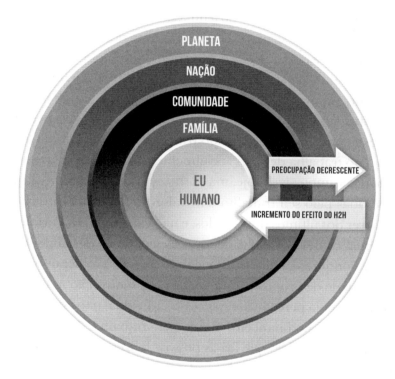

Fonte: adaptada de Apte e Sheth, 2016, p. 39.

Comparando as últimas décadas de crescimento econômico, não são muitas as empresas que identificaram e agiram sobre a responsabilidade que elas possuem em educar os consumidores para a sustentabilidade. Assumir essa responsabilidade de uma maneira moral

Encontrando sentido em um mundo complexo 321

e eticamente aceitável, que é o que a abordagem H2H promove, é o futuro do marketing – marketing honesto e com propósito. As organizações e empresas modernas têm a responsabilidade não apenas de promover a sustentabilidade, mas de tornar este mundo um lugar melhor, de dentro e de fora. Os exemplos da AT&T, IKEA ou Unilever mostram como grandes corporações podem alavancar seu poder de mercado para mudar o impacto em direção a mais sustentabilidade e, por isso, crescer em eficiência, lucratividade e participação de mercado.

Para que essa mudança rumo a uma sociedade de propósito funcione de fato, é preciso que se passe a empregar uma nova forma de pensar, o que certamente é possível, como mostram os exemplos discutidos. Atualmente, o status social e o reconhecimento estão intimamente ligados ao trabalho, enquanto o desemprego é fortemente estigmatizado. Se, no entanto, num futuro próximo, uma grande parte das pessoas deixar de exercer trabalho no sentido tradicional, a imagem de uma pessoa que não trabalha deve ser socialmente reavaliada e valorizada. Isso pode parecer impossível hoje, mas a imagem de que apenas as pessoas remuneradas pelo seu trabalho têm valor na sociedade surgiu apenas no decorrer dos últimos dois séculos, e não é irreversível. Portanto, uma transformação deve ocorrer: de uma sociedade de desempenho motivado por conquistas financeiras celebradas pelo ambiente social para uma sociedade de propósito, que segue uma motivação mais essencial, instrínseca, e cuja percepção de sucesso individual não esteja vinculada (apenas) ao retorno financeiro obtido pelo trabalho: "Uma utopia humana baseia-se naquilo que faz as pessoas felizes em geral e dá sentido às suas vidas. Toda a tecnologia moderna deve ser vista e avaliada nesse contexto. Não se deve tentar adaptar o ser humano à tecnologia, mas a tecnolgia deve orientar-se às suas necessidades".[19]

O marketing H2H começa exatamente no ponto em que os avanços tecnológicos e outras evoluções começam a ter relevância para o ser humano. Como a política parece paralisada e incapaz de agir, as empresas estão sendo cobradas a se envolverem como agentes decisivos na luta por uma sociedade mais humana e representarem um contraponto à mania de digitalização parcialmente vigente. O objetivo é contrariar a sociedade desumanizada em que "a autonomia foi trocada por conveniência, a liberdade por conforto e a sorte por cálculo estatístico".[20] A Fujifilm é um ótimo estudo de caso para esse tipo de transformação. Muitas empresas podem ficar paralisadas com o medo da disrupção dos negócios, mas isso também pode ser um motivador. Em 2012, a Kodak faliu porque não conseguiu responder à ascensão da fotografia digital e das câmeras de smartphones. A Fujifilm, histórica rival da Kodak, iniciou uma ousada jornada de transformação, baseada na diversificação bem executada e na cooperação com todos os stakeholders.

Sisodia, Sheth e Wolfe descrevem no livro *Firms of Endearment* que já está ocorrendo um processo de transição para uma sociedade voltada para o significado. "De fato, olhando para a magnitude da mudança no mundo dos negócios, não é exagero sugerir que uma histórica *transformação social do capitalismo* está em andamento".[21] Essa fase de transição, como mencionado anteriormente, é chamada de "Era da Transcendência", em que as necessidades, aspirações e sonhos do consumidor estão mudando fundamentalmente, orientados para propósito, paixão e experiências que transcendem as necessidades materialistas, com as pessoas também ansiando por um sistema econômico que seja construído para muitos, não para poucos. Eles explicam: "A Era da Transcendência significa um divisor de águas cultural no qual as influências físicas (materialistas) que dominaram a cultura no século XX refluem, enquanto as influências metafísicas (experienciais) se tornam mais fortes".[22]

Um dos principais motores para esse desenvolvimento encontra-se na mudança demográfica que ocorre em todo o mundo. Com uma sociedade mais madura, as questões relacionadas à paixão e ao propósito ganham muito mais força, com temas que dominam o discurso da sociedade e a mudança de pensamento. Além disso, com as pessoas vivendo mais, seus valores, mentalidades e ideais espirituais têm mais tempo para serem passados para a próxima geração.[23]

Uma transformação do capitalismo é necessária, e muitos autores expressam suas visões sobre evoluções positivas, bem como as inúmeras armadilhas que podem ocorrer nesse processo.[24,25] Robert Reich, em seu livro *Saving capitalism* ("Salvando o capitalismo", em tradução livre), explica em detalhes como as regras do jogo foram influenciadas, de forma lenta e sutil, em favor de grandes corporações e indivíduos ricos. Isso vem às custas das pessoas comuns. A influência política acompanhou o aumento da riqueza, fundindo o poder econômico com o poder político em uma aliança profana. Reich comenta com propriedade: "Dinheiro e poder estão inextricavelmente ligados. E com o poder veio a influência sobre o mecanismo de mercado. A mão invisível do mercado está ligada a um braço rico e musculoso".[26]

Ele também mostra que a discussão repetitiva sobre livre mercado versus intervenção governamental é enganosa e um impedimento para um debate frutífero, porque esconde o fato de que não há mercado sem regras estabelecidas pelos governos definindo como lidar com propriedade, monopólio, contratos, falência e regras de concorrência. Ao estabelecer as regras, o governo efetivamente cria o mercado. Quando se discute o capitalismo, no entanto, com muita frequência, prevalece a disputa entre livre mercado e intervenção governamental, com a maioria dos políticos promovendo a desregulamentação e regras em favor dos ricos. Muito mais importante é a consideração de quem deve se beneficiar das regras e em favor de quem elas são formuladas – os muitos ou os poucos. A longo prazo, uma população que sente que o sistema está manipulado não vai tolerá-lo. Os cidadãos comuns (especialmente nos Estados Unidos, mas também em muitos outros países do mundo) se sentem impedidos de progredir. A classe média encolheu de forma constante nos últimos anos, e a evolução salarial ficou muito aquém do desenvolvimento econômico. A mistura de poder político e econômico, que não está funcionando para a classe média, está contribuindo para uma enorme perda de confiança. Como a história mostra, sem uma confiança saudável, uma sociedade moderna não pode florescer e oferecer estabilidade aos seus cidadãos.[27]

Na Era da Transcendência, Sisodia[28] diz que o *business as usual* já não é suficiente para ser bem-sucedido a longo prazo. Porter e Kramer[29] fornecem o mesmo prognóstico e observam que fatores competitivos tradicionais, como preço e qualidade, muitas vezes não são mais suficientes para gerar uma vantagem competitiva sustentável. Em vez disso, as empresas líderes se concentram cada vez mais em questões sociais, o que as distingue dos concorrentes. O objetivo disso é criar *valor compartilhado*, que os dois autores definem como "políticas e práticas operacionais que aumentam a competitividade de uma empresa e, ao mesmo tempo, promovem melhorias nas condições econômicas e sociais nas comunidades em que ela está presente".[30] Segundo os autores, oportunidades de valor compartilhado podem ser geradas com três abordagens principais.[31]

Reconceber produtos e mercados

As necessidades e desejos da sociedade são múltiplos e, em grande medida, não são levados em consideração. Podem incluir questões relacionadas com a saúde, em especial pelo envelhecimento da população, ou fazer uma contribuição positiva para o ambiente no combate ao aquecimento global. As oportunidades são vastas e representam um enorme potencial de crescimento e inovações, que andam de mãos dadas com o progresso e os benefícios da sociedade. O importante é que a *preocupação inicial parta das necessidades da sociedade e responda como estas poderiam ser satisfeitas com os produtos da empresa.*[32]

No entanto, deve-se tomar cuidado para realmente agir no interesse da sociedade e não tirar proveito dela, como muitas vezes acontece sob o codinome de *inclusão financeira*, outra expressão para a abolição do dinheiro em espécie e a digitalização dos processos de pagamento.[33] Há inúmeros exemplos proeminentes de como a inclusão financeira com o objetivo propagado publicamente de ajudar os pobres, capacitá-los e tirá-los da pobreza resulta exatamente no oposto, empurrando clientes ou usuários ainda mais para a pobreza, enquanto grandes corporações e bancos lucram com isso.[34]

Um exemplo é o microcrédito para negócios, inspirado no vencedor do Prêmio Nobel da Paz Muhammad Yunus. A empreitada infelizmente tornou-se negativa, com os bancos tirando vantagem de clientes pobres sem educação financeira. Os clientes eram cobrados com taxas de juros extorsivos e empurrados para a ruína financeira com a ameaça constante de que não conseguiriam pagar o dinheiro emprestado a eles. Isso desencadeou mecanismos semelhantes aos da crise do subprime.[35]

Redefinir a produtividade na cadeia de valor

O foco em questões sociais está fortemente ligado à produtividade. Um funcionário saudável graças a boas condições de trabalho será mais produtivo e terá menos dias de licença médica. Assim, por exemplo, oferecer cursos de fitness/bem-estar aos funcionários resulta em empresas que contribuem para o bem-estar social *e* seus negócios.[36] E não para por aí. A concessão de salários e benefícios mais altos aos funcionários pode reduzir a rotatividade de pessoal com seus custos associados, bem como afetar positivamente o CX.[37] Em sua análise sobre *empresas humanizadas*, Sisodia, Sheth e Wolfe fazem a conexão entre salários elevados e lucratividade empresarial, que, de uma perspectiva estreita de visão da empresa, podem parecer mutuamente exclusivos. Eles observam:

> Tudo isso pode parecer contraintuitivo, mas, caso após caso, empresas humanizadas com custos trabalhistas mais altos realmente têm custos de mão de obra mais baixos por dólar faturado, bem como custos de marketing mais baixos. [...] A forma de olhar os custos linha por linha, tratando cada item de linha como uma variável independente, inevitavelmente obscurece conexões cruciais entre remuneração e produtividade, renda e lucros.[38]

Vendo a ligação entre foco social e produtividade, não é de surpreender que as *empresas humazinadas* que Sisodia, Sheth e Wolfe investigaram sejam altamente lucrativas e superem seus concorrentes que não seguem uma visão ampla de interesses dos stakeholders ou os princípios de valor compartilhado. Paradoxalmente, dessa forma, é possível criar valor superior para o acionista seguindo uma visão de valorização de todos os stakeholders.[39]

Além da já mencionada saúde dos funcionários e segurança do trabalhador, existem inúmeras outras alavancas que as empresas podem usar, incluindo o uso de energia e água, desenvolvimento de habilidades dos funcionários e redução do impacto ambiental, que podem aumentar a produtividade da empresa e, ao mesmo tempo, criar valor compartilhado.[40]

Qualificar o desenvolvimento de grupos locais

O valor compartilhado e as atividades das empresas humanizadas nesse tópico não entram na discussão desonesta de algumas vertentes da responsabilidade social corporativa que assume que há um "bolo econômico" fixo que precisa ser distribuído de forma diferente, por exemplo, doando dinheiro para caridade em vez de reinvesti-lo na empresa ou remunerando os acionistas. Em vez disso, aspira-se a um bolo maior que beneficie todas as partes envolvidas.

Porter aponta o exemplo da prática de comércio justo de pagar aos agricultores um prêmio por melhores condições de vida, um exemplo já clássico de RSC que redistribui a riqueza de uma parte para outra.[41] Porter e Kramer mostram que essa redistribuição de renda resulta apenas em um ligeiro aumento nos salários dos agricultores, geralmente entre 10% e 20%. Em vez disso, eles recomendam uma abordagem diferente:

> Uma perspectiva de valor compartilhado [...] se concentra em melhorar as técnicas de cultivo e fortalecer o grupo local de fornecedores de apoio

e outras instituições, a fim de aumentar a eficiência, a produtividade, a qualidade do produto e a sustentabilidade dos agricultores. Isso leva a um bolo maior de receita e lucros que beneficia tanto os agricultores quanto as empresas que compram deles.[42]

As empresas de sucesso, portanto, não seguem uma visão estreita e unidimensional, mas uma visão integrada e holística. Seus líderes reconhecem a interdependência e a interconexão de todos os grupos de stakeholders envolvidos e, consequentemente, tentam equilibrar as necessidades de todos eles,[43] o que Gummesson denomina *balanced centricity* (centralidade equilibrada).[44] O objetivo é criar um bolo maior, com maior valor, para que os stakeholders possam se beneficiar disso, e não jogar um jogo de soma zero criando benefício para um grupo em detrimento de outro, mas um jogo de produtividade e ganhos de valor a partir da simbiose da atividade empreendedora e do bem da sociedade.[45,46]

A situação atual constitui um claro apelo à ação para que as empresas se tornem ativas como agentes positivos de mudança para a sociedade para além dos esforços de RSC. Empresas, líderes empresariais, políticos e pessoas comuns – todos eles são chamados a dar aos negócios um toque mais humano, caracterizado por empatia, criatividade e afeto. Uma transformação social do capitalismo e do zeitgeist pode ser bem-sucedida se as corporações e o governo fizerem sua parte na sociedade,[47] em colaboração com todos os parceiros de cooperação. Juntos, o futuro pode ser mudado: primeiro, em pequena escala, ao nível das empresas e do marketing; posteriormente, em maior escala, ajudando a sociedade e o sistema econômico,[48] para uma cooperação solidária hoje e um futuro que valha a pena viver amanhã.

6.2. O futuro em ressonância

Em 2005, quando o sociólogo Hartmut Rosa publicou seu influente livro *Aceleração: a transformação das estruturas temporais na modernidade*, os termos "desaceleração" e "mentalidade plena" (*mindfullness*) ainda não eram tendências sociais. Hoje, mais de uma década depois, essa forma de pensar está se tornando cada vez mais convencional. Nesse contexto, Rosa retomou seu pensamento sobre a aceleração. Em seu livro *Resonance: a sociology of our relationship to the world* ("Ressonância: uma sociologia da nossa relação com o mundo", em tradução livre), ele coloca o absurdo dos negócios atuais em um enquadramento social e promete, de forma audaciosa, a solução para o nosso problema de aceleração temporal extrema. Para Rosa, isso não é conseguido desacelerando intensamente, mas através do uso da ressonância.

Na perspectiva de Rosa, as sociedades modernas caracterizam-se pelo fato de que só conseguem se estabilizar dinamicamente. Elas dependem constantemente do crescimento, aceleração e compressão da inovação para manter sua estrutura ou o status quo. Essa pressão para crescer constantemente tem consequências para o modo de vida, orientação de vida e experiência de vida de cada indivíduo, em relação a si próprio e ao ambiente.

Rosa não vê a aceleração como algo ruim em si: "Ninguém quer internet lenta ou uma brigada de incêndio lenta". Movimentos lentos referem-se menos à lentidão em si e mais à "transformação do mundo". Nesse estado, as pessoas não tentam controlar as coisas e lidar com elas de forma rápida e eficiente. As pessoas se tornam mais inspiradas e envolvidas por encontros com outras pessoas, por lugares, por música e pela natureza – a base de todo processo criativo e, em última análise, uma perspectiva de vida bem-sucedida e significativa.

A ideia central para uma vida de sucesso é o termo ressonância. O termo acústico-físico ressonância (em latim *reverberate*, ou reverberar) descreve uma relação específica entre dois corpos vibratórios. Essa relação específica de ressonância só surge quando a vibração de um corpo estimula a frequência natural do outro. Isso leva a duas propriedades principais:

- É um termo estritamente relacional.
- A ressonância é genuinamente orientada para o processo.

Tal relação requer sempre um meio capaz de propagar a ressonância. A ressonância, portanto, denota concretamente um modo de como sujeito e mundo se relacionam. Como o mundo é vivido? Quando é percebido como próximo ou envolvente, e quando é indiferente ou frio?

Um olhar sobre o mundo do trabalho ilustra o pensamento de Rosa. Ao contrário de muitas opiniões, a maioria das pessoas gostam de trabalhar, mas desde que recebam estímulos de confirmação (elogio, reconhecimento, apreciação, satisfação) em seu trabalho. Sejam padeiros, auxiliares de enfermagem, faxineiros ou trabalhadores com formação superior, a partir do momento em que as condições gerais se deterioram e as pessoas têm restrições à execução de suas tarefas que levam a uma queda no seu desempenho, seja por economia de pessoal, pressão de tempo ou outros, não é só a relação sujeito/trabalho que sofre; a relação sujeito/mundo muda para o negativo. O mundo é percebido como indiferente e a vida é percebida como injusta.

Isso significa que a ressonância vai além de uma forma de pensar ou de desaceleração. É mais do que apenas o lema: "Se você está de bom humor, o mundo está em ordem". Nessa perspectiva, as condições ambientais e a sua estrutura desempenham papéis importantes. Essa estrutura permite apenas "oásis de eventos", momentos em que a ressonância é alcançada. Dessa forma, a vida só pode ser bem-sucedida se formos capazes de perceber nosso ambiente e estivermos prontos para entrar em relações de ressonância com ele. Isso significa abrir mão de uma parte de nossa autonomia para que possamos nos adaptar ao ambiente. Para tornar as relações de ressonância uma questão natural, precisamos de uma mudança na sociedade (ver Figura 6.3). Precisamos de uma cultura em que as lacunas de um currículo deem origem a uma troca criativa, não à exclusão. Necessitamos de uma cultura que funcione como "salas de ressonância" para as escolas, porque somente em áreas em que as pessoas são realmente tocadas e envolvidas em algo, onde elas se sentem confortáveis para arriscar e estão prontas para se autotransformar, podem dar origem a grandes feitos, desenvolvendo ideias inovadoras e marcantes. Apenas a superação da alienação cotidiana cria ressonâncias e nos leva a estar conectados ao mundo.

Figura 6.3 Evolução para uma sociedade baseada na ressonância.

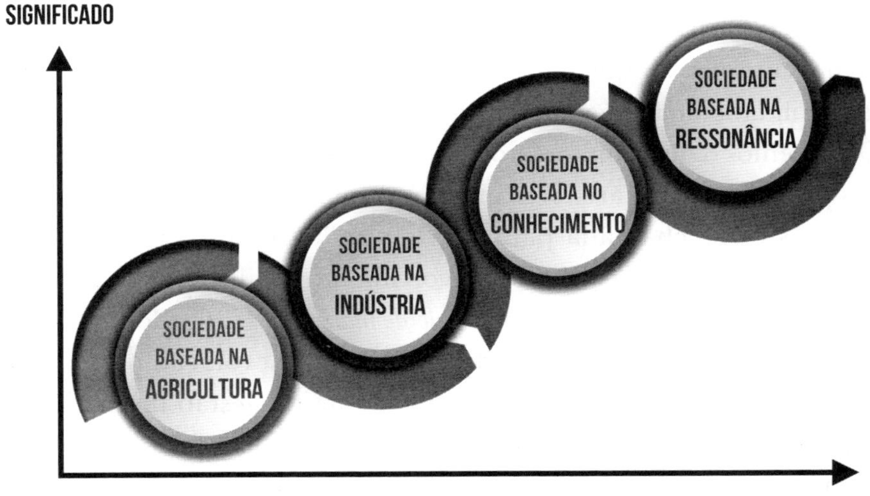

Fonte: adaptada de Schuett, 2013.

6.3. Final da história

Agora, queremos finalmente encerrar a nossa jornada em direção ao novo marketing H2H. Começamos com uma "chamada para a aventura" e discutimos o *estado atual do marketing*, quando nos perguntamos para onde o marketing estava indo e o que ele significava para os profissionais de marketing e consumidores. Percebemos que são muitos os desafios. As empresas podem fazer um marketing antiético, considerando seus próprios benefícios em detrimento do benefício do consumidor, mas também podem fazer o contrário, com o marketing em que a empresa sofre prejuízo com as ações de marketing. Somos a favor de uma distribuição igualitária de benefícios e orientamos você para a abordagem equilibrada do marketing H2H. As opções são promissoras e mostram a oportunidade de criar um mundo melhor. Em seguida, mostramos como aplicar os novos conceitos do marketing H2H. Isso pode levar a uma nova compreensão fundamental de nossa profissão, que leva em consideração as necessidades de sustentabilidade de forma ampla, uma visão de longo prazo e holística. Oferecemos o direcionamento do marketing H2H para proporcionar aos profissionais da área ferramentas para calibrar as suas decisões.

Após esta "chamada para a aventura", continuamos com uma "Grande Jornada", com o desenvolvimento de um *novo paradigma de marketing* e a apresentação do *modelo de marketing H2H*. Com o desenvolvimento do modelo de marketing H2H e a evolução para o conceito de marketing H2H, uma nova forma de gestão de marketing é possível. A integração do design thinking, da lógica dominante de serviços e da digitalização no marketing redireciona o foco do marketing para um conceito que envolve todos os stakeholders, em linha com o que prega o Manifesto do Fórum Econômico de Davos de 2020 e que muda o foco do marketing para que ele volte a contribuir com inovações significativas e impactantes em toda a sociedade (Figura 6.4).

Figura 6.4 A história completa do marketing H2H.

Fonte: elaborado pelos autores.

A história continua com a introdução dos *elementos do marketing H2H*. A base foi o pensamento H2H, que olha para os problemas humanos e sua conveniência e desejabilidade em primeiro lugar, para a partir daí criar um negócio viável. A ideia é buscar uma melhor compreensão dos requisitos intangíveis e individuais e das possibilidades de cocriação. A construção da confiança foi percebida como um elemento de vital importância, já que ela é e continuará sendo a única moeda de troca para qualquer transação comercial, e as empresas precisam levá-la a sério em sua gestão de marca para desenvolver o novo marketing H2H. Em detalhes, pudemos incentivar uma mudança de pensamento rumo a um novo território e mostrar os caminhos para chegar lá. Muitos CMOs seguiram essa abordagem e, com muitos outros aderindo a esse novo pensar, o mundo será um lugar melhor.

A perspectiva de gestão do marketing, considerando a avalição e retorno das soluções, foi detalhada a partir da entendimento das formas de estruturar a operação desse novo marketing na etapa do *processo H2H*. Introduzimos um processo iterativo, com base em novas capacidades tecnológicas proporcionadas pela digitalização e design thinking. Muitos desafios precisam ser superados a fim de alinhar toda a organização para a nova forma de pensar do marketing H2H.

No final da história, oferecemos novas soluções e tentamos ajudar você a encontrar sentido no mundo complexo em que vivemos. Esperamos que nossos pensamentos e sugestões possam fornecer um caminho para o futuro para muitas empresas, assim como para o herói da história – o novo marketing H2H. *Esperamos que você tenha gostado da jornada tanto quanto nós!*

Perguntas

1. Por que o manifesto do Fórum Econômico de Davos de 2020 está alinhado com o marketing H2H?
2. Como os recentes desdobramentos na política, economia, sociedade e digitalização aumentam a necessidade do marketing H2H como forma de pensar, abordagem de gestão e processo operacional nas empresas?
3. Quais são os grandes problemas que a humanidade enfrenta, e quais empresas podem desempenhar um papel fundamental na compreensão e solução e, assim, posicionar-se e distinguir-se entre os principais stakeholders?
4. Como a gestão de marca e a gestão de reputação no marketing H2H estão conectadas às mudanças socioculturais mencionadas?

5. Como as empresas que utilizam o marketing H2H podem gerar valor compartilhado?
6. Como você explica o fato de as empresas humanizadas serem mais lucrativas que outras empresas, apesar de investirem muito mais dinheiro no bem-estar de seus funcionários?
7. O que quer dizer o termo "ressonância" e como ele se encaixa no marketing H2H?

Referências

APTE, S.; SHETH, J. *The sustainability edge*: how to drive top-line growth with triple-bottom-line thinking. [S.l.]: Editora Rotman-UTP, 2016.

GUMMESSON, E. Extending the service-dominant logic: from customer centricity to balanced centricity. *Journal of the Academy of Marketing Science*, v. 36, n. 1, p. 15-17, 2008. Disponível em: https://doi.org/10.1007/s11747-007-0065-x.

HÄRING, N. *Schönes neues Geld*: PayPal, WeChat, Amazon Go: Uns droht eine totalitäre Weltwährung. Frankfurt: Campus, 2018.

HOMM, F.; HESSEL, M. *Der Crash ist da*: Was Sie jetzt tun müssen! Anlagen, Immobilien, Ersprarnisse, Arbeit. München: FinanzBuch, 2019.

KOTLER, P. *Confronting capitalism*: real solutions for a troubled economic system. New York, NY: AMACOM, 2015.

KOTLER, P. *Advancing the common good*: strategies for businesses, governments, and nonprofits. Santa Barbara, CA: Praeger, 2019.

MACKEY, J.; SISODIA, R. *Conscious capitalism*: liberating the heroic spirit of business. Boston, MA: Harvard Business Press, 2013.

OTTE, M. *Weltsystemcrash*: Krisen, Unruhen und die Geburt einer neuen Weltordnung. München: FinanzBuch, 2019.

PORTER, M. E. *Rethinking capitalism* [Arquivo de vídeo]. 5 jan. 2011. Disponível em: https://hbr.org/2011/01/rethinking-capitalism.

PORTER, M. E.; KRAMER, M. R. Creating shared value: how to reinvent capitalism – And unleash a wave of innovation and growth. *Harvard Business Review*, v. 89, n. 1/2, p. 62-77, 2011. Disponível em: https://hbr.org/2011/01/the-big-idea-creating-shared-value .

PRECHT, R. D. *Jäger, Hirten, Kritiker*: Eine Utopie für die digitale Gesellschaft. 6. ed. München: Goldmann, 2018.

REICH, R. *Saving capitalism*: for the many, not the few. London: Icon Books, 2017.

SARKAR, C.; KOTLER, P. *Brand activism*: from purpose to action (edição Kindle). [S.l.]: IDEA Bite Press, 2018. Disponível em: www.amazon.com.

SCHUETT, P. *Der Einstieg in die Resonanzgesellschaft* [Apresentação]. Disponível em: https://de.slideshare.net/pschu/knowtech2013-peter-schuettibmresonanzgesellschaft?from_action=save.

SCHWAB, K. Davos Manifesto 2020: the universal purpose of a company in the fourth industrial revolution. *World Economic Forum*, 2019. Disponível em: https://www.weforum.org/agenda/2019/12/davos-manifesto-2020-the-universal-purpose-of-a-company-in-the-fourth-industrial-revolution/.

SISODIA, R. S.; SHETH, J. N.; WOLFE, D. *Firms of endearment*: how world-class companies profit from passion and purpose. 2. ed. Upper Saddle River, NJ: Pearson Education, 2014.

SPEAKER'S CORNER. *"Es ist eine verdammte Lüge" – Dr. Markus Krall (Roland Baader-Treffen 2019)* [Arquivo de vídeo]. 3 mar. 2019. Disponível em: https://www.youtube.com/watch?v=AWCyL3gcOzw.

Notas

Apresentação
1 KOTLER, Philip; LEVY, Sidney J. Broadening the concept of marketing. *Journal of marketing*, v. 33, n. 1, p. 10-15, 1969.

Cap. 1
1 SHETH, J. N.; SISODIA, R. S. Does marketing need reform? Marketing renaissance: opportunities and imperatives for improving marketing thought, practice, and infrastructure. *Journal of Marketing*, v. 69, n. 4, p. 1-25, 2005. Disponível em: https://doi.org/10.1509/jmkg.2005.69.4.1.
2 Ver também KOTLER, P. *Criticisms and contributions of marketing*. 2017. Disponível em: https://www.marketingjournal.org/criticisms-and-contributions-of-marketing--an-excerpt-from-philip-kotlers-autobiography-philip-kotler/.
3 SHETH; SISODIA, 2005.
4 HOMBURG, C. et al. The loss of the marketing department's influence: is it really happening? And why worry? *Journal of the Academy of Marketing Science*, v. 43, n. 1, p. 1-13, 2015. Disponível em: https://doi.org/10.1007/s11747-014-0416-3.
5 MEFFERT, H. et al. *Marketing: Grundlagen marktorientierter Unternehmensführung Konzepte – Instrumente – Praxisbeispiele*. 13. ed. Wiesbaden: Springer Gabler, 2019. p. 12-13.
6 BENKENSTEIN, M. Hat sich das Marketing als Leitkonzept der Unternehmensführung wirklich überlebt? – Eine kritische Stellungnahme. In: BRUHN, M.; KIRCHGEORG, M. (Eds.). *Marketing thinking ahead*: future paths for market-oriented corporate management. Wiesbaden: Springer Gabler, 2018. p. 49-64.
7 SHETH; SISODIA, 2005, p. 11.
8 Meffert et al., 2019, p. 14.

9 BENKENSTEIN, 2018; HENDERSON, R. *Reimagining Capitalism in a World on Fire*. New York: PublicAffairs, 2020. cap. "When the facts change, I change my mind. What do you do, sir" Valor para o acionista como a ideia de ontem.
10 SHETH; SISODIA, 2005.
11 SHETH, J. N.; SISODIA, R. S. Marketing productivity: issues and analysis. *Journal of Business Research*, v. 55, n. 5, p. 349-362, 2002. Disponível em: https://doi.org/10.1016/S0148-2963(00)00164-8.
12 VOETH, M. Marketing und/oder marktorientierte Unternehmensführung? In: BRUHN, M.; KIRCHGEORG, M. (Eds.). *Marketing thinking ahead*: future paths for market-oriented corporate management. Wiesbaden: Springer Gabler, 2018. p. 67-78.
13 SHETH; SISODIA, 2005, p. 11.
14 SHETH, J. N.; SISODIA, R. S. Raising marketing's aspirations. *Journal of Public Policy & Marketing*, v. 26, n. 1, p. 141, 2007. Disponível em: https://doi.org/10.1509/jppm.26.1.141.
15 SHETH; SISODIA, 2007, p. 141.
16 WHOLEFOODSMARKET *Quality and transparent sourcing drive millennial food choices, according to new Whole Foods Market survey*. 2020. Disponível em: https://media.wholefoodsmarket.com/news/quality-and-transparent-sourcing-drive-millennial-food-choices-according-to .
17 GODIN, S. *Permission marketing*. London: Simon & Schuste, Reino Unido, 2007.
18 HALLIGAN, B.; SHAH, D. *Inbound-Marketing*: Wie Sie Kunden online anziehen, abholen und
begeistern. Trad. D. Runne. Weinheim, Alemanha: Wiley-VCH, 2018.
19 HALLIGAN; SHAH, 2018, p. 19.
20 SISODIA, R. S.; SHETH, J. N.; WOLFE, D. *Firms of endearment*: how world-class companies profit from passion and purpose. 2. ed. Upper Saddle River, NJ: Pearson Education, 2014. p. 7.
21 SISODIA; SHETH; WOLFE, 2014, p. 7.
22 SISODIA; SHETH; WOLFE, 2014.
23 SISODIA; SHETH; WOLFE, 2014, p. 96.
24 APTE, S.; SHETH, J. *The sustainability edge*: how to drive top-line growth with triple-bottom-line thinking. [S.l.]: Rotman-UTP Publishing, 2016.
25 MARRIOTT INTERNATIONAL. Marriott: Valores centrais e tradição. Disponível em: https://www.marriott.com/pt-br/culture-and-values/core-values.mi>. Acesso em: 14 mar. 2024.
26 APTE; SHETH, 2016, seção Prefácio, parágrafo 7.
27 APTE; SHETH, 2016, seção Prefácio, parágrafo 9.
28 APTE; SHETH, 2016, seção Prefácio, parágrafo 10.
29 APTE; SHETH, 2016, seção Prefácio, parágrafo 3.
30 APTE; SHETH, 2016.
31 APTE; SHETH, 2016.

32 BRUHN, M. Marketing Weiterdenken in der marktorientierten Unternehmensführung – Entwicklungen und Zukunftsthemen der Marketingdisziplin. In: BRUHN, M.; KIRCHGEORG, M. (Orgs.). *Marketing Weiterdenken*: Zukunftspfade für eine markt orientierte Unternehmensführung. Wiesbaden: Springer Gabler, 2018. p. 25-48.
33 BRUHN, 2018, p. 31.
34 BRUHN, 2018.
35 MEFFERT et al., 2019.
36 VARGO, S. L.; LUSCH, R. F. Evolving to a New Dominant Logic for Marketing. *Journal of Marketing*, v. 68, n. 1, p. 1-17, 2004. Disponível em: https://doi.org/10.1509/jmkg.68.1.1.24036.
37 KOTLER, P.; KARTAJAYA, H.; SETIAWAN, I. *Marketing 4.0*: moving from traditional to digital. Hoboken, NJ: Wiley, 2017. p. 22.
38 BATHEN, D.; JELDEN, J. *Marketingorganisation der Zukunft* [Relatório]. 2014. Disponível em: https://www.marketingverband.de/marketingkompetenz/studien/marketingorganisation-der-zukunft/ .
39 BATHEN; JELDEN, 2014, p. 8f.
40 BARDHI, F.; ECKHARDT, G. M. Access-based consumption: the case of car sharing. *Journal of Consumer Research*, v. 39, n. 4, p. 881-898, 2012. Disponível em: https://doi.org/10.1086/666376.
41 CHEN, Y. Possession and access: consumer desires and value perceptions regarding contemporary art collection and exhibit visits. *Journal of Consumer Research*, v. 35, n. 6, p. 925-940, 2009. Disponível em: https://doi.org/10.1086/593699 .
42 MARX, P. The borrowers: why buy when you can rent? *The New Yorker*, 23 jan. 2011. Disponível em: https://www.newyorker.com/magazine/2011/01/31/the-borrowers.
43 BARDHI; ECKHARDT, 2012, p. 881.
44 BARDHI; ECKHARDT, 2012.
45 WALLASCHKOWSKI, S.; NIEHUIS, E. Digitaler Konsum. In: STENGEL, O.; VAN LOOY, A.; WALLASCHKOWSKI, S. (Orgs.). *Digitalzeitalter – Digitalgesellschaft: Das Ende des Industriezeitalters und der Beginn einer neuen Epoche*. Wiesbaden: Springer VS, 2017. p. 109-141.
46 WALLASCHKOWSKI; NIEHUIS, 2017, p. 129.
47 SISODIA; SHETH; WOLFE, 2014, p. XXII.
48 SISODIA; SHETH; WOLFE, 2014.
49 É importante notar que, para Vargo e Lusch, *o serviço* é diferente dos *serviços* em seu sentido tradicional. Para eles, o serviço constitui "[...] a aplicação de competências especializadas (conhecimentos e habilidades) por meio de atos, processos e desempenhos em benefício de outra entidade ou da própria entidade" (ver VARGO; LUSCH, 2004, p. 2).
50 PRAHALAD, C. K.; RAMASWAMY. A nova fronteira da inovação da experiência. *MIT Sloan Management Review*, v. 44, n. 4, p. 14, 2003. Disponível em: https://sloanreview.mit.edu/article/the-new-frontier-of-experience-innovation/.
51 PRAHALAD; RAMASWAMY, 2003, p. 18.

52 PRAHALAD, C. K.; RAMASWAMY, V. Co-opting customer competence. *Harvard Business Review*, v. 78, n. 1, p. 80, 2000. Disponível em: https://hbr.org/2000/01/coopting-customer-competence.
53 PRAHALAD; RAMASWAMY, 2000.
54 GASSMANN, O.; SCHWEITZER, F. Managing the unmanageable: the fuzzy front end of innovation. In: GASSMANN, O.; SCHWEITZER, F. (Eds.). *Management of the fuzzy front end of innovation*. Cham, Suíça: Springer International Publishing, 2014. p. 3-14.
55 HOMBURG et al., 2015.
56 SHETH; SISODIA, 2007, p. 142.
57 KUMAR, V. Evolution of Marketing as a discipline: what has happened and what to look out for. *Journal of Marketing*, v. 79, n. 1, p. 5, 2015. Disponível em: https://doi.org/10.1509/jm.79.1.1.
58 HOMBURG et al., 2015.
59 HEATH, T.; MCKECHNIE, S. Sustainability in marketing. AMAESHI, K.; MUTHURI, J. N.; OGBECHIE, C. (Eds.). *Incorporating sustainability in management education*: an interdisciplinary approach. Cham: Springer International Publishing, 2019. pp. 105-31. Disponível em: https://doi.org/10.1007/978-3-319-98125-3_6.
60 ROSLING, H.; RÖNNLUND, A.; ROSLING, O. *Factfulness*: ten reasons we're wrong about the world-and why things are better than you think. [S.l.]: Flatiron Books, 2018.
61 KAHNEMAN, D.; DEATON, A. A alta renda melhora a avaliação da vida, mas não o bem-estar emocional. *Anais da Academia Nacional de Ciências*, v. 107, n. 38, p. 16489-16493, 2010. https://doi.org/10.1073/pnas.1011492107.
62 ROSLING et al., 2018, p. 32.
63 WACKERNAGEL, M.; REES, W. E. Our ecological footprint. *e New Catalyst Bioregional Series*, v. 9, 1996.
64 KEMPER, J.; HALL, C.; BALLANTINE, P. Marketing and sustainability: business as usual or changing worldviews? *Sustainability*, v. 11, n. 3, p. 780, 2019. Disponível em: https://doi.org/10.3390/su11030780.
65 KEMPER et al., 2019.
66 JONES, P. et al. Marketing and sustainability. *Marketing Intelligence & Planning*, v. 26, n. 2, p. 123-130, 2008. Disponível em: https://doi.org/10.1108/02634500810860584.
67 RITTEL, H. W.; WEBBER, M. M. Dilemmas in a general theory of planning. *Policy Sciences*, v. 4, n. 2, p. 155-169, 1973.
68 BUCHANAN, R. Wicked problems in design thinking. *Design Issues*, v. 8, n. 2, p. 96-100, 1992.

Cap. 2

1 NEMKO, M. *Marketing é diabólico*: os profissionais de marketing usam muitos estratagemas psicológicos para fazer você comprar o que não deveria [post de blog].

Disponível em: https://www.psychologytoday.com/us/blog/how-do-life/201701/marketing-is-evil.
2. SINEK, S. *Comece com o porquê*: como grandes líderes inspiram a ação. Nova Iorque: Pinguim, 2009.
3. Ver EDMAN, K. W. Explorando sobreposições e diferenças na lógica dominante de serviços e no design thinking. 2009. Disponível em: http://www.ep.liu.se/ecp/059/016/ecp09059016.pdf. Em sua contribuição para a Primeira Conferência Nórdica sobre Design de Serviços e Inovação de Serviços, ela comparou DT e S-DL e demonstrou a sobreposição.
4. MCKINSEY & COMPANY. *O próximo ato da Microsoft* [podcast]. 2018. Disponível em: https://www.mckinsey.com/industries/technology-media-and-telecommunications/our-insights/microsofts-next-act.
5. GOBBLE, M. M. Design Thinking. *Gestão de Tecnologia de Pesquisa*, v. 57, n. 3, p. 59-61, 2014. Disponível em: https://doi.org/10.5437/08956308X5703005.
6. ROBINSON, P. K.; HSIEH, L. Reshoring: a strategic renewal of luxury clothing supply chains. *Operations Management Research*, v. 9, p. 89-101, 2016. Disponível em: https://doi.org/10.1007/s12063-016-0116-x.
7. AHRENDTS, A. Burberry's CEO on turning an aging British Icon into a Global Luxury Brand. *Harvard Business Review*, 2013. Disponível em: https://hbr.org/2013/01/burberrys-ceo-on-turning-an-aging-british-icon-into-a-global-luxury-brand.
8. GROTS, A.; PRATSCHKE, M. Design Thinking – Kreativität als Methode. *Marketing Review St. Gallen*, v. 26, n. 2, p. 18-23, 2009. Disponível em: https://doi.org/10.1007/s11621-009-0027-4.
9. O texto "How design thinking transformed airbnb from a failing startup to a billion dollar business" (*First Round Review*, 2019. Disponível em: https://firstround.com/review/How-design-thinking-transformed-Airbnb-from-failing-startup-to-billion--dollar-business/) descreve como a startup AirBnB passou de US$ 200 por semana de lucro para o "unicórnio" que é hoje.
10. LIEDTKA, J. Why Design Thinking works. *Harvard Business Review*, v. 96, n. 5, p. 72-79, 2018. Disponível em: https://hbr.org/2018/09/why-design-thinking-works.
11. BLATT, M.; SAUVONNET, E. (Orgs.). Wo ist das Problem?: Mit Design Thinking Innovationen entwickeln und umsetzen. 2. ed. München: Franz Vahlen, 2017.
12. REUTEMANN, B. *Service design*: Der Turbo für Ihr Business [apresentação]. 2017. Disponível em: https://bernd-reutemann.de/wp-content/uploads/2017/02/Servicedesign.pdf.
13. CARLGREN, L.; RAUTH, I.; ELMQUIST, M. Framing design thinking: the concept in idea and enactment. *Creativity and Innovation Management*, v. 25, n. 1, p. 38-57, 2016. Disponível em: https://doi.org/10.1111/caim.12153.
14. JOHANSSON-SKÖLDBERG, U.; WOODILLA, J.; ÇETINKAYA, M. Design thinking: past, present and possible futures. *Creativity and Innovation Management*, v. 22, n. 2, p. 121-146, 2013. Disponível em: https://doi.org/10.1111/caim.12023.
15. JOHANSSON-SKÖLDBERG; WOODILLA; ÇETINKAYA, 2013.

16 HASSO PLATTNER INSTITUTE OF DESIGN. *An introduction to design thinking*: process guide. 2019. parágr. 1. Disponível em: https://dschool-old.stanford.edu/sandbox/groups/designresources/wiki/36873/attachments/74b3d/ModeGuide-BOOTCAMP2010L.pdf.
17 BROWN, T. Design Thinking. *Harvard Business Review*, v. 86, n. 6, p. 86, 2008. Disponível em: https://hbr.org/2008/06/design-thinking.
18 BROWN, 2008.
19 ORTON, K. *Desirability, feasibility, viability*: the sweet spot for innovation [postagem no blog]. 28 mar. 2017. Disponível em: https://medium.com/innovation-sweet-spot/desirability-feasibility-viability-the-sweet-spot-for-innovation-d7946de2183c.
20 Ver também GROTS; PRATSCHKE, 2009, p. 18-23.
21 HASSO PLATTNER INSTITUTE OF DESIGN, 2019.
22 IDEO. *How to prototype a new business* [postagem no blog]. 2019. Disponível em: https://www.ideou.com/blogs/inspiration/how-to-prototype-a-new-business.
23 IDEO, 2019.
24 ORTON, 2017.
25 IDEO, 2019.
26 ORTON, 2017.
27 CARLGREN; RAUTH; ELMQUIST, 2016).
28 Para o seguinte, ver Brown (2008).
29 CARLGREN; RAUTH; ELMQUIST, 2016.
30 CARLGREN; RAUTH; ELMQUIST, 2016.
31 HASSO PLATTNER INSTITUTE OF DESIGN, 2019.
32 GROTS; PRATSCHKE, 2009.
33 GROTS; PRATSCHKE, 2009.
34 HASSO PLATTNER INSTITUTE OF DESIGN, 2019, p. 7.
35 Ver também Liedtka (2018).
36 LINDBERG, T.; MEINEL, C.; WAGNER, R. Design Thinking: a fruitful concept for IT development? In: PLATTNER, H.; MEINEL, C.; LEIFER, L. (Orgs.). *Design Thinking*: understand – improve – apply. Berlin: Springer, 2011. p. 3-18.
37 BROWN, 2008.
38 ELSBACH, K. D.; STIGLIANI, I. Design thinking and organizational culture: a review and framework for future research. *Journal of Management*, v. 44, n. 6, p. 2274-2306, 2018. Disponível em: https://doi.org/10.1177/0149206317744252.
39 ELSBACH; STIGLIANI, 2018, p. 12.
40 BROWN, 2008, p. 88.
41 Para recomendações mais detalhadas sobre a implementação do design thinking em termos práticos, o leitor pode consultar o livro *Design Thinking: understand – improve – apply*, de Plattner, Meinel e Leifer. A página XV, por exemplo, fornece regras básicas para pensadores de design.
42 BROWN, 2008.
43 BROWN, 2008, p. 86.

44 GASSMANN, O.; SCHWEITZER, F. Managing the unmanageable: the fuzzy front end of innovation. In: GASSMANN, O.; SCHWEITZER, F. (Eds.). *Management of the fuzzy front end of innovation*. Cham, Suíça: Springer International Publishing, 2014. p. 3-14.
45 VARGO, S. L.; LUSCH, R. F. Evolving to a new dominant logic for marketing. *Journal of Marketing*, v. 68, n. 1, p. 1-17, 2004. Disponível em: https://doi.org/10.1509/jmkg.68.1.1.24036.
46 ACHROL, R. S.; KOTLER, P. Marketing in the network economy. *Journal of Marketing*, v. 63, p. 163, 1999. Disponível em: https://doi.org/10.2307/1252108.
47 SHETH, J.N.; PARVATIYAR, A. The evolution of relationship marketing. In: SHETH, J. N. & PARVATIYAR, A. (Eds.). *Handbook of relationship marketing*. Thousand Oaks, CA: Sage, 2000. p. 140.
48 VARGO, S. L.; LUSCH, R. F. Institutions and axioms: an extension and update of service-dominant logic. *Journal of the Academy of Marketing Science*, v. 44, n. 1, p. 5-23, 2016. Disponível em: https://doi.org/10.1007/s11747-015-0456-3
49 VARGO; LUSCH, 2004.
50 GUMMESSON, E. Relationship marketing: its role in the service economy. In: GLYNN, W. J.; BARNES, J. G. (Eds.). *Understanding Services Management*. New York, NY: Wiley, 1995. p. 250f.
51 VARGO; LUSCH, 2004.
52 VARGO, S. L.; LUSCH, R. F. Service-dominant logic: continuing the evolution. *Journal of the Academy of Marketing Science*, v. 36, n. 1, p. 1-10, 2008. Disponível em: https://doi.org/10.1007/s11747-007-0069-6.
53 VARGO; LUSCH, 2016.
54 VARGO; LUSCH, 2004), pág. 2.
55 CONSTANTIN, J. A.; LUSCH, R. F. *Understanding resource management*. Oxford, Ohio: Fórum de Planejamento, 1994.
56 VARGO; LUSCH, 2004, p. 2.
57 VARGO; LUSCH, 2004.
58 VARGO; LUSCH, 2004, p. 7.
59 VARGO; LUSCH, 2008.
60 VARGO; LUSCH, 2004.
61 VARGO; LUSCH, 2004, p. 8.
62 VARGO; LUSCH, 2004.
63 VARGO; LUSCH, 2004, p. 9.
64 VARGO; LUSCH, 2016.
65 VARGO; LUSCH, 2008, p. 4.
66 VARGO; LUSCH, 2008..
67 VARGO; LUSCH, 2008.
68 VARGO; LUSCH, 2016.
69 VARGO; LUSCH, 2004, p. 11.
70 VARGO; LUSCH, 2008, p. 8.
71 VARGO; LUSCH, 2016, p. 8.

72 VARGO; LUSCH, 2004, p. 11.
73 VARGO; LUSCH, 2008.
74 VARGO; LUSCH, 2016, p. 10.
75 VARGO; LUSCH, 2008.
76 VARGO; LUSCH, 2016, p. 6.
77 VARGO; LUSCH, 2016, p. 7.
78 VARGO; LUSCH, 2008, p. 9.
79 VARGO; LUSCH, 2016.
80 VARGO; LUSCH, 2004.
81 PFOERTSCH, W. A.; SPONHOLZ, U. *A nova mentalidade do marketing*: gestão, métodos e processos para o marketing pessoa a pessoa. Wiesbaden: Springer Gabler, 2019.
82 WILKEN, R.; JACOB, F. Vom Produkt- zum Lösungsanbieter. In: BACKHAUS, K.; VOETH, M. (Eds.). *Handbuch Business-to-Business-Marketing: Grundlagen, Geschäftsmodelle, Instrumente des Indu-striegütermarketing*. 2. ed. Wiesbaden: Springer Gabler, 2015.
83 VARGO; LUSCH, 2004.
84 Ver WILKEN; JACOB, 2015, p. 152
85 PRAHALAD, C. K.; RAMASWAMY, V. Co-opting customer competence. *Harvard Business Review*, v. 78, n. 1, p. 79-87, 2000. Disponível em: https://hbr.org/2000/01/co-opting-customer-competence.
86 VARGO; LUSCH, 2016, p. 19.
87 VARGO; LUSCH, 2016.
88 LUSCH, R. F.; VARGO, S. L. *Service-dominant logic*: premises, perspectives, possibilities. Cambridge, Reino Unido: Cambridge University Press, 2014. p. 24.
89 LUSCH; VARGO, 2014.
90 Ver, por exemplo, Achrol e Kotler (1999).
91 VARGO, S. L.; LUSCH, R. F. 2025Service-dominant logic 2025. *International Journal of Research in Marketing*, v. 34, n. 1, p. 45, 2017.
92 LUSCH; VARGO, 2014..
93 LUSCH; VARGO, 2014.
94 SCOTT, W. R. *Institutions and organizations*: ideas and interests. Los Angeles, CA: Sage, 2008.
95 VARGO; LUSCH, 2017, p. 49.
96 NORTH, D. C. *Institutions, institutional change, and economic performance*: political economy of institutions and decisions. Cambridge, Reino Unido: Cambridge University Press, 1990. p. 4.
97 VARGO; LUSCH, 2016, p. 11.
98 VARGO; LUSCH, 2016.
99 LUSCH; VARGO, 2014, p. 167.
100 KOWALKOWSKI, C. What does a service-dominant logic really mean for manufacturing firms? *CIRP Journal of Manufacturing Science and Technology*, v. 3, n. 4, p. 285-292, 2010. Disponível em: https://doi.org/10.1016/j.cirpj.2011.01.003.

101 ROSS, J. W.; BEATH, C. M.; MOCKER, M *Designed for digital*: how to architect your business for sustained success (management on the cutting edge). MIT Press, 2019.
102 WOLF, T.; STROHSCHEN, J.-H. Digitalisierung: Definition und Reife – Quantitative Bewertung der digitalen Reife. *Informatik Spektrum*, v. 41, n. 1, p. 56-64, 2018. Disponível em: https://doi.org/10.1007/s00287-017-1084-8.
103 ERNST & YOUNG. *The digitisation of everything*: how organisations must adapt to changing consumer behaviour [Relatório]. Disponível em: https://www.ey.com/Publication/vwLUAssets/The_digitisation_of_everything_-_How_organisations_must_adapt_to_changing_consumer_behaviour/%24file/EY_Digitisation_of_everything.pdf
104 SCHLOTMANN, R. *Digitalisierung auf mittelständisch*: Die Methode "Digitales Wirkungsmanagement". Berlin: Springer, 2018.
105 BACKHAUS, K.; PAULSEN, T. Vom Homo Oeconomicus zum Homo Digitalis – Die Veränderung der Informationsasymmetrien durch die Digitalisierung. In: BRUHN, M. & KIRCHGEORG, M. (Eds.). *Marketing Weiterdenken*: Zukunftspfade für eine marktorientierte Unternehmensführung. Wiesbaden, Alemanha: Springer Gabler, 2018. p. 105-122.
106 PRECHT, R. D. *Jäger, Hirten, Kritiker*: Eine Utopie für die digitale Gesellschaft. 6. ed. München: Goldmann, 2018.
107 NAISBITT, J. Der Horizont reicht meist nur bis zum nächsten Wahltag. In: BUNDESZENTRALE FÜR POLITISCHE BILDUNG (Ed.). *Megatrends? Aus Politik und Zeitgeschichte*, v. 65, n. 31-32, p. 3-6, 2015. Disponível em: https://www.bpb.de/apuz/209953/der-horizont-reicht-meist-nur-bis-zum-naechsten-wahltag-
108 Para que um empreendimento seja considerado uma *gigatendência*, deve influenciar todas as megatendências existentes, em todas as áreas da vida, e isso em escala global, tendo um período de meia-vida de pelo menos 30 anos. Ver LINDEN, E.; WITTMER, A. *Zukunft Mobilität*: Gigatrend Digitalisierung [Monografia]. 2018. Disponível em: https://www.alexandria.unisg.ch/253291/.
109 SCHLICK, J.; STEPHAN, P.; ZÜHLKE, D. Produktion 2020: Auf dem Weg zur 4. industriellen Revolution. *IM: die Fachzeitschrift für Information Management und Consulting*, v. 27, n. 3, p. 26-34, 2012. Disponível em: https://www.econbiz.de/Record/im-schwerpunkt-industrie-4-0-produktion-2020-auf-dem-weg-zur-4-industriellen--revolution-schlick-jochen/10010019258.
110 Para mais informações, visite o site do CERN, que documenta os primórdios da rede mundial de computadores: http://info.cern.ch/.
111 SAAM, M.; VIETE, S.; SCHIEL, S. *Digitalisierung im Mittelstand*: Status Quo, aktuelle Entwicklungen und Herausforderungen [Projeto de pesquisa]. Disponível em: https://www.kfw.de/PDF/Download-Center/Konzernthemen/Research/PDFDokumente-Studien-und-Materialien/Digitalisierung-im-Mittelstand.pdf.
112 SAAM; VIETE; SCHIEL, 2016.
113 KAGERMANN, H.; WAHLSTER, W.; HELBIG, J. (2013). *Deutschlands Zukunft als Produktionsstandort sichern*: Umsetzungsempfehlungen für das Zukunftsprojekt Indus-

trie 4.0 [Relatório]. 2013. Disponível em: https://www.bmbf.de/files/Umsetzungsempfehlungen_Industrie4_0.pdf.
114 SCHLICK; STEPHAN; ZÜHLKE, 2012.
115 SAAM; VIETE; SCHIEL, 2016.
116 LIES, J. *Die Digitalisierung der Kommunikation im Mittelstand*: Auswirkungen von Marketing 4.0. Wiesbaden: Springer Gabler, 2017.
117 PFEIFFER, S. Industrie 4.0 und die Digitalisierung der Produktion – Hype oder Megatrend? In: BUNDESZENTRALE FÜR POLITISCHE BILDUNG (Ed.). *Megatrends? Aus Politik und Zeitgeschichte*, v. 65, n. 31-32, p. 6-12, 2015. Disponível em: https://www.bpb.de/apuz/209955/industrie-4-0-und-die-digitalisierung-der-produktion.
118 TEKNOWLOGY. *IoT C&SI Survey 2020* [Relatório de estudo]. 2020. Disponível em: https://75572d19-371f-4ade-aeb6-61dbca89834b.filesusr.com/ugd/f21868_2f8ab8213a00460f8777de2057430fb0.pdf.
119 PIERRE AUDOIN CONSULTANTS. *Holistic customer experience in the digital age*: a trend study for Germany, France and the UK [Artigo técnico]. Disponível em: https://www.pac-online.com/holistic-customer-experience-digital-age.
120 SCHLOTMANN, 2018.
121 ERNST & YOUNG, 2011.
122 KOTLER, P.; KARTAJAYA, H.; SETIAWAN, I. *Marketing 4.0*: Moving from traditional to digital. Hoboken, NJ: Wiley, 2017.
123 LAND, K.-H. Dematerialisierung: Die Neuverteilung der Welt in Zeiten der Digitalen Transformation und die Folgen für die Arbeitswelt. In: Brüssel, C. & KRONENBERG, V. (Eds.). *Von der sozialen zur ökosozialen Marktwirtschaft*. Wiesbaden, Alemanha: Springer VS, 2018. p. 153-166.
124 FREY, A.; TRENZ, M.; VEIT, D. The role of technology for service innovation in sharing economy organizations – a service-dominant logic perspective. In: Proceedings of the 25th European Conference on Information Systems (ECIS), Guimarães, Portugal, 5-10 jun. 2017, p. 1885-1901. Disponível em: https://aisel.aisnet.org/cgi/viewcontent.cgi?article=1120&context=ecis2017_rp.
125 LAND, 2018, p. 160.
126 KOTLER; KARTAJAYA; SETIAWAN, 2017.
127 ERNST & YOUNG, 2011.
128 HEINEMANN, G.; GAISER, C. W. SoLoMo – Always-on im Handel: Die soziale, lokale und mobile Zukunft des Omnichannel-Shopping. 3. ed. Wiesbaden: Springer Gabler, 2016.
129 GEHRCKENS, M.; BOERSMA, T. Zukunftsvision Retail – Hat der Handel eine Daseinsberechtigung? In: HEINEMANN, G.; HAUG, K.; GEHRCKENS, M.; DGROUP (Eds.). *Digitalisierung des Handels mit ePace*: Innovative E-Commerce-Geschäftsmodelle unter Timing-Aspekten. Wiesbaden, Alemanha: Springer Gabler, 2013. p. 51-76.
130 HEINEMANN, G. *SoLoMo* – Always-on im Handel: Die soziale, lokale und mobile Zukunft des Shopping. Wiesbaden: Springer Gabler, 2014.

131 Ver também KOTLER; KARTAJAYA; SETIAWAN, 2017.
132 HEINEMANN, 2014.
133 HEINEMANN, 2014.
134 HEINEMANN, 2014, p. 56.
135 CHAN, R. Cambridge Analytica whistleblower explains how the firm used Facebook data to sway elections. *Business Insider*, 2019. Disponível em: https://www.businessinsider.in/tech/news/the-cambridge-analytica-whistleblower-explains-how-the-firm--used-facebook-data-to-sway-elections/articleshow/71461113.cms.
136 Ver, por exemplo, KOZINETS, R. V. *Netnography*: redefined. Los Angeles, CA: Sage, 2015.
137 Ver também LAVALLE, S. et al. Big Data, analytics and the path from insights to value. *MIT Sloan Management Review*, v. 52, n. 2, p. 21-32, 2011. Disponível em: https://sloanreview.mit.edu/article/big-data-analytics-and-the-path-from-insights--to-value/.
138 A ideia para este exemplo vem de BACKHAUS; PAULSEN, 2018. Os autores utilizaram exemplo semelhante para ilustrar a nova relação entre cliente e fornecedor.
139 HEINEMANN; GAISER, 2016.
140 KOTLER; KARTAJAYA; SETIAWAN, 2017.
141 ERNST & YOUNG, 2011.
142 KOTLER; KARTAJAYA; SETIAWAN, 2017.
143 KOTLER; KARTAJAYA; SETIAWAN, 2017.
144 KING, K. A. *The complete guide to B2B marketing*: new tactics, tools, and techniques to compete in the digital economy. Upper Saddle River, NJ: Pearson Education, 2015.

Cap. 3

1 Ver, por exemplo, BROOKS, R.; GOLDSTEIN, S. The mindset of teachers capable of fostering resilience in students. *Canadian Journal of School Psychology*, v. 23, n. 1, p. 114-126, 2008. https://doi.org/10.1177/0829573508316597
2 SCHULZ, M. *New mindsets for service-orientated marketing*: understanding the role of emotions in interpersonal relationships [Tese de doutorado]. 2011. Disponível em: https://ourarchive.otago.ac.nz/handle/10523/1928.
3 HOFERT, S. *Das agile Mindset*: Mitarbeiter entwickeln, Zukunft der Arbeit gestalten. Wiesbaden: Springer Gabler, 2018. p.8.
4 DWECK, C. S. *Mindset*: the new psychology of success. New York: Random House, 2006.
5 HOW Companies Can Profit from a "Growth Mindset". *Harvard Business Review*, parágrafo 1, 2014. Disponível em: https://hbr.org/2014/11/how-companies-can--profit-from-a-growth-mindset.
6 KUMAR, V. et al. Is market orientation a source of sustainable competitive advantage or simply the cost of competing? *Journal of Marketing*, v. 75, n. 1, p. 16-30, 2011. Disponível em: https://www.researchgate.net.

7 NOLTE, H. (1998). Aspekte ressourcenorientierter Unternehmensführung. In H. Nolte (Ed.), Aspekte ressourcenorientierter Unternehmensführung. München: Rainer Hampp. p. III--VIII. Disponível em: http://hdl.handle.net/10419/116857.
8 MATZLER, K.; STAHL, H. K.; HINTERHUBER, H. H. Die Customer-based View der Unternehmung. In: HINTERHUBER, H. H.; MATZLER, K. (Eds.). *Kundenorientierte Unternehmensführung: Kundenorientierung – Kundenzufriedenheit – Kundenbindung.* 6. ed.). Wiesbaden: Gabler, 2009. p. 4-31.
9 MATZLER; STAHL; HINTERHUBER, 2009.
10 MATZLER; STAHL; HINTERHUBER, 2009, p. 27.
11 SISODIA, R. S.; SHETH, J. N.; WOLFE, D. *Firms of endearment*: how world-class companies profit from passion and purpose. 2. ed. Upper Saddle River, NJ: Pearson Education, 2014.
12 Adaptado de SISODIA, R. S.; SHETH, J. N.; WOLFE, D. *Firms of endearment*: how world-class companies profit from passion and purpose. 2. ed. Upper Saddle River, NJ: Pearson Education, 2014.
13 SISODIA; SHETH; WOLFE, 2014.
14 VARGO, S. L.; LUSCH, R. F. axioms: an extension and update of service-dominant logic. *Journal of the Academy of Marketing Science*, v. 44, n. 1), p. 8, 2016. Disponível em: https://doi.org/10.1007/s11747-015-0456-3.
15 Matzler; STAHL; HINTERHUBER, 2009.
16 Ver PFOERTSCH, W. A.; SPONHOLZ, U. *Das neue marketing-mindset*: Management, Methoden und Prozesse für ein Marketing von Mensch zu Mensch. Wiesbaden: Springer Gabler, 2019.
17 MATZLER; STAHL; HINTERHUBER, (2009). *op. cit.*
18 VARGO, S. L.; LUSCH, R. F. Service-dominant logic: continuing the evolution. *Journal of the Academy of Marketing Science*, v. 36, n. 1, p. 1-10, 2008. Disponível em: https://doi.org/10.1007/s11747-007-0069-6.
19 VARGO, S. L.; LUSCH, R. F. Service-dominant logic 2025. *International Journal of Research in Marketing*, v. 34, n. 1, p. 46-67, 2017. Disponível em: https://doi.org/10.1016/j.ijresmar.2016.11.001.
20 Ver, por exemplo, KOTLER, P.; KARTAJAYA, H.; SETIAWAN, I. *Die neue Dimension des Marketings*: Vom Kunden zum Menschen. Trad. P. Pyka. Frankfurt, Alemanha: Campus, 2010.
21 Ver, por exemplo, VARGO, S. L.; LUSCH, R. F. Evolving to a new dominant logic for marketing. *Journal of Marketing*, v. 68, n. 1, p. 1-17, 2004. Disponível em: https://doi.org/10.1509/jmkg.68.1.1.24036.
22 ZHU, F.; FURR, N. Products to platforms: making the leap. *Harvard Business Review*, v. 94, n. 4, p. 72-78, 2016. Disponível em: https://hbr.org/2016/04/products-to--platforms-making-the-leap.
23 GUMMESSON, E. 2B or not 2B: that is the question. *Industrial Marketing Management*, v. 40, n. 2, p. 190, 2011. Disponível em: https://doi.org/10.1016/j.indmarman.2010.06.028.

24 PAYNE, A. F.; STORBACKA, K.; FROW, P. Managing the co-creation of value. *Journal of the Academy of Marketing Science*, v. 36, n. 1, p. 83-96, 2008. Disponível em: https://doi.org/10.1007/s11747-007-0070-0.
25 VARGO, S. L.; LUSCH, 2008, p. 4f.
26 BATHEN, D.; JELDEN, J. *Marketingorganisation der Zukunft* [Relatório]. 2014. Disponível em: https://www.marketingverband.de/marketingkompetenz/studien/marketingorganisation-der-zukunft/.
27 HOFERT, 2018, p. VIIf.
28 Para o seguinte, ver HOFERT, 2018, p. 20.
29 BROWN, T. Design thinking. *Harvard Business Review*, v. 86. n. 6, p. 84-92, 2008. Disponível em: https://hbr.org/2008/06/design-thinking.
30 COSTA, P. T.; MCCRAE, R. R. *The revised NEO personality inventory (NEO-PI-R)*. London: Sage, 2008.

Cap. 4
1 SARKAR, C.; KOTLER, P. *Brand activism*: from purpose to action (edição Kindle). [S.l.]: Idea Bite Press, 2018. Disponível em: www.amazon.com.
2 EDELMAN. *2019 Edelman trust barometer special report*: in brands we trust? [Relatório], 2019. p. 13. Disponível em: https://www.edelman.com/sites/g/files/aatuss191/files/2019-06/2019_edelman_trust_barometer_special_report_in_brands_we_trust.pdf
3 AAKER, D. A.; MCLOUGHLIN, D. *Strategic market management*: global perspectives. Chichester: Wiley, 2010.
4 SARKAR; KOTLER, 2018, seção "The trust crisis", parágrafo 7.
5 EDELMAN. *2018 Edelman trust barometer*: global report [Relatório]. 2018. p. 6. Disponível em: https://www.edelman.com/sites/g/files/aatuss191/files/2018-10/2018_Edelman_Trust_Barometer_Global_Report_FEB.pdf
6 EDELMAN. *2020 Edelman trust barometer*: global report [Relatório]. 2020. p. 12. Disponível em: https://cdn2.hubspot.net/hubfs/440941/Trust%20Barometer%202020/2020%20Edelman%20Trust%20Barometer%20Global%20Report-1.pdf.
7 EDELMAN, 2018, p. 29.
8 EDELMAN, 2019, p. 8.
9 SARKAR; KOTLER, 2018, Prefácio, parágrafo 5.
10 Estudos de caso interessantes estão em: GAISER, B.; LINXWEILER, R.; BRUCKER, V. (Orgs.). *Praxisorientierte Markenführung*: Neue Strategien, innovative Instrumente und aktuelle Fallstudien. Wiesbaden: Gabler, 2005.
11 Ver PFOERTSCH, W. A.; SPONHOLZ, U. *Das neue marketing-mindset*: Management, Methoden und Prozesse für ein Marketing von Mensch zu Mensch. Wiesbaden: Springer Gabler, 2019.
12 KOTLER, P.; HESSEKIEL, D.; LEE, N. R. *GOOD WORKS!*: Wie Sie mit dem richtigen Marketing

die Welt – und Ihre Bilanzen – verbessern. Trad. N. Bertheau. Offenbach: GABAL, 2013.
13 SARKAR; KOTLER, 2018, seção "Brand activism: a working definition", parágrafo 8.
14 SPROUT SOCIAL. *Championing change in the age of social media*: how brands are using social
to connect with people on the issues that matter [Relatório]. 2017. p. 3. Disponível em: https://media.sproutsocial.com/pdf/Sprout-Data-Report-Championing--Change-in-the-Age-of-Social-Media.pdf.
15 CONE COMMUNICATIONS. *2017 Cone Gen Z CSR Study: how to speak Z* [Relatório]. 2017. seção "Move over Millenials, Here Comes Gen Z", parágrafo 1. Disponível em: http://www.conecomm.com/research-blog/2017-genz-csr-study
16 CONE COMMUNICATIONS, 2017, p. 2.
17 GODIN, S. *Permission marketing*. London: Simon e Schuster, 2007.
18 Sprout Social. (2017). *op. cit.*, pág. 2.
19 Cone Comunicações. (2017). *op. cit.*, pág. 35.
20 Sarkar, C., & Kotler, P. (2018). Sprout Social. (2017). *op. cit.*, pág. 2.
21 Sprout Social. (2017). *op. cit.*, pág. 4.
22 Kotler, P., Kartajaya, H., & Setiawan, I. (2017). *op. cit.*
23 RITTEL, H. W. J.; WEBBER, M. M. Dilemmas in a general theory of planning. *Policy Sciences*, v. 4, n. 2, p. 155-165, 1973. Disponível em: https://doi.org/10.1007/BF01405730.
24 KOTLER, P.,; HESSEKIEL, D., &; LEE, N. R. (2013). *op. cit.*
25 SARKAR; KOTLER, 2018.
26 PINE, II, B. J.; GILMORE, J. H. Welcome to the experience economy. *Harvard Business Review*, v. 76, n. 4, p. 97-105, 1998. Disponível em: https://hbr.org/1998/07/welcome-to-the-experience-economy.
27 HEINEMANN; GAISER, 2016.
28 MAYER-VORFELDER, M*Basler Schriften zum Marketing*. Vol. 29: *Kundenerfahrungen im Dienstleistungsprozess*: Eine theoretische und empirische Analyse. Wiesbaden: Gabler, 2012. p. 71
29 HEINEMANN; GAISER, 2016.
30 KOTLER;KARTAJAYA; SETIAWAN, 2017, p. 63.
31 VOLVO TRUCKS, *Volvo Trucks: the epic split feat. Van Damme (live test)* [Vídeo do YouTube]. 2013. Disponível em: https://www.youtube.com/watch?v=M7FIvfx5J10.
32 HEINEMANN, G. *SoLoMo – Always-on im Handel*: Die soziale, lokale und mobile Zukunft des Shopping. Wiesbaden: Springer Gabler, 2014.
33 COURT, D. et al. The consumer decision journey. *McKinsey Quarterly*, v. 3, p. 1-11, 2009. Disponível em: https://www.mckinsey.com/business-functions/marketing--and-sales/our-insights/the-consumer-decision-journey.
34 COURT, 2019.
35 WÜST, C. Corporate reputation management – die kraftvolle Währung für Unternehmenserfolg. In: WÜST, C.; KREUTZER, R. T. (Eds.). *Corporate reputation mana-*

gement: Wirksame Strategien für den Unternehmenserfolg. Wiesbaden, Alemanha: Springer Gabler, 2012. p. 3-56.
36 SARKAR; KOTLER, 2018.
37 REPUTATION INSTITUTE. *Winning estrategies in reputation*: 2019 German RepTrak® 100 [Relatório]. 2019. p. 5. Disponível em: https://insights.reputationinstitute.com/website-assets/2019-germany-reptrak.
38 SARKAR; KOTLER, 2018, seção "Brand activism: a working definition", parágrafo 11.
39 Adaptado de EDELMAN. *2011 Edelman Trust Barometer*: global report [Relatório]. 2011. p. 35.
40 WÜST, 2012.
41 WEISS, A. M.; ANDERSON, E.; Macinnis, D. J. Reputation management as a motivation for sales structure decisions. *Journal of Marketing*, v. 63, n. 4, p. 75, 1999. Disponível em: https://doi.org/10.1177/002224299906300407
42 WÜST, 2012, p. 16.
43 WÜST, 2012, p. 16.
44 ADLIN, T.; PRUITT, J. Putting personas to work: using data-driven personas to focus product planning, design, and development. In: SEARS, A. & JACKO, J. A. *Human-computer interaction*: development process. 1. ed.Boca Raton, FL: Imprensa CRC, 2009. p. 95-120.
45 HÄUSLING, A. Serie agile tools. *Personalmagazin*, v. 10, p. 36-37, 2016. Disponível em: https://www.haufe.de/download/personalmagazin-102016-personalmagazin-381028.pdf.
46 SCHÄFER, A; KLAMMER, J. Service dominant logic in practice: applying online customer communities and personas for the creation of service innovations. *Management*, v. 11, n. 3, p.259, 2016. Disponível em: https://econpapers.repec.org/article/mgtyoumng/v_3a11_3ay_3a2016_3ai_3a3_3ap_3a255-264.htm.
47 ADLIN; PRUITT, 2009, p. 98.
48 Wüst, 2012, p. 40.
49 SARKAR; KOTLER, 2018.
50 FOMBRUN, C. J.; VAN RIEL, C. B. M. *Fame & fortune*: how successful companies build
winning reputations. Upper Saddle River, NJ: Pearson Education, 2004. p. 3.
51 FOMBRUN; VAN RIEL, 2004, p. 5.
52 KOTLER, P.; KARTAJAYA, H.; SETIAWAN, I. *Die neue Dimension des Marketings*: Vom Kunden zum Menschen. Trad. P. Pyka. Frankfurt: Campus, 2010.
53 KOTLER, P.; KARTAJAYA, H.; SETIAWAN, I. *Marketing 4.0*: moving from traditional to digital. Hoboken, NJ: Wiley, 2017. p. 109f.
54 KOTLER; KARTAJAYA; SETIAWAN, 2017.
55 KOTLER, P.; ARMSTRONG, G. *Principles of marketing*. 13. ed. Upper Saddle River, NJ: Pearson, 2010. p. 255.
56 KOTLER, P. PFOERTSCH, W. A. *B2B brand management*. Berlin: Springer, 2006.
57 BURMANN, C. et al. Identitätsbasierte Markenführung:

Grundlagen – Strategie – Umsetzung – Controlling. 2. ed.. Wiesbaden: Springer Gabler, 2015. p. 28.
58 MEFFERT, H.; BURMANN, C. Identitätsorientierte Markenführung. In: MEFFERT, H.; WAGNER, H.; BACKHAUS, K. (Eds.). *Arbeitspapier Nr. 100 der Wissenschaftlichen Gesellschaft für Marketing und Unternehmensführung e.V.* Münster: Wissenschaftliche Gesellschaft für Marketing und Unternehmensführung, 1996.
59 BURMANN, C. et al., 2015, p. 30.
60 BURMANN et al., 2015.
61 KOTLER; KARTAJAYA; SETIAWAN, 2017.
62 MERZ, M. A.; HE, Y.; VARGO, S. L. The evolving brand logic: a service-dominant logic perspective. *Journal of the Academy of Marketing Science*, v. 37, n. 3, p. 328-344, 2009. Disponível em: https://doi.org/10.1007/s11747-009-0143-3.
63 ROSSI, C. Collaborative branding [Artigo de conferência]. In: MakeLearn & TIIM Joint International Conference, Bari, Itália, , 27-29 maio 2015. Disponível em: https://www.researchgate.net/publication/282763907_COLLABORATIVE_BRANDING.
64 Para o excurso sobre a lógica de marca em evolução, se não notado de forma diferente, ver MERZ; HE; VARGO, 2009. A figura apresentada é adaptada de MERZ; HE; VARGO, 2009. A noção de Era da Transcendência é baseada em SISODIA; SHETH, J. N.; WOLFE, D. *Firms of endearment*: how world-class companies profit from passion and purpose. 2. ed. Upper Saddle River, NJ: Pearson Education, 2014.
65 VARGO, S. L.; LUSCH, R. F. Evolving to a new dominant logic for marketing. *Journal
of Marketing*, v. 68, n. 1, p. 1-17, 2004. Disponível em: https://doi.org/10.1509/jmkg.68.1.1.24036.
66 MERZ; HE; VARGO, 2009.
67 MERZ; HE; VARGO, 2009.
68 BALLANTYNE, D.; AITKEN, R. Branding in B2B markets: insights from the service-dominant
logic of marketing. *Journal of Business & Industrial Marketing*, v. 22, n. 6, p. 364, 2007. Disponível em: https://doi.org/10.1108/08858620710780127.
69 MERZ; HE; VARGO, 2009.
70 BALLANTYNE; AITKEN, 2007, p. 367.
71 Para o seguinte, ver DRENGNER, J.; JAHN, S.; GAUS, H. Der Beitrag der Service--Dominant Logic zur Weiterentwicklung der Markenführung. *Die Betriebswirtschaft*, v. 73, n. 2, p. 143-160, 2013. Disponível em: https://www.academia.edu/12178909/Der_Beitrag_der_Service-Dominant_Logic_zur_Weiterentwicklung_der_Markenf%C3%Bchrung.
72 DRENGNER; JAHN; GAUS, 2013.
73 MERZ; HE; VARGO, 2009.
74 DRENGNER; JAHN; GAUS, 2013.
75 DRENGNER; JAHN; GAUS, 2013, p. 144.
76 BALLANTYNE; AITKEN, 2007, p. 365.

77 DRENGNER; JAHN; GAUS, 2013.
78 SHERRY, J. F. Brand meaning. In: TYBOUT, A. M.; CALKINS, T. (Eds.). *Kellogg on branding*: the marketing faculty of the Kellogg School of Management. Hoboken, NJ: Wiley, 2005. p. 40-69.
79 TARNOVSKAYA, V.; BIEDENBACH, G. Corporate rebranding failure and brand meanings in the digital environment. *Marketing Intelligence and Planning*, v. 36, n. 4, p. 455-469, 2018. Disponível em: https://doi.org/10.1108/MIP-09-2017-0192
80 BALLANTYNE; AITKEN, 2007, p. 365.
81 DRENGNER; JAHN; GAUS, 2013.
82 BALLANTYNE; AITKEN, 2007, p. 367.
83 Ver também DRENGNER; JAHN; GAUS, 2013.
84 KOTLER; KARTAJAYA; SETIAWAN, 2017.
85 KOTLER; KARTAJAYA; SETIAWAN, 2017.
86 KOTLER; KARTAJAYA; SETIAWAN, 2017.
87 HALLIGAN, B.; SHAH, D. *Inbound-Marketing*: Wie Sie Kunden online anziehen, abholen und begeistern. Trad. D. Runne. Weinheim: Wiley-VCH, 2018.
88 KOTLER; KARTAJAYA; SETIAWAN, 2017.
89 KEMMING, J. D.; HUMBORG, C. Democracy and nation brand(ing): friends or foes? *Place Branding and Public Diplomacy*, v. 6, n. 3, p. 183-197, 2010. Disponível em: https://www.researchgate.net/publication/47378882_Democracy_and_nation_branding_Friends_or_foes
90 KOTLER; KARTAJAYA; SETIAWAN, 2017.
91 KOTLER; KARTAJAYA; SETIAWAN, 2017, p. 67.
92 KOTLER; KARTAJAYA; SETIAWAN, 2017.
93 KOTLER; KARTAJAYA; SETIAWAN, 2017, p. 81.
94 KOTLER; KARTAJAYA; SETIAWAN, 2017, p. 83.
95 KOTLER; KARTAJAYA; SETIAWAN, 2017.
96 HADERLEIN, A. *Die digitale Zukunft des stationären Handels*: Auf allen Kanälen zum Kunden. München: mi-Wirtschaftsbuch, 2012.
97 HEINEMANN, 2014.
98 Ver, por exemplo, VARGO, S. L.; LUSCH, R. F. Institutions and axioms: an extension and update of service-dominant logic. *Journal of the Academy of Marketing Science*, v. 44, n. 1, p. 5-23, 2016. Disponível em: https://doi.org/10.1007/s11747-015-0456-3.
99 ROSSI, 2015, p. 1886.
100 Para o seguinte, ver OF, J. *Brand formative design*: development and assessment of product design from a future, brand and consumer perspective [Tese de doutorado]. 2014. Disponível em: http://d-nb.info/1053319665
101 OF, 2014, p. 3.
102 KOTLER; KARTAJAYA; SETIAWAN, 2017, p. 59.
103 OF, 2014.

104 KOTLER, P.; RATH, G. A. Design: a powerful but neglected strategic tool. *Journal of Business Strategy*, v. 5, n. 2, p. 19, 1984. Disponível em: https://doi.org/10.1108/eb039054.
105 OF, 2014, p. 77.
106 VARGO; LUSCH, 2016.
107 OF, 2014.
108 OF, 2014.
109 OF, 2014.
110 Para o seguinte, ver VITSŒ. *The power of good design*: Dieter Rams's ideology, engrained within Vitsoe. [s.d.]. Disponível em: https://www.vitsoe.com/gb/about/good-design
111 KELLER, K.L.; APÉRIA, T.; GEORGSON, M. *Strategic brand management*: A European perspective. Pearson Education, 2008.
112 PFOERTSCH, W.; BEUK, F.; LUCZAK, C. Classification of brands: the case for B2B, B2C and B2B2C. *Proceedings of the Academy of Marketing Studies.* Jacksonville, v., n. 1, 2007
113 OLIVA, R. et al. *Insights on Ingredient Branding, ISBM Report 08-2009*. University Park, PA: Pennsylvania State University, 2009.

Cap. 5

1 CONSTANTINIDES, E. The marketing mix revisited: towards the twenty-first century marketing. *Journal of Marketing Management*, v. 22, n. 3/4, p. 407-438, 2006. Disponível em: https://doi.org/10.1362/026725706776861190.
2 HALLIGAN, B.; SHAH, D. *Inbound-Marketing*: Wie Sie Kunden online anziehen, abholen und begeistern. Trad. D. Runne. Weinheim: Wiley-VCH, 2018.
3 VARGO, S. L.; LUSCH, R. F. Evolving to a new dominant logic for marketing. *Journal of Marketing*, v. 68, n. 1, p. 1-17, 2004. Disponível em: https://doi.org/10.1509/jmkg.68.1.1.24036.
4 BORDEN, N. H. The concept of the marketing mix. *Journal of Advertising Research*, v. 2, p. 7, 1964. Disponível em: http://www.guillaumenicaise.com/wp-content/uploads/2013/10/Borden-1984_The-concept-of-marketing-mix.pdf.
5 CONSTANTINIDES, 2006.
6 WANI, T. From 4Ps to SAVE: a theoretical analysis of various marketing mix models. *Business Sciences International Research Journal*, v. 1, n. 1, p. 1-9, 2013. Disponível em: https://doi.org/10.2139/ssrn.2288578
7 LAUTERBORN, B. New marketing litany: four P's passe; C-words take over. *Advertising Age*, v. 61, n. 41, p. 26, 1990. Disponível em: http://www.business.uwm.edu/gdrive/Wentz_E/International%20Marketing%20465%20Fall%202014/Articles/New%20Marketing%20Litany.PDF.
8 DANN, S. The marketing mix matrix [Artigo de conferência]. 5-7 jul. 2011. Artigo apresentado na Academy of Marketing Conference 2011, Liverpool, Reino Unido. Disponível em: https://www.researchgate.net/profile/Stephen_Dann/publica-

tion/267559484_The_Marketing_Mix_Matrix/links/54b6024b0cf2318f0f9a0743.pdf
9 WANI, 2013.
10 DEV, C. S.; SCHULTZ, D. E. Simply SIVA: Get results with the new marketing mix. *Marketing Management*, v. 14, n. 2, p. 36-41, 2005. Disponível em: https://www.scopus.com/record/display.uri?eid=2-s2.0-17444418649&origin=inward&txGid=047497a80a4b341498c747b3d30eff31.
11 DEV; SCHULTZ, 2005.
12 VARGO; LUSCH, 2004.
13 LUSCH, R. F.; VARGO, S. L. Service-dominant logic: reactions, reflections and refinements. *Marketing Theory*, v. 6, n. 3, p. 281-288, 2006. p. 286. Disponível em: https://doi.org/10.1177/1470593106066781.
14 Lauterborn, 1990, p. 26.
15 ETTENSON, R.; CONRADO, E.; KNOWLES, J. Rethinking the 4 P's. *Harvard Business Review*, v. 91, n. 1/2, p. 26, 2013. Disponível em: https://hbr.org/2013/01/rethinking-the-4-ps.
16 ETTENSON; CONRADO; KNOWLES, 2013, p. 26.
17 LAUTERBORN, 1990, p. 26.
18 SCHULTZ, D. E.; TANNENBAUM, S. I.; LAUTERBORN, R. F. *The new marketing paradigm*: integrated marketing communications. Lincolnwood, IL: NTC Publishing, 1994.
19 LAUTERBORN, 1990, p. 26.
20 SCHULTZ; TANNENBAUM; LAUTERBORN, 1994, p. 13.
21 DEV; SCHULTZ, 2005, p. 38.
22 DEV; SCHULTZ, 2005.
23 DANN, 2011, parágrafo 1º.
24 DANN, 2011.
25 ETTENSON; CONRADO; KNOWLES, 2013, p. 26.
26 WANI, 2013.
27 ETTENSON; CONRADO; KNOWLES, 2013, p. 26.
28 WANI, 2013.
29 HALL, S. *Innovative B2B marketing*: new models, processes and theory. New York, NY: Kogan Page, 2017.
30 HALL, 2017.
31 PFOERTSCH, W. A.; SPONHOLZ, U. *Das neue marketing-mindset*: Management, Methoden und Prozesse für ein Marketing von Mensch zu Mensch. Wiesbaden: Springer Gabler, 2019.
32 PFOERTSCH; SPONHOLZ, 2019.
33 PFOERTSCH; SPONHOLZ, 2019.
34 SMITH, P. G.; REINERTSEN, D. G. *Developing products in half the time*. New York, NY: Van Nostrand Reinhold, 1991.

35 GASSMANN, O.; SCHWEITZER, F. Managing the unmanageable: the fuzzy front end of innovation. In: GASSMANN, O. ; SCHWEITZER, F. (Eds.). *Management of the fuzzy front end of innovation*. Cham: Springer, 2014. p. 3-14.
36 GASSMANN, O.; SCHWEITZER, 2014.
37 GASSMANN, O.; SCHWEITZER, 2014, p. 5.
38 GASSMANN, O.; SCHWEITZER, 2014.
39 KOTLER, P.; KARTAJAYA, H.; SETIAWAN, 2017, p. 111.
40 CHEN, S.; VENKATESH, A. An investigation of how design-oriented organisations implement design thinking. *Journal of Marketing Management*, v. 29, n. 15/16, p. 1680-1700, 2013. Disponível em: https://doi.org/10.1080/0267257X.2013.800898.
41 CHEN; VENKATESH, 2013.
42 GASSMANN; SCHWEITZER, 2014.
43 LEIFER, J. L.; STEINERT, M. Dancing with ambiguity: causality behavior, design thinking, and triple-loop-learning. In: GASSMANN, O.; SCHWEITZER, F. (Eds.). *Management of the fuzzy front end of innovation*. Cham: Springer International Publishing, 2014. p. 141.
44 ESER, D.; GAUBINGER, K.; RABL, M. Sprint radar: community-based trend identification. In: GASSMANN, O.; SCHWEITZER, F. (Eds.). *Management of the fuzzy front end of innovation*. Cham: Springer International Publishing, 2014. p. 275-280.
45 PAYNE, A. F.; STORBACKA, K.; FROW, P. Managing the co-creation of value. *Journal of the Academy of Marketing Science*, v. 36, n. 1, p. 83-96, 2008. Disponível em: https://doi.org/10.1007/s11747-007-0070-0.
46 GASSMANN, O.; SCHWEITZER, 2014.
47 LINDBERG, T.; MEINEL, C.; WAGNER, R. Design thinking: a fruitful concept for IT development? In: PLATTNER, H.; MEINEL, C.; LEIFER, L. (Orgs.). *Design thinking*: understand – improve – apply. Berlin: Springer, 2011. p. 3-18.
48 TROMMSDORFF, V.; STEINHOFF, F. *Innovations marketing*. 2. ed. München: Franz Vahlen, 2013.
49 MARTIN, R. L. *The design of business*: why design thinking is the next competitive advantage. Boston, MA: Harvard Business Review Press, 2009.
50 LI, C.-R.; LIN, C.-J.; CHU, C.-P. The nature of market orientation and the ambidexterity of innovations. *Management Decision*, v. 46, n. 7, p. 1002-1026, 2008. Disponível em: https://doi.org/10.1108/00251740810890186.
51 MARTIN, 2009.
52 LI; LIN; CHU, 2008, p. 1005.
53 LI; LIN; CHU, 2008.
54 MARTIN, 2009.
55 Descrição detalhada encontrada em: KOTLER, P., KOMORI, S. *Never stop*: winning through innovation. Canadá: Kotler Impact Montreal, 2020.
56 Ver também GUMMESSON, E.; KUUSELA, H.; NÄRVÄNEN, E. Reinventing marketing strategy by recasting supplier/customer roles. *Journal of Service Management*, v. 25, n. 2, p. 228-240, 2014. Disponível em: https://doi.org/10.1108/JOSM-01-2014-0031.

57 ROBRA-BISSANTZ, S. Entwicklung von innovativen Services in der Digitalen Transformation. In: BRUHN, M.; HADWICH, K. (Eds.). *Service Business Development*: Strategien – Innovationen – Geschäftsmodelle: Band 1. Wiesbaden: Springer Gabler, 2018. p. 261-288.
58 VARGO, S. L.; LUSCH, R. F. Service-dominant logic: continuing the evolution. *Journal of the Academy of Marketing Science*, v. 36, n. 1, p. 1-10, 2008. p. 7. Disponível em: https://doi.org/10.1007/s11747-007-0069-6.
59 HARTLEBEN, R. E.; VON RHEIN, 2014. *Kommunikationskonzeption und Briefing*: Ein praktischer Leitfaden zum Erstellen zielgruppenspezifischer Konzepte. 3. ed.. Erlangen: Publicis, 2014. p. 299f. Neste livro, usaremos apenas uma versão condensada das recomendações de Hartleben. Para uma elaboração mais detalhada sobre como conduzir um briefing eficaz, o leitor pode consultar as pp. 299-307 do livro citado.
60 HARTLEBEN; VON RHEIN, 2014.
61 KOZINETS, R. V. *Netnography*: redefined. Los Angeles, CA: Sage, 2015.
62 ÖZBÖLÜK, T.; DURSUN, Y. Online brand communities as heterogeneous gatherings: a netnographic exploration of Apple users. *Journal of Product & Brand Management*, v. 26, n. 4, p. 375-385, 2017. https://doi.org/10.1108/JPBM-10-2015-1018
63 HEINONEN, K.; MEDBERG, G. Netnography as a tool for understanding customers: implications for service research and practice. *Journal of Services Marketing*, v. 32, n. 6, p. 657-679, 2018. Disponível em: https://doi.org/10.1108/JSM-08-2017-0294
64 DRENGNER, J.; JAHN, S.; GAUS, H. Der Beitrag der Service-Dominant Logic zur Weiterentwicklung der Markenführung. *Die Betriebswirtschaft*, v. 73, n. 2, p. 143-160, 2013. Disponível em: https://www.academia.edu/12178909/Der_Beitrag_der_Service-Dominant_Logic_zur_Weiterentwicklung_der_Markenf%C3%BChrung.
65 Kozinets, 2015.
66 ROHRBECK, R. Trend scanning, scouting and foresight techniques. In: GASSMANN, O.; SCHWEITZER, F. (Eds.). *Management of the fuzzy front end of innovation*. Cham: Springer International Publishing, 2014. p. 59-73.
67 JUDT, E.; KLAUSEGGER, C. Bankmanagement-Glossar: Was ist Trendscouting? *bank und markt*, v. 3, p. 46, 2010. Disponível em: https://www.kreditwesen.de/bank-markt/ergaenzende-informationen/archivdaten/trendscouting-id12805.html.
68 JUDT; KLAUSEGGER, 2010.
69 ROHRBECK, 2014.
70 RUMLER, A.; ULLRICH, S. Social-Media-Monitoring und -Kontrolle. *PraxisWISSEN Marketing*, v. 1, p. 94-112, 2016. Disponível em: https://doi.org/10.15459/95451.7 .
71 KOTLER, P.; KARTAJAYA, H.; SETIAWAN, I. *Marketing 4.0*: moving from traditional to digital. Hoboken, NJ: Wiley, 2017. p. 111.
72 KOZINETS, 2015.
73 GROTS, A.; PRATSCHKE, M. Design thinking – Kreativität als Methode. *Marketing Review St. Gallen*, v. 26, n. 2, p. 18-23, 2009. Disponível em: https://doi.org/10.1007/s11621-009-0027-4.

74 STONE, M. L. *Big Data for media* [Relatório]. Disponível em: https://reutersinstitute.politics.ox.ac.uk/sites/default/files/2017-04/Big%20Data%20For%20Media_0.pdf.
75 LAVALLE, S. et al. Big data, analytics and the path from insights to value. *MIT Sloan Management Review*, v. 52, n. 2, p. 25f, 2011. Disponível em: https://sloanreview.mit.edu/article/big-data-analytics-and-the-path-from-insights-to-value/.
76 GOODWIN, K. *Designing for the digital age*: how to create human-centered products and services. Indianápolis, IN: Wiley, 2009.
77 Adaptado de GOODWIN, 2009, p. 237.
78 GOODWIN, 2009.
79 VARGO; LUSCH, 2008.
80 VARGO; LUSCH, 2004, p. 5.
81 OSTERWALDER, A. et al. *Value proposition design*. Hoboken, NJ: Wiley, 2014.
82 Ver, por exemplo, VARGO, S. L.; LUSCH, R. F. Institutions and axioms: an extension and update of service-dominant logic. *Journal of the Academy of Marketing Science*, v. 44, n. 1, p. 5-23, 2008. Disponível em: https://doi.org/10.1007/s11747-015-0456-3.
83 PRAHALAD, C. K.; RAMASWAMY, V. The new frontier of experience innovation. *MIT Sloan Management Review*, v. 44, n. 4, p. 12-18, 2003. Disponível em: https://sloanreview.mit.edu/article/the-new-frontier-of-experience-innovation/.
84 LUSCH, R. F.; VARGO, S. L. *Service-dominant logic*: premises, perspectives, possibilities. Cambridge: Cambridge University Press, 2014.
85 PRAHALAD; RAMASWAMY, 2003.
86 PRAHALAD; RAMASWAMY, 2003.
87 Pelo menos implicitamente, já que o S-DL e suas premissas foram introduzidos um ano depois (ver VARGO; LUSCH, 2004).
88 PRAHALAD; RAMASWAMY, 2003.
89 VARGO; LUSCH, 2008.
90 PRAHALAD; RAMASWAMY, 2003.
91 SCHULZE, G. *Die Erlebnisgesellschaft*: Kultursoziologie der Gegenwart. Frankfurt: Campus, 1992. O título original alemão de seu livro é *Die Erlebnis-Gesellschaft*, que em português significa "sociedade da experiência".
92 Ex.: PRAHALAD; RAMASWAMY, 2003.
93 HASSENZAHL, M. User experience and experience design. In: SOEGAARD, M.; DAM, R. F. (Eds.). Encyclopedia of human-computer interaction. Aarhus, Dinamarca: The Interaction Design Foundation, 2011.
94 RUSNJAK, A.; SCHALLMO, D. R. A. Gestaltung und Digitalisierung von Kundenerlebnissen im Zeitalter des Kunden Vorgehensmodell zur Digitalen Transformation von Business Models im Kontext der Customer Experience. In: RUSNJAK, A.; SCHALLMO, D. R. A. (Eds.). *Customer Experience im Zeitalter des Kunden*: Best Practices, Lessons Learned und Forschungsergebnisse. Wiesbaden: Springer Gabler, 2018. p. 1-40.

95 ROBIER, J. *UX redefined*: winning and keeping customers with enhanced usability and user experience. Cham: Springer International Publishing, 2016.
96 RUSNJAK; SCHALLMO, 2018.
97 GOLDHAUSEN, K. Customer Experience Management – Der Weg ist das Ziel. In: RUSNJAK, A.; SCHALLMO, D. R. A. (Eds.). *Customer Experience im Zeitalter des Kunden*: Best Practices, Lessons Learned und Forschungsergebnisse. Wiesbaden: Springer Gabler, 2018. p. 41-94.
98 GOLDHAUSEN, 2018.
99 KOTLER; KARTAJAYA; SETIAWAN, 2017.
100 SISODIA, R. S.; SHETH, J. N.; WOLFE, D. *Firms of endearment*: how world-class companies profit from passion and purpose. 2. ed. Upper Saddle River, NJ: Pearson Education, 2014.
101 KREUTZER, R. T. Customer Experience Management – wie man Kunden begeistern kann. In: RUSNJAK, A.; SCHALLMO, D. R. A. (Eds.). *Customer Experience im Zeitalter des Kunden*: Best Practices, Lessons Learned und Forschungsergebnisse. Wiesbaden: Springer Gabler, 2018a. p. 95-119.
102 KREUTZER, 2018a.
103 KOTLER, P.; KARTAJAYA; SETIAWAN, 2017, p. 59.
104 RUSNJAK, A.; SCHALLMO, 2018.
105 HASSENZAHL, 2011, seção "Why, What and How", parágrafo 2.
106 HASSENZAHL, 2011, seção "Why, What and How", parágrafo 3.
107 HASSENZAHL, 2011, seção "Why, What and How", parágrafo 6.
108 HASSENZAHL, 2011.
109 HINTERHUBER, A. Towards value-based pricing: an integrative framework for decision making. *Industrial Marketing Management*, v. 33, n. 8, p. 765, 2004. Disponível em: https://doi.org/10.1016/j.indmarman.2003.10.006
110 HINTERHUBER, 2004.
111 SIMON, H. *Confessions of the pricing man*: how price affects everything. Cham: Springer International Publishing, 2015. p. 13.
112 SIMON, 2015, grifo nosso.
113 KOWALKOWSKI, C. What does a service-dominant logic really mean for manufacturing firms? *CIRP Journal of Manufacturing Science and Technology*, v. 3, n. 4, p. 285-292, 2010. Disponível em: https://doi.org/10.1016/j.cirpj.2011.01.003.
114 KOWALKOWSKI, 2010.
115 HINTERHUBER, 2004.
116 HINTERHUBER, 2004.
117 Ver também SIMON, 2015.
118 OHMAE, K. The strategic triangle: a new perspective on business unit strategy. *European Management Journal*, v. 1, n. 1, p. 38-48, 1982. Disponível em: https://doi.org/10.1016/S0263-2373(82)80016-9.
119 HINTERHUBER, 2004, p. 768.
120 HINTERHUBER, 2004.

121 Ex.: HERING, E. *Wettbewerbsanalyse für Ingenieure*. Wiesbaden: Springer Vieweg, 2014.
122 Para a seguinte citação direta das etapas de análise, ver HINTERHUBER, 2004.
123 DIRNBERGER, D. *Target Costing und die Rolle des Controllings im Zielkostenmanagement*. München: GRIN, 2013.
124 Ver, por exemplo, DOLLMAYER, A. *Target costing*: Modernes Zielkostenmanagement in Theorie und
Praxis. Marburg: Tectum, 2003.
125 HORSCH, J. *Kostenrechnung*: Klassische und neue Methoden in der Unternehmenspraxis. 2. ed. Wiesbaden: Springer Gabler, 2015.
126 HORSCH, 2015.
127 GODIN, S. *Permission marketing*. London: Simon e Schuster, 2007.
128 Harad, K. C. Content marketing strategies to educate and entertain. *Journal of Financial Planning*, v. 26, n. 3, p. 18, 2013. Disponível em: https://www.onefpa.org/journal/Pages/Content%20Marketing%20Strategies%20to%20Educate%20and%20Entertain.aspx
129 HOLLIMAN, G.; ROWLEY, J. Business to business digital content marketing: marketers' perceptions of best practice. *Journal of Research in Interactive Marketing*, v. 8, n. 4, p. 269-293, 2014. https://doi.org/10.1108/JRIM-02-2014-0013
130 GODIN, 2007.
131 VARGO; LUSCH, 2008.
132 BALLANTYNE, D.; AITKEN, R. Branding in B2B markets: insights from the service-dominant logic of marketing. *Journal of Business & Industrial Marketing*, v. 22, n. 6, p. 367, 2007. Disponível em: https://doi.org/10.1108/08858620710780127.
133 BALLANTYNE; AITKEN, 2007.
134 VON HIRSCHFELD, S. T.; JOSCHE, T. *Lean content marketing*: Groß denken, schlank starten. Praxisleitfaden für das B2B-Marketing. 2. ed. Heidelberg: O'Reilly, 2018.
135 HARAD, 2013.
136 WANG, W. L. et al.. B2B content marketing for professional services: in-person versus digital contacts. *Industrial Marketing Management* (no prelo). Disponível em: https://doi.org/10.1016/j.indmarman.2017.11.006.
137 VON HIRSCHFELD; JOSCHE, 2018.
138 VON HIRSCHFELD; JOSCHE, 2018.
139 VON HIRSCHFELD; JOSCHE, 2018.
140 RIES, E. *The lean startup*: how today's entrepreneurs use continuous innovation to create radically successful businesses. 1. ed. New York, NY: Crown Business, 2011.
141 VON HIRSCHFELD; JOSCHE, 2018, p. 12.
142 VON HIRSCHFELD; JOSCHE, 2018, p. 47.
143 Nota: esses passos são uma combinação do que propõem Kotler et al. (2017) e von Hirschfeld e Josche (2018).
144 VON HIRSCHFELD; JOSCHE, 2018.
145 KOTLER; KARTAJAYA; SETIAWAN, 2017.

146 VON HIRSCHFELD; JOSCHE, 2018.
147 KOTLER; KARTAJAYA; SETIAWAN, 2017.
148 VON HIRSCHFELD; JOSCHE, 2018.
149 VON HIRSCHFELD; JOSCHE, 2018.
150 VON HIRSCHFELD; JOSCHE, 2018.
151 HALLIGAN; SHAH, 2018.
152 BERNAZZANI, S. *The 10 best user-generated content campaigns on Instagram* [Post em blog]. 13 jun. 2017. Disponível em: https://blog.hubspot.com/marketing/best-user-generated-content-campaigns.
153 VON HIRSCHFELD; JOSCHE, 2018.
154 HALLIGAN; SHAH, 2018.
155 KOTLER; KARTAJAYA; SETIAWAN, 2017, p. 129.
156 KOTLER; KARTAJAYA; SETIAWAN, 2017.
157 HALLIGAN; SHAH, 2018, p. 53.
158 VON HIRSCHFELD; JOSCHE, 2018.
159 KOTLER; KARTAJAYA; SETIAWAN, 2017, p. 130.
160 KOTLER; KARTAJAYA; SETIAWAN, 2017.
161 VON HIRSCHFELD; JOSCHE, 2018.
162 KOTLER; KARTAJAYA; SETIAWAN, 2017, p. 131.
163 KOTLER; KARTAJAYA; SETIAWAN, 2017.
164 KOTLER; KARTAJAYA; SETIAWAN, 2017.
165 KEGELBERG, J. Auslaufmodell Omnichannel – Die Plattformökonomie integriert den Handel. In: BÖCKENHOLT, I.; MEHN, A.; WESTERMANN, A. (Eds.). *Konzepte und Strategien für Omnichannel-Exzellenz*: Innovatives Retail-Marketing mit mehrdimensionalen Vertriebs- und Kommunikationskanälen. Wiesbaden: Springer Gabler, 2018. p. 373-383
166 KREUTZER, R. T. Holistische Markenführung im digitalen Zeitalter – Voraussetzung zur Erreichung einer Omnichannel-Exzellenz. In: BÖCKENHOLT, I.; MEHN, A.; WESTERMANN, A. (Eds.). *Konzepte und Strategien für Omnichannel-Exzellenz*: Innovatives Retail-Marketing mit mehrdimensionalen Vertriebs- und Kommunikationskanälen. Wiesbaden, Alemanha: Springer Gabler, 2018b. p. 111-147.
167 SPANIER, G. The now economy: 'Uber's children'. *Business Transformation*, p. 12-13, 2017. Disponível em: https://www.raconteur.net/business-transformation-2017.
168 MEHN, A.; WIRTZ, V. Stand der Forschung – Entwicklung von Omnichannel-Strategien als Antwort auf neues Konsumentenverhalten. In: BÖCKENHOLT, I.; MEHN, A.; WESTERMANN, A. (Eds.). *Konzepte und Strategien für Omnichannel-Exzellenz*: Innovatives Retail-Marketing mit mehrdimensionalen Vertriebs- und Kommunikationskanälen. Wiesbaden: Springer Gabler, 2018. p. 3-35.
169 KANG, J.-Y. M. Showrooming, web rooming, and user-generated content creation in the omnichannel era. *Journal of Internet Commerce*, v. 17, n. 2, p. 145-169, 2018. Disponível em: https://doi.org/10.1080/15332861.2018.1433907
170 MEHN; WIRTZ, 2018, p. 12, grifo nosso.
171 KREUTZER, 2018b.

172 HEINEMANN, G.; GAISER, C. W. *SoLoMo* – Always-on im Handel: Die soziale, lokale und mobile Zukunft des Omnichannel-Shopping. 3. ed. Wiesbaden: Springer Gabler, 2016.
179 Adaptado de KREUTZER, 2018a, p. 109.
173 KREUTZER, 2018b.
174 KREUTZER, 2018b.
175 KOTLER; KARTAJAYA; SETIAWAN, 2017.
176 HEINEMANN, GAISER, 2016.
177 HEINEMANN; GAISER, 2016.
178 HEINEMANN; GAISER, 2016.
179 HEINEMANN; GAISER, 2016.
180 KOTLER; KARTAJAYA; SETIAWAN, 2017, p. 143, grifo nosso.
181 HEINEMANN; GAISER, 2016.
182 HEINEMANN; GAISER, 2016.
183 RICHERT, M. Tschüss Bargeld, Hallo Libra! Facebooks schwingt sich zum weltgrößten Finanzdienstleister auf. *FOCUS Online*, 3 jul. 2019. Disponível em: https://www.focus.de/finanzen/boerse/gastkolumne-tschues-bargeld-willkommen-libra_id_10892195.html.
184 HEINEMANN; GAISER, 2016.

Cap. 6

1 Veja Klaus Schwab, fundador e presidente executivo do Fórum Econômico Mundial em seu artigo "Davos Manifesto 2020: The Universal Purpose of a Company in the Fourth Industrial Revolution". *World Economic Forum*, 2019. Disponível em: https://www.weforum.org/agenda/2019/12/davos-manifesto-2020-the-universal-purpose-of-a-company-in-the-fourth-industrial-revolution/.
2 SARKAR, C.; KOTLER, P. *Brand activism*: from purpose to action (edição Kindle). [S.l.]: IDEA Bite Press, 2018. Disponível em: www.amazon.com.
3 SARKAR; KOTLER, 2018.
4 SPEAKER'S CORNER. *"Es ist eine verdammte Lüge" – Dr. Markus Krall (Roland Baader Meeting 2019)* [Arquivo de vídeo]. 3 mar. 2019. Disponível em: https://www.youtube.com/watch?v=AWCyL3gcOzw.
5 SPEAKER'S CORNER, 2019.
6 OTTE, M. *Weltsystemcrash*: Krisen, Unruhen und die Geburt einer neuen Weltordnung. München: FinanzBuch, 2019.
7 HOMM; HESSEL, M. *Der Crash ist da*: Was Sie jetzt tun müssen! Anlagen, Immobilien, Ersprarnisse, Arbeit. München: FinanzBuch, 2019.
8 SARKAR; KOTLER, 2018.
9 PRECHT, R. D. Jäger, Hirten, Kritiker: Eine Utopie für die digitale Gesellschaft. 6. ed. München: Goldmann, 2018.
10 PRECHT, 2018.
11 PRECHT, 2018.

12 PRECHT, 2018.
13 OTTE, 2019.
14 HÄRING, N. *Schönes neues Geld*: PayPal, WeChat, Amazon Go: Uns droht eine totalitäre Weltwährung. Frankfurt: Campus, 2018.
15 KOTLER, P. *Confronting capitalism*: real solutions for a troubled economic system. New York, NY: AMACOM, 2015.
16 Para o seguinte, ver KOTLER, P. Advancing the *Common good*: strategies for businesses, governments, and nonprofits. Santa Barbara, CA: Praeger, 2019. p. 96.
17 Ministro David Cameron, citado em APTE, S.; SHETH, J. *The sustainability edge*: how to drive top-line growth with triple-bottom-line thinking. [S.l.]: Editora Rotman-UTP, 2016. p. 6.
18 Adaptado de APTE; SHETH (2016), *op. cit.*, pág. 39.
19 PRECHT, 2018, p. 172.
20 PRECHT, 2018, p. 69.
21 SISODIA, R. S.; SHETH, J. N.; WOLFE, D. *Firms of endearment*: how world-class companies profit from passion and purpose. 2. ed. Upper Saddle River, NJ: Pearson Education, 2014, p. XXII.
22 SISODIA; SHETH; WOLFE, 2014, p. XXIX.
23 SISODIA; SHETH; WOLFE, 2014.
24 KOTLER, 2015.
25 MACKEY, J.; SISODIA, R. *Conscious capitalism*: liberating the heroic spirit of business. Boston, MA: Harvard Business Press, 2013.
26 REICH, R. (2017). Saving Capitalism: For the Many, Not the Few, p. 11. Londres, Reino Unido: Icon Books.
27 REICH, R. *Saving capitalism*: for the many, not the few. London: Icon Books, 2017.
28 SISODIA; SHETH; WOLFE, 2014.
29 PORTER, M. E.; KRAMER, M. R. Creating shared value: how to reinvent capitalism – And unleash a wave of innovation and growth. *Harvard Business Review*, v. 89, n. 1/2, p. 62-77, 2011. Disponível em: https://hbr.org/2011/01/the-big-idea--creating-shared-value.
30 PORTER; KRAMER, 2011, p. 66.
31 Para os três pontos seguintes, ver PORTER; KRAMER, 2011.
32 PORTER, M. E.; KRAMER, M. R. 2011.
33 HÄRING, 2018.
34 Para uma análise abrangente dos esforços que são feitos para eliminar o dinheiro e digitalizar os processos de pagamento, consulte o livro *Schönes neues Geld* de Norbert Häring (ver lista de referências). Ele descreve em detalhes como os principais atores da política, de Wall Street e do Vale do Silício (sobretudo a Better Than Cash Alliance, a Alliance for Financial Inclusion, o Consultative Group, a Financial Action Task Force e muitos outros), tomam medidas organizadas contra o dinheiro, minam as estruturas democráticas e ignoram o consenso social para lucrar com a digitalização das transações de pagamento e a busca de interesses de poder.
35 HÄRING, 2018.

36 PORTER; KRAMER, 2011.
37 SISODIA; SHETH; WOLFE, 2014.
38 SISODIA; SHETH; WOLFE, 2014, p. 96.
39 SISODIA; SHETH; WOLFE, 2014.
40 PORTER; KRAMER, 2011.
41 PORTER, M. E. *Rethinking capitalism* [Arquivo de vídeo]. 5 jan. 2011. Disponível em: https://hbr.org/2011/01/rethinking-capitalism.
42 PORTER; KRAMER, 2011, p. 65.
43 SISODIA; SHETH; WOLFE, 2014.
44 GUMMESSON, E. Extending the service-dominant logic: from customer centricity to balanced centricity. *Journal of the Academy of Marketing Science*, v. 36, n. 1, p. 15-17, 2008. Disponível em: https://doi.org/10.1007/s11747-007-0065-x.
45 PORTER; KRAMER, 2011.
46 SISODIA; SHETH; WOLFE, 2014.
47 REICH, 2017.
48 SISODIA; SHETH; WOLFE, 2014.